AF390239

INVENTAIRE

DE

LA SITUATION FINANCIÈRE DE LA FRANCE

AU DÉBUT DE LA TREIZIÈME LÉGISLATURE

MINISTÈRE DES FINANCES

INVENTAIRE

DE

LA SITUATION FINANCIÈRE DE LA FRANCE

AU DÉBUT DE LA TREIZIÈME LÉGISLATURE

PRÉSENTÉ

PAR M. CLÉMENTEL

MINISTRE DES FINANCES

PARIS

IMPRIMERIE NATIONALE

1924

TABLE DES MATIÈRES.

Pages.

Messieurs,

Dès son arrivée au pouvoir, le Gouvernement actuel a annoncé son intention de procéder à un inventaire rigoureux de notre situation financière.

Ce faisant, il entend, non poursuivre une œuvre de parti, mais fixer de façon réaliste et objective afin de répartir, de façon équitable, les responsabilités, l'état des finances publiques au moment où la majorité du 11 mai a pris la charge du pouvoir.

Sans doute, l'examen des conséquences de la politique financière qui a été précédemment suivie pourra justifier par lui-même des critiques qu'il appartiendra à chacun de dégager. Quant à nous, nous nous efforcerons surtout de tirer du bilan impartial que nous vous présentons les enseignements qu'il comporte pour l'avenir.

La gestion de toute entreprise industrielle ou commerciale impose la confection périodique d'un bilan, l'examen de la marche générale de l'établissement au cours du dernier exercice, l'étude des résultats acquis, la rédaction d'un programme d'action pour une période nouvelle.

La même nécessité s'impose dans la conduite des finances publiques.

L'institution de haltes périodiques permettant de mesurer l'effort accompli, de préciser les positions prises, de régler les conditions dans lesquelles s'effectuera l'étape suivante, apparaît en effet nécessaire pour apprécier sainement l'utilité, soit de telle recette, soit de telle dépense, et pour dresser un programme judicieux des budgets futurs.

Mais, en dehors de l'intérêt général et permanent, que présente l'établissement d'un bilan, les circonstances actuelles viennent donner à ce document une importance particulière. Les méthodes budgétaires qui se sont traduites par la crise du début de l'année 1924 avaient provoqué un malaise profond chez nos porteurs de fonds d'État et avaient semé dans le monde entier des inquiétudes sur l'avenir financier de la France, sur sa faculté de faire face aux engagements qu'elle a contractés en se substituant à l'Allemagne défaillante pour tenir la parole solennellement donnée aux victimes de l'invasion.

Les résultats de l'étude approfondie à laquelle nous nous sommes livrés nous permettent d'affirmer que le mal dont nous souffrons n'est certes pas sans remède. Leur examen impartial nous donne l'assurance qu'une politique d'économies et de réformes solidement appuyée sur un budget de sincérité et de clarté, en rigoureux équilibre, écartant tout emprunt nouveau destiné à couvrir les dépenses normales, préparant l'assainissement monétaire, la stabilisation des changes et la consolidation la plus large possible de nos dettes exigibles rendra au pays le solide crédit auquel il a droit.

La condition nécessaire, pour atteindre ce résultat, est de ne rien céler de notre situation présente.

L'ignorance est l'agent le plus actif des troubles et des paniques. La vérité doit être dite tout entière au pays; son attitude aux heures critiques de la guerre nous est un sûr garant du sang-froid avec lequel il saura examiner une situation, dont le règlement dépend, pour une large part, de son calme et de son énergie.

Forme de l'inventaire.

Quelle forme convient-il de donner à cet inventaire?

Une étude d'ordre purement budgétaire apparaît dès l'abord insuffisante et resterait incomplète.

La vie d'un budget est limitée à un exercice. Ses chiffres ne sont donc susceptibles de retracer la situation financière de l'État que dans le cadre d'une brève période, sans pouvoir prétendre ni à une vue étendue d'avenir, ni à l'exposé d'un programme, embrassant un cycle de plusieurs années.

Or la politique financière d'un pays est trop complexe pour que l'analyse des résultats d'un exercice permette de l'examiner d'ensemble, et d'en dégager des directions.

Certains programmes de dépenses s'échelonnent sur un laps de temps plus ou moins prolongé, tels les travaux publics ou les constructions intéressant la défense nationale, ou grèvent définitivement nos budgets, comme les traitements des fonctionnaires. Un budget ne saurait mentionner la charge normale qu'un système de retraites, nouvellement institué, fera peser sur les finances publiques lorsqu'il aura acquis son plein développement, ni la réduction progressive d'un régime de pensions aux victimes de la guerre, ni la durée des dépenses effectives qui correspondent à l'extinction d'une dette par versement d'annuités.

De même, les recettes ne subissent qu'à des échéances parfois lointaines, le contre-coup des mesures prises à leur sujet, le développement des procédés de contrôle ou même l'élévation de certains tarifs ne déterminant pas toujours des répercussions immédiates dans le rendement des impôts.

Enfin, c'est à travers une série d'exercices que le crédit d'un pays enregistre les résultats d'une longue sagesse et d'une honnêteté éprouvée.

Sans doute, dans le cadre qui leur est assigné, les indications que fournit un budget traduisent, pour une année, les résultats tangibles de la politique gouvernementale. Mais, fragmentaires et incomplètes, elles sont impuissantes à en éclairer et en diriger l'orientation.

Elles feront ressortir le rendement probable des impôts au cours d'un exercice déterminé, mais elles ne dégageront pas leur poids réel ni leurs incidences; elles ne permettront pas d'apprécier s'ils excèdent les facultés des contribuables ou si les tarifs en sont assez légers pour comporter, au cas où les circonstances le rendraient nécessaire, de nouvelles augmentations : elles n'indiqueront pas le développement que la matière imposable peut comporter; elles ne préciseront pas enfin les ressources nouvelles auxquelles l'État peut être amené à faire appel.

L'insuffisance du cadre d'un simple budget annuel apparaît particulièrement manifeste pour l'étude de la liquidation des charges que la guerre nous a léguées. Le service des emprunts que nous avons contractés pour la restauration de nos régions dévastées y figure seul. On y chercherait en vain, soit le reliquat des charges nouvelles que nous devons escompter de ce chef, soit la contre partie qu'elles comportent dans notre créance sur l'Allemagne.

Enfin, dernier exemple, nos relations avec la Banque de France ne se traduisent dans les chapitres d'un budget que par le versement des intérêts annuels de notre dette à son égard, sans en faire ressortir l'amortissement progressif.

Le budget est ainsi un simple appareil d'enregistrement qui inscrit les conséquences annuelles des décisions et des actes du Gouvernement et du Parlement.

*
* *

Si le budget reste ainsi, par lui-même, un document insuffisant, il convient de rechercher la meilleure méthode de faire périodiquement le point exact de notre situation financière.

La situation d'une entreprise industrielle, commerciale ou bancaire est définie, à toute époque, par son bilan. Dans quelle mesure cette méthode de comptabilité peut-elle être étendue à l'État ?

Le bilan d'une entreprise est constitué par une liste de tous les éléments de son actif et de son passif, comportant pour chacun d'eux l'indication de sa valeur actuelle. Il représente, en quelque sorte, le résultat d'une liquidation éventuelle à la date à laquelle il est établi.

Cette conception est incompatible par sa nature même, avec la notion de l'État, entité perpétuelle dont la fin ne saurait être envisagée. L'État n'est pas assimilable à une maison de commerce dont les divers éléments peuvent être, à tout instant, jetés sur le marché ou absorbés par d'autres entreprises ; les facteurs de son actif et de son passif participent à son caractère de pérennité et ne se prêtent pas, par suite, aux mêmes combinaisons que ceux qui dépendent d'un établissement privé.

Cette différence primordiale suffit à montrer à quels obstacles pratiques se heurterait l'État dans l'établissement d'un document de cette nature et l'incertitude des conclusions, auxquelles il conduirait.

Les difficultés pratiques, que présenterait la rédaction d'un bilan de l'État, sont évidentes :

Les postes, qui figurent à l'actif et au passif ne peuvent, en effet, pour une large part, souffrir aucune comparaison avec les éléments qui constituent une entreprise privée; une évaluation rigoureuse en apparaît impossible. Les routes, les canaux, les ports, les voies ferrées, les collections des musées nationaux, une grande partie du domaine, soit public, soit privé, bien que constituant un patrimoine d'une valeur considérable, ne sont pas susceptibles d'être, à un moment quelconque, vendus ou mis aux enchères. Ils échappent, de ce chef, à une évaluation si approximative soit-elle, la valeur réelle étant, par définition, le prix éventuel de cession d'une marchandise.

Au surplus, la valeur de liquidation des routes ou des canaux que nous avons construits, des voies ferrées que nous avons tracées, des ports que nous avons creusés, fût-elle même déterminée, sa répercussion sur notre crédit ne saurait être dégagée.

Le créancier limite, en effet, son examen à l'actif réalisable, susceptible d'être mis quelque jour à sa disposition en garantie ou en payement de sa créance. Aucun gage ne pourrait donc être trouvé par lui dans des éléments qui ne sauraient être cédés ou hypothéqués.

Le véritable actif, qui doit s'inscrire en face du passif de notre pays, réside, en réalité, dans sa puissance économique, dans sa force de production, dans l'importance des matières qu'il tire de son sol et dans la valeur du travail qu'il leur incorpore. La garantie réelle de nos créanciers, c'est le labeur de tous les Français et les fruits qu'il produit; c'est l'esprit d'épargne et l'honnêteté séculaire d'un peuple qui ne recule devant aucun sacrifice pour tenir les engagements qu'il a contractés. Ces éléments ne peuvent ni se chiffrer ni s'inscrire sous la rubrique quelconque d'un bilan.

Toutefois, si la notion de bilan ne peut être strictement appliquée aux finances de l'État, du moins semble-t-il possible d'y puiser certaines suggestions, destinées à renouveler la méthode d'étude habituellement suivie pour l'examen de notre situation financière et à permettre l'établissement d'un document plus ample et plus complet qu'un budget annuel.

Dans cette vue, écartant des évaluations trop rigides ou trop incertaines, l'étude de notre position actuelle comportera une revue complète de tous les éléments qui s'inscrivent soit à l'actif, soit au passif de notre pays; l'examen de leur origine, de leur importance réelle, de leurs perspectives de développement ou de restriction; elle fera ressortir leurs répercussions sur le budget de chaque année et les conséquences qu'ils exercent sur le jeu de notre Trésorerie.

Cette étude se déroulerait ainsi, selon le plan suivant :

1° Énumération, examen et, dans la mesure du possible, évaluation de tous les éléments du passif et de l'actif de l'État ;

2° Comparaison des disponibilités et des exigibilités effectives pour l'année 1925, c'est-à-dire des créances et des dettes liquides, cette comparaison conduisant à l'étude du mécanisme de notre trésorerie.

Quand ce cycle sera parcouru, nous posséderons tous les éléments, qui nous permettront d'apprécier la situation financière de notre pays et de mesurer l'effort à accomplir pour assurer sa restauration.

PREMIÈRE PARTIE.

PASSIF DE L'ÉTAT.

La décomposition du passif de l'Etat comportera deux rubriques principales.

1° **Dette publique.**

2° **Engagements divers de l'État.**

a) Dépenses de reconstitution des Régions libérées.

b) Relations financières avec les compagnies de chemins de fer.

c) Postes, télégraphes, téléphones.

TITRE I.

Dette publique.

Le bilan de toute entreprise inscrit, parmi les premières rubriques de son passif, le montant des dettes qu'elle a contractées, soit vis-à-vis de ses actionnaires pour la souscription de son capital, soit à l'égard de ses obligataires à la suite d'émissions d'emprunts.

Sans doute, la nature même de cette immense société qu'est l'Etat, ne saurait comporter l'existence d'un capital défini, mis originairement en commun et susceptible d'un remboursement éventuel; mais elle a dû se charger de dettes obligataires qui pèsent trop lourdement sur sa situation financière pour qu'au seuil de cet exposé, nos préoccupations ne se portent pas dès l'abord vers elles.

Tout conflit armé paralyse la production des pays belligérants, la détourne des œuvres créatrices pour lui assigner des buts de destruction. Il engendre, pour les nations qu'il atteint, les pertes les plus lourdes, soit dans leur population, soit dans leurs richesses matérielles.

La stérilité dont se trouve frappée toute son activité agricole, industrielle et commerciale pendant la durée des hostilités impose à un pays l'obligation de demander à l'étranger les produits qui sont nécessaires à sa subsistance et dont il ne peut plus assumer la production.

La réparation des dommages qu'il a subis dans son patrimoine ne saurait être envisagée, si elle n'est pas effectuée par le vaincu, sans un concours étroit des ressources de tous ses nationaux.

La dernière guerre conservera une place spéciale dans l'histoire, tant par sa durée que par les pertes en vies humaines et l'étendue des destructions matérielles qu'elle a entraînées. Entrée la première dans la mêlée, ayant supporté jusqu'au dernier jour l'effort principal de l'assaillant, ayant vu son territoire servir de champ de bataille pendant plus de quatre années, la France devait plus que toute autre nation en souffrir le contre-coup.

Au 31 décembre 1913, les engagements, contractés par l'État, se résumaient ainsi :

Dette consolidée	25,310	millions.
Dette à terme	5,852	—
Dette flottante	1,432	—
Total	32,594	—

Au 31 juillet 1924, ils avaient atteint les chiffres suivants :

1° *Dette intérieure :*

| | EN MILLIONS DE FRANCS. | |
	Francs.	Francs-or (1).
Dette perpétuelle et à long terme........................	149,395	39,550
Dette à court terme...................................	37,174	9,839
Dette flottante. { Bons du Trésor et bons de la Défense Nationale..	61,500	16,278
Dépôt de fonds du Trésor.....................	6,781	1,795
Reliquat dû sur les avances nouvelles de la Banque de France...........................	23,000	6,088
Total de la dette intérieure.	277,850	73,550

2° *Dette extérieure :*

	Francs.	Francs-or.
Dette politique...................................	"	30,815
Dette commerciale................................	"	5.149
Total de la dette extérieure........	"	35,964

Sans préjuger des observations détaillées qui seront ultérieurement présentées à leur égard, nous entendons, dès maintenant, signaler les réserves expresses qu'appelle le chiffre porté dans le tableau ci-dessus pour notre dette politique extérieure. La multiplicité des éléments qui sont appelés à faire concéder à notre pays certains abattements sur l'évaluation primitive de cette dette, les modifications que doit y apporter l'application des principes du plan Dawes relatifs à la capacité de payement des États débiteurs et aux difficultés de transfert des capitaux, enlèvent tout caractère définitif aux chiffres qui viennent d'être donnés et en limitent la portée à la valeur d'indications approximatives sur le montant réel de cette part de notre dette.

Sous réserve de ces observations préalables, les résultats consignés dans le tableau ci-dessus font ressortir qu'au cours de la période de dix années qui vient de s'écouler le capital nominal de notre dette a environ décuplé et que sa valeur en francs-or dépasse aujourd'hui 330 p. 0/0 du chiffre qu'elle atteignait avant l'ouverture des hostilités.

Le poids de ces charges apparaîtra d'autant plus lourd qu'il est actuellement porté par une population diminuée par les pertes et les mutilations subies durant la guerre. Aussi, dans la recherche des origines de nos emprunts, serons-nous amenés à regretter que, dès le début même des hostilités les efforts les plus vigoureux n'aient

---

(1) Calculés d'après les cours moyens du change au mois de juillet 1924.

pas été tentés pour demander à l'impôt de plus larges rendements et éviter les émissions qui pèsent aujourd'hui si durement sur notre situation financière. Quels qu'aient été les obstacles rencontrés par une augmentation de nos recettes fiscales, les principes d'une saine politique devaient écarter l'émission d'emprunts nouveaux, sans que les arrérages en aient été, au préalable, gagés par la création des ressources permanentes, nécessaires pour leur service. Les développements ultérieurs de notre étude assignent à cette faiblesse initiale de notre gestion financière durant la guerre une très large part dans la responsabilité de nos difficultés actuelles.

Toutefois, quelque écrasant que semble de prime abord l'accroissement de notre dette publique, une comparaison avec les nations étrangères nous permettra d'en dégager plus exactement la valeur réelle,

. .

Aperçu sur la situation de la Dette publique dans certains pays étrangers.

Examinons l'importance de l'accroissement de la dette publique dans les pays qui ont pris part au dernier conflit et se sont heurtés, de ce chef, aux difficultés que nous avons nous-mêmes rencontrées.

L'Angleterre comptait, avant la guerre, une dette globale de 706,000,000 livres sterling. Au 31 mars 1923, cette dette avait atteint les chiffres suivants :

Dette intérieure	6,617,348,000 livres.
Dette extérieure	1,155.652,000 —
Total	7,773,000,000 livres.

La transformation de cette dette en francs-or aux deux époques envisagées donnerait respectivement les résultats ci-dessous :

En 1913	17,803,000,000 francs-or.
En 1923	188,588,000,000 —

Le taux d'accroissement de la dette publique anglaise se fixe ainsi aux abords de *1,060* %.

Les emprunts de la Belgique ont suivi une évolution moins rapide :

DATES.	DETTE INTÉRIEURE.	DETTE EXTÉRIEURE.	DETTE TOTALE.
	francs.	francs.	francs.
31 décembre 1913....	4,430,200,000	196,400,000	4,626,600,000
31 octobre 1922......	30,561,823,500	2,562,322,354 (1)	33,124,145,854

L'évolution de la dette publique belge en valeur or se traduit ainsi :

En 1913... 4,626,000,000 francs-or.
En 1922... 12,839,000,000

L'augmentation de la valeur or de cette dette n'a pas ainsi dépassé 280 p. 100 du taux qu'elle comportait en 1914.

Les États-Unis n'ont pas échappé à l'inéluctable nécessité de recourir largement à l'emprunt :

DATES.	DETTE INTÉRIEURE				Total en francs-or.
	portant intérêt.	ayant cessé de porter intérêt.	ne portant pas intérêt.	total (montant brut).	
	dollars.	dollars.	dollars.	dollars.	
30 juin 1914..	967,953,310	1,552,560	1,942,993,399	2,912,499,269	15,086,746,000
28 février 1923.	22,366,041,302	94,913,090	254,384,338	22,715,338,730	117,665,454,000

L'augmentation de la valeur nominale de la dette publique américaine atteint ainsi 780 p. 100 du taux primitif qu'elle comportait en 1914.

L'évolution des emprunts d'État, en Italie, depuis 1914, s'exprime dans les chiffres suivants :

DATES.	DETTE INTÉRIEURE.		DETTE EXTÉRIEURE.	DETTE TOTALE.
	consolidée et à terme.	flottante.		
			en milliers de lires.	
30 juin 1914........	14,839,800	865,800	"	15,705,600
30 juin 1922........	56,601,000	35,718,400 (2)	21,614,000	113,933,400

Le montant nominal de la dette actuelle s'élève à *725* p. 100 du chiffre auquel il se fixait en 1914.

---

(1) Ce chiffre comprend les avances consenties par les alliés depuis l'armistice, savoir :
France .... 277,577,028 francs.
Angleterre .... 5,017,295 livres.
États-Unis.. 175,471,013 dollars.
(2) Situation au 1er janvier 1923.

Son évolution en valeur or se traduit ainsi :

En 1914. . . . . 15,705,000.000 francs-or.
En 1922. . . . . 29,391.200.000

Soit une hausse à *187* p. 100 du chiffre primitif.

Le Japon a pu contenir ses emprunts dans des limites plus étroites, qui n'excèdent pas 162 p. 100 de leur taux originaire. La part, relativement plus faible qu'il a prise dans la lutte, explique cette modération.

DATES.	DETTE INTÉRIEURE. (Yens.)	DETTE EXTÉRIEURE. (Yens.)	DETTE TOTALE. (Yens.)	TOTAL en francs-or.
31 mars 1914.	1,054,633,854	1,490,436,651	2,545,070,505	6,591,000,000
31 décembre 1922. .	2,897,447,601	1,358,973,229	4,256,420,830	10,703,000,000

Certes, nous ne nous dissimulons pas les lacunes que comporte l'exposé rapide que nous venons de tracer.

L'évaluation de la dette extérieure, soit en monnaie nationale au cours du jour, soit au pair, ne dégage pas la charge réelle que les variations du change imposeront à un pays, du chef de ses dettes à l'étranger, elle ne permet pas d'apprécier les difficultés que peut susciter leur remboursement même partiel. Le rapport des experts, qui forme aujourd'hui la charte de la paix économique, a montré quels sont en effet les obstacles auxquels se heurtent les transferts de richesses de pays à pays.

L'étude du taux d'accroissement des dettes publiques dans les pays alliés trouverait en outre un complément utile dans l'examen de la valeur absolue des émissions et dans la comparaison entre les sommes demandées soit à l'emprunt, soit à une aggravation du régime fiscal. Cet examen soulignerait l'effort respectif fait par chaque pays pour assurer les dépenses dont ses budgets étaient grevés.

Aussi n'entendons-nous pas tirer de ces chiffres un argument quelconque en faveur ou à l'encontre de notre situation financière. Nous tenons cependant à constater ce que à l'étranger on n'a pas toujours compris, à savoir que la dette de la France comporte l'inscription de charges exceptionnelles en raison du fait que la guerre a fait peser sur nous son plus lourd fardeau, qu'elle nous a frappés par la dévastation des territoires occupés, par les pertes en vies humaines, par les mutilations de nos nationaux plus durement qu'aucun autre pays belligérant, que depuis l'engagement du conflit jusqu'à son terme nos plus riches provinces sont demeurées le principal champ de bataille sur lequel se déroulèrent les péripéties du grand conflit mondial.

ORIGINES PRINCIPALES DE NOTRE DETTE.

L'analyse des dépenses, dont la couverture a été demandée à l'emprunt, soulignera l'incontestable insuffisance de notre effort fiscal et du développement de nos recettes permanentes; mais elle montrera également que l'ampleur des dépenses auxquelles nous avons dû faire face ne pouvait permettre de trouver exclusivement dans l'impôt les ressources qui nous étaient nécessaires.

Nous distinguerons, dans cette étude, deux périodes principales, dont le caractère et les nécessités diffèrent profondément : période de guerre, d'une part, période de liquidation, d'autre part.

1° *Période de guerre.*

La marche de nos recettes et de nos dépenses au cours des hostilités, se résume dans le tableau suivant :

	1914.	1915.	1916.	1917.	1918.
			en milliards de francs.		
Dépenses totales....	10,4	22,1	36,8	44,7	56,7
Recettes totales.....	4,2	4,1	4,9	6,2	6,8
Déficit........	6,2	18,0	31,9	38,5	49,9

L'addition de ces déficits successifs a imposé à la Trésorerie durant la guerre la création de ressources exceptionnelles pour une somme globale de 145 milliards environ. L'importance de ce chiffre appelle un examen détaillé des dépenses et des recettes correspondantes.

a. *Dépenses.*

Les dépenses acquittées au cours des hostilités, se décomposent comme suit :

ANNÉES.	CHARGES militaires.	DETTE publique.	SERVICES civils.	DÉPENSES DITES recouvrables.	COMPTES spéciaux.	TOTAUX.
			en millions de francs.			
1914.............	6,526	1,360	2,005	372	108	10,371
1915.............	14,712	1,818	2,479	1,914	1,197	22,120
1916.............	23,853	3,327	2,817	2,947	3,904	36,848
1917.............	28,662	4,816	4,119	4,081	2,983	44,661
1918.............	36,120	7,021	5,443	5,950	2,113	56,649

Certes on ne peut reprocher aux Gouvernements qui se sont succédé durant la guerre d'avoir demandé à l'emprunt à l'intérieur ou à l'extérieur la couverture des *charges militaires,* qui n'admettaient aucune insuffisance, quelque minime qu'elle fût.

L'augmentation annuelle des arrérages de la *dette* découlait de la politique même d'appel à l'emprunt; l'inscription des crédits correspondant à l'intérêt des souscriptions reçues revêtait un caractère automatique; mais nous ne saurions trop répéter que la couverture de leurs accroissements annuels eût dû être demandée à l'impôt.

Toutefois, il est juste de constater que l'ennemi était à nos portes, qu'une partie de la France était envahie et que les Gouvernements durant la guerre pouvaient redouter les conséquences d'accroissements importants des charges fiscales pour le moral du pays.

L'élévation des dépenses des *Administrations civiles* a suivi comme les crédits militaires et ceux des arrérages de la dette une progression continue, particulièrement marquée pour les années 1917 et 1918. L'origine doit en être recherchée, soit dans le développement de certaines administrations appelées à faire face à une tâche écrasante; soit dans la création de services nouveaux correspondant à une extension des attributions de l'État.

L'énorme accroissement des émissions ou le payement des allocations militaires ne pouvaient simplement s'ajouter au travail qu'assumaient jusqu'à ce jour les fonctionnaires appelés à y participer, sans entraîner ni augmentation de personnel, ni développement des cadres antérieurs.

La surveillance exercée sur les changes, l'institution du blocus économique des pays ennemis, l'intervention de l'État dans le ravitaillement de la population, soit en produits alimentaires, soit en denrées diverses, la répartition des matières premières et le contrôle de leur emploi, exigeaient la création d'organes nouveaux.

Sans prétendre en discuter le montant, ni procéder au long examen de la décomposition de son chiffre en vue d'en apprécier tous les éléments, nous devons reconnaître qu'une augmentation de la dotation des services civils, parallèle à l'accroissement des attributions qui leur étaient confiées, ne soulève aucune observation.

Les dépenses dites recouvrables, n'ont été distraites qu'en 1920 du budget général; les sommes, qui figurent sous cette rubrique, dans le tableau précédent, ont été dégagées des chapitres normaux, en prenant pour base la nomenclature des crédits ultérieurement incorporés au budget spécial. Leur décomposition s'effectue comme suit :

ANNÉES.	DÉPENSES militaires.	DETTE publique.	DÉPENSES CIVILES.		TOTAL.
			Régions libérées.	Autres services.	
en millions de francs.					
1914	368	–	4	–	37
1915	1,882	17	15	–	1,914
1916	2,495	107	345	–	2,947
1917	3,233	149	689	10	4,081
1918	5,250	168	495	39	5,952

La part la plus importante de ces charges fut constituée par l'entretien des prisonniers, le fonctionnement des centres de réforme et d'appareillage, et principalement par les allocations servies aux familles des mobilisés, ainsi qu'aux victimes civiles de la guerre.

Les dépenses civiles s'appliquent presque entièrement aux services des régions libérées, que nous avons fait figurer sous une rubrique spéciale. Pour les autres administrations, les crédits ont dû faire face soit à la réinstallation de leurs organismes dans les territoires reconquis, soit à la réfection des ouvrages, chaussées, routes, voies navigables ou voies ferrées.

La nature même de ces dépenses, leur caractère exceptionnel et l'incertitude que présentait leur mode définitif de règlement, en justifiaient la couverture provisoire par voie d'emprunts.

Sans entrer dans la nomenclature détaillée des comptes spéciaux, nous signalerons enfin que leurs soldes débiteurs doivent être imputés, soit au soutien apporté par nos finances à nos alliés sous la forme d'avances ou de cessions de matériel, soit à la reconstitution des voies ferrées d'intérêt général ou local, soit enfin à l'intervention de l'État dans le ravitaillement de la nation en blé et en farine. Cette dernière source de dépenses serait seule susceptible de donner matière à quelque discussion; nous exposerons succinctement, lors de l'examen de la situation économique, les circonstances qui en ont déterminé l'institution.

Quelque rapide qu'elle soit, cette revue des principaux chapitres de nos dépenses, au cours de la guerre, semble suffisante pour faire ressortir que, sous la réserve d'une discussion serrée de leurs chiffres, à laquelle nous ne saurions actuellement procéder, sans donner à notre étude des développements excessifs, la marche générale de nos crédits et leur décomposition selon les grandes catégories ne semblent susceptibles de soulever d'autres critiques que celles visant leur mode de couverture.

L'angoisse des pouvoirs publics devant un immense danger national, leur préoccupation constante de ne négliger aucun élément qui puisse concourir à la victoire et de ne marchander ni les approvisionnements que réclamaient les armées ni les mesures propres à soutenir les forces matérielles et morales du pays, placent d'ailleurs au second plan la supputation des répercussions financières de décisions commandées par le salut de la nation; la discussion peut donc porter moins sur les dépenses effectuées que sur les procédés auxquels on eut recours en vue de fournir au Trésor public les ressources indispensables. Aussi réserverons-nous un examen spécial à la nature des recettes, inscrites dans nos budgets de guerre à côté de leurs lourdes dépenses.

b. *Recettes.*

Le tableau qui figure en tête du présent exposé établit que nos recettes se sont fixées jusqu'en 1916 aux abords de *4* milliards pour marquer une brusque progression en 1917 et osciller jusqu'en 1918 entre *6* et *7* milliards.

Au cours de cette même période, nos dépenses ont passé de 10 milliards en 1914 à 56 milliards en 1918.

L'écart croissant entre nos ressources et nos charges retient dès l'abord l'attention : il s'élève de 6 milliards en 1914 à 50 milliards en 1918.

Le tableau suivant rapproche le montant des recettes d'une part, les principaux chapitres de dépenses, d'autre part :

ANNÉES.	RECETTES.	DÉPENSES (en milliards de francs).					
		SERVICES civils.	DETTE publique.	DÉPENSES militaires.	DÉPENSES recouvrables.	COMPTES spéciaux.	DÉPENSE totale.
1914.........................	4.2	2	1.4	6.5	0.4	0.1	10.4
1915.........................	4.1	2.5	1.8	14.7	1.9	1.2	22.1
1916.........................	4.9	2.8	3.3	23.9	2 9	3.9	36.8
1917.........................	6.2	4.1	4.8	28.6	4.1	3	44.6
1918.........................	6.8	5.4	7	36.1	6	2.1	56.6
TOTAUX	26.2	16.8	18.3	109.8	15.3	10.3	170.5

Le montant total de nos recettes n'a pas ainsi excédé, au cours des cinq années de guerre, le chiffre de 26,200 millions, couvrant les dépenses des services civils, soit 16,800 millions et la moitié environ des arrérages de la dette publique.

Certes, il était équitable que la couverture des comptes spéciaux, des dépenses recouvrables et d'une large part des charges militaires, qui correspondaient à un effort temporaire de la Nation, fût assurée par l'emprunt. Mais, quelles que fussent les difficultés de la tâche, le souci d'une saine gestion financière devait interdire de demander à des ressources exceptionnelles les sommes nécessaires pour des dépenses qui présentaient un caractère permanent et devaient rester définitivement incorporées dans nos budgets d'après guerre. Ne pas procéder à la création des impôts correspondant à ces dépenses nouvelles, c'était charger un proche avenir de difficultés chaque jour accrues; c'était reporter à la conclusion des hostilités la solution d'un problème qui apparaîtrait alors plus ardu.

Toutefois la critique resterait partiale, si, à côté des inconvénients graves que nous venons de signaler, nous ne placions les difficultés incontestables que rencontrait durant la guerre l'augmentation de nos ressources fiscales.

L'invasion de nos dix départements du Nord et de l'Est qui figuraient, avant la guerre, parmi les plus riches contrées de notre territoire, nous privait du cinquième environ de notre matière imposable.

La perturbation, engendrée dans l'industrie, l'agriculture et le commerce par la mobilisation qui lui enlevait sa main-d'œuvre, la précarité des communications, l'incertitude des approvisionnements constituaient des conditions défavorables à l'accroissement des prélèvements fiscaux, à la régularité et au développement de nos rentrées.

Enfin la désorganisation de notre Administration, privée d'une partie de ses cadres, était peu favorable au maintien d'un contrôle étroit sur les anciennes contributions et à l'assiette de nouveaux impôts.

À l'actif de notre politique financière de guerre il convient d'inscrire, en outre, les réformes qu'elle a effectuées dans notre législation et les efforts qu'elle a tentés vers un développement de nos recettes.

Mise en application de l'impôt général sur le revenu voté en 1914, institution des impôts cédulaires, création de la contribution extraordinaire sur les bénéfices de guerre, remaniement de divers droits d'enregistrement, constituent les principales innovations qui ont été réalisées au cours de cette période.

Les créations d'impôts nouveaux, qui ont été successivement effectuées avant 1919, et les remaniements divers des tarifs des contributions existantes portent à 2,800 millions environ les ressources supplémentaires qui ont été demandées durant la guerre à notre régime fiscal.

Mais l'insuffisance des mesures ainsi prises, résulte d'une double constatation.

D'une part, aucune disposition fiscale n'a été votée avant la loi de douzièmes provisoires du 30 juin 1916 et les diverses réformes, qui ont été édictées, s'échelonnent de cette date à la fin de 1918. Pendant une période de deux années aucune modification n'a donc été apportée à notre système d'impôts; malgré l'énorme accroissement de nos dépenses, aucun effort n'a été tenté pour fournir au Trésor l'appoint de ressources nouvelles.

D'autre part l'application même des lois qui ont été promulguées a subi de longs retards. De ce chef aucun recouvrement n'a été effectué, avant 1919, au titre de l'impôt général et des impôts cédulaires sur les revenus, et la rentrée de la contribution extraordinaire sur les bénéfices de guerre n'a pas dépassé 714,006,400 francs au cours de la même période.

Il est permis de constater que l'application immédiate des lois votées de 1916 à 1918 eût permis des recouvrements supplémentaires qui eussent assuré la plus grosse part de la couverture des arrérages de la dette et même d'une partie des charges militaires.

Le poids de la dette que la période de guerre nous a directement léguée peut être évalué à 145 milliards environ. Ce chiffre ne présente pas une rigueur échappant à tout redressement ultérieur: les comptes définitifs, relatifs à cette période, ne sont pas encore dressés et les calculs qui viennent d'être résumés ont été basés sur le dépouillement des crédits budgétaires; or il apparaît que les dépenses réellement effectuées sont restées inférieures à la limite qui leur avait été assignée, et quelque atténuation peut être escomptée de ce chef.

2° *Période de liquidation.*

La conclusion de la paix nous laissait une double tâche.

D'une part, notre situation financière devait être rapidement assainie par la liquidation des charges multiples que la guerre avait engendrées.

D'autre part la restauration de nos régions libérées appelait un grand effort national et exigeait d'importants sacrifices financiers.

La politique alors adoptée en vue de faire face à cette double nécessité, se résume ainsi :

Les charges permanentes de l'État seront groupées dans un budget général.

Les dépenses appelées à assurer la réparation de nos dommages, incombant à nos anciens ennemis, seront inscrites dans un budget spécial: les ressources en seront constituées par des émissions d'emprunts qui devront être progressivement amortis par les versements de l'Allemagne.

Budget proprement français alimenté par les impôts prélevés sur les contribuables français et représentant les charges définitives du pays; budget à la charge de l'Allemagne, soutenu par l'encaissement des fonds provenant des prestations allemandes et recevant provisoirement de l'épargne nationale les avances nécessaires pour suppléer aux défaillances de son débiteur, ainsi se concrétise la conception qui, après la guerre, a orienté notre gestion financière.

2.

La simplicité et la logique même de ce programme ne peuvent en dissimuler l'insuffisance.

La dualité des comptes ainsi créée, écartant le principe de l'unité budgétaire, contribuait à porter atteinte à notre crédit auprès de nos alliés. Le maintien de toutes nos recettes et de toutes nos dépenses sous une addition unique, éventuellement complétée par les tableaux de développement nécessaires pour dégager la nature spéciale de nos charges de reconstitution, eût évité des critiques dont l'effet pèse encore sur nous.

Sans adopter entièrement cette formule, le projet de budget de 1920 s'orientait dans la bonne voie, en groupant dans la même loi de finances les crédits afférents au budget ordinaire, au budget extraordinaire et au compte spécial des dépenses recouvrables. Mais la transformation ultérieure de ce compte en un véritable budget distinct, faisant l'objet d'un dépôt, d'un rapport et d'une discussion séparés, brisa définitivement toute unité budgétaire.

L'alimentation d'une part importante des dépenses permanentes par voie d'emprunt renouvelait au surplus la politique suivie pendant les années de guerre. Les recettes d'emprunt couvraient, en effet, non seulement les dépenses nouvelles de chaque exercice, mais encore le service des émissions effectuées au cours des années précédentes, grossissant ainsi, en quelque sorte, notre dette à intérêts composés. L'espoir des versements allemands n'autorisait pas la souscription d'engagements non gagés, au préalable, à l'aide des ressources normales de l'État. La faculté d'endettement d'un pays doit rester subordonnée à la création des recettes fiscales nécessaires pour assurer intégralement l'intérêt et l'amortissement des emprunts contractés. Le strict respect de cette règle assure seul le maintien du crédit d'un État, en donnant à ses créanciers toute garantie pour l'exécution des contrats au bas desquels il a apposé sa signature. Sa méconnaissance a largement contribué à la diminution que nous avons enregistrée dès la fin de l'année 1923 dans la confiance de nos prêteurs; il est juste d'attribuer à cette méconnaissance une grande part dans la responsabilité de nos difficultés actuelles.

La tourmente, qui, au début de l'année 1924, s'est abattue sur l'édifice financier de la France et en a violemment secoué les assises, a démontré la faiblesse et les dangers de cette politique financière. Le dépôt du budget général de 1923, dont l'équilibre, avant l'intervention du Parlement, était assuré par l'émission de 3,900 millions de bons de la Défense nationale, la proposition de reconduction pure et simple de ce budget pour 1924 avaient soulevé les plus vives critiques en France et à l'étranger et, la spéculation aidant, avaient contribué à la dépréciation de notre devise nationale Le rétablissement de la confiance et la sauvegarde du franc, qu'avait momentanément protégé la courageuse intervention de la Banque de France, aidée par les crédits ouverts par nos amis d'Amérique et d'Angleterre, furent brusquement demandés au vote d'impôts nouveaux établis précipitamment et destinés à couvrir, non seulement les dépenses du budget général, mais aussi les dépenses permanentes du budget spécial. La pression des circonstances extérieures et la crainte d'une catastrophe financière ont imposé, en quelques semaines, l'adoption des mesures devant lesquelles on avait jusqu'à ce jour reculé. Le geste qui était ainsi accompli, restait d'ailleurs incomplet; l'incorporation du budget spécial était seulement partielle et les ressources qui avaient été prévues n'en pouvaient assurer la complète couverture. Il appartenait au budget de 1925 d'apporter dans nos comptes un complet assainissement et de marquer un retour définitif aux principes d'unité et d'équilibre budgétaires.

Le programme de notre politique financière après la cessation des hostilités comportait par lui-même la création d'emprunts nouveaux pour la liquidation de nos charges de guerre et la restauration de nos régions libérées. La balance établie au cours de cette période de six années entre nos recettes totales et le montant global de nos dépenses se résume dans le tableau suivant :

	1919.	1920.	1921.	1922.	1923.	1924.
	(en milliards de francs.)					
Recettes.........	11,6	20,1	23,1	24,2	27,7	31,1
Dépenses	54,2	58,1	51,1	48,9	45,8	40,2
Déficits.....	42,6	38,0	28,0	24,7	18,1	9,1 (1)

Nos budgets d'après guerre sont venus ainsi ajouter au poids, que les hostilités avaient déjà imposé à notre trésorerie, un charge nouvelle de *160* milliards environ. Nous vous proposons d'en examiner rapidement les principaux éléments.

a. *Dépenses.*

La décomposition des dépenses de nos budgets peut ainsi s'établir :

ANNÉES.	CHARGES militaires.	DETTE publique.	SERVICES civils.	DÉPENSES recouvrables.	COMPTES spéciaux.	DÉPENSES totales.
	en milliards de francs.					
1919..........	18,2	7,9	9,2	15,5	3,4	54,2
1920..........	7,6	11,7	11,4	22,3	5,1	58,1
1921..........	6,0	11,1	9,9	21,4	2,7	51,1
1922..........	5,0	13,6	7,7	22,1	0,5	48,9
1923..........	4,8	12,8	6.5	21,7		45,8

(1) Ce déficit se décompose ainsi :

Déficit budgétaire..	4,697 millions.
Crédit national	2,400 —
Payements par Annuités de dommages de guerre.................	2,000 —
Total............................	9,097

Nous écarterons, dès l'abord, de notre examen, les dépenses concernant le service de la *dette publique* à l'égard desquelles aucune atténuation ne pouvait être envisagée et dont une part importante était inscrite aux dépenses recouvrables. Nous grouperons les autres chapitres sous trois rubriques principales :

D'une part, les *services civils* qui correspondent au fonctionnement normal des rouages de l'État; ces services devaient s'adapter progressivement à la nouvelle situation, issue de la guerre, entraînant, soit des dépenses nouvelles en raison de l'amélioration que demandait la situation des fonctionnaires, soit des économies par la suppression des organismes temporaires devenus inutiles et la réorganisation des services administratifs.

D'autre part, *les postes de liquidation* intéressant, d'une part, les charges militaires, dont l'atténuation était nécessaire et d'autre part, les comptes spéciaux, qui avaient répondu à des attributions exceptionnelles de l'Etat et que proscrivait une saine gestion financière ;

Enfin, *les chapitres de reconstitution*, englobant toute l'œuvre de restauration des dommages de guerre.

Les dépenses de nos services civils ont marqué, au lendemain de la guerre, une brusque augmentation; fixées à *5,443* millions en 1918, elles se sont élevées à 9,257 millions en 1919 et 11,377 millions en 1920, doublant ainsi en deux années.

Les causes de cette rapide ascension peuvent être recherchées dans trois éléments principaux.

Le renchérissement général des denrées et l'élévation des prix, après la cessation des hostilités, imposaient une revision des traitements, en vue d'assurer une existence décente aux plus petits fonctionnaires et d'établir une échelle réservant une rémunération équitable au mérite et aux capacités techniques.

Les missions nouvelles, que le traité de paix nous avait conférées, exigeaient la création d'organismes tels que le Haut-Commissariat en Syrie et en Cilicie, ou l'organisation de services destinés à assurer l'exécution des pactes conclus et à sauvegarder les intérêts généraux de nos nationaux. La guerre nous laissait, au surplus, certaines charges exceptionnelles, dont le maintien devait être momentanément envisagé, majorations des taux des allocations aux vieillards et aux familles nombreuses, garanties d'intérêts aux compagnies de chemins de fer, insuffisances d'exploitation du réseau de l'État, subventions extraordinaires aux départements pour remise en état des routes et des chemins, etc.

Enfin, les nombreux services, qui avaient été créés au cours des hostilités, et dont la suppression s'imposait, ne purent être liquidés dès les premières années. Leur coexistence avec les organismes nouveaux, que les besoins de la paix avaient rendus nécessaires surchargeait les chapitres de dépenses.

Mais, à partir de 1920, une réduction progressive est enregistrée : les chiffres de 11 milliards en 1920, 9 milliards en 1921, 7 milliards en 1922, 6 milliards et demi en 1923, jalonnent les étapes parcourues dans la voie du retour à un régime normal. Pour l'année 1924, on constate un relèvement important, le montant des dépenses des services civils côtoie le chiffre de 10 milliards. L'origine de ce relèvement réside dans l'incorporation parmi les dépenses civiles des Ministères, d'une somme de 3,430 millions, reportée du budget spécial des dépenses recouvrables au budget général. Dégagée de cet élément nouveau, la charge réelle de nos Administrations se maintient, pour 1924, aux environs de 6,500 millions.

Ces réductions proviennent de la diminution des dépenses extraordinaires qui, de 4,128 millions en 1920, étaient tombées à 546 millions en 1923. Elles comportèrent le licenciement d'une partie du personnel de l'État, le Parlement ayant imposé le renvoi de 50,000 fonctionnaires en 1922 et de 15,000 agents en 1923 et le Gouvernement ayant, par ailleurs, réalisé de sa propre initiative certaines compressions dans l'effectif de ses employés.

Certes, de nouveaux progrès peuvent être réalisés dans cette voie ; l'importance du personnel de certains services est encore excessive et des abattements sont nécessaires. Le Gouvernement a, dès maintenant, donné toutes instructions utiles pour réaliser, en 1925, la suppression de 25,000 fonctionnaires civils ou militaires. Mais, les véritables économies proviendront d'une meilleure organisation de nos services qui, par la superposition des contrôles, par le défaut de pénétration entre Administrations différentes et par un formalisme désuet, immobilisent un effectif dont l'emploi serait plus judicieusement affecté à l'industrie, à l'agriculture ou au commerce. Nous entendons appliquer tous nos efforts à un rajeunissement de nos méthodes de travail et nous conservons l'espoir de réaliser, avec la collaboration du Parlement et des représentants du personnel de tous grades, les réformes les plus utiles et les plus fécondes.

L'opportunité de ces mesures est d'ailleurs d'autant plus manifeste que l'élévation du coût de la vie, enregistrée depuis 1919, a conduit le législateur à prescrire par les lois successives des 30 avril 1921 et 28 décembre 1923 un nouvel ajustement des émoluments actuels des fonctionnaires, ajustement qui, au vœu de la loi, devait être fait en conformité du mouvement général des prix et en tenant compte du coût de la vie. Il est, en effet, équitable d'assurer aux serviteurs de l'État une rémunération convenable de leur labeur, mais il serait infiniment dangereux de nous laisser entraîner à des dépenses qui risqueraient de détruire l'équilibre laborieusement acquis de nos budgets, et qui, par la nouvelle dévalorisation de notre monnaie qu'elles seraient susceptibles d'engendrer, porteraient un préjudice grave à la nation entière et particulièrement à ceux dont nous entendons améliorer la position. Nous avons donc recherché la conciliation entre ces deux préoccupations aussi impérieuses l'une que l'autre.

Les dépenses des services civils inscrites au budget de 1925 ne dépassent pas 7,300,000,000 : ce chiffre apparaîtra particulièrement modéré, si dans sa comparaison avec les crédits alloués pour les années antérieures, on observe qu'indépendamment de l'application des diverses mesures dont la précédente législature nous a légué la charge telles que l'augmentation des pensions civiles et militaires, l'augmentation des indemnités de résidence et des indemnités pour charges de famille, les bonifications militaires (lois des 1ᵉʳ avril 1923, 31 mars et 17 avril 1924) le statut du personnel d'Alsace-Lorraine (loi du 22 juillet 1923) et de nombreuses lois particulières, qui représentent une charge totale de 816 millions, cette dépense globale comprend un crédit de 700 millions, qui, joint aux économies provenant d'une suppression nouvelle de 25,000 fonctionnaires, doit assurer aux agents de l'État les traitements que la hausse du prix de la vie a rendus indispensables.

Les compressions qui ont été, dès maintenant réalisées, et ont ramené en trois années la charge de nos dépenses civiles à 60 p. 100 environ de leur taux de 1920 témoignent de la volonté fortement exprimée par le Parlement d'effectuer rigoureusement toutes les économies compatibles avec la bonne marche générale de nos services publics.

À côté des services civils, deux postes de dépenses appelaient un effort particulier de réorganisation et de compression : les dépenses militaires, d'une part, les comptes spéciaux, d'autre part.

Nos charges militaires avaient absorbé, pendant la guerre, la plus large part des ressources de nos budgets ; la conclusion de la paix devait en permettre la rapide diminution. De 36 milliards en 1918, le taux en a été réduit à 18 milliards dès 1919, pour descendre de paliers en paliers au niveau de 4,800 millions en 1923. Pour 1924, leur chiffre se relève à 6,400 millions ; cette hausse est, en partie, due à l'importance des crédits ouverts sur exercices périmés et au défaut de déduction des reports sur l'exercice 1925.

Pour l'exercice 1925, les dépenses militaires atteignent 5,500 millions, auxquelles s'ajoutent 650 millions au titre du compte spécial de nos troupes d'occupation sur le Rhin. Cette élévation des crédits consacrés à la défense nationale découle, ainsi que l'exposé des motifs du budget l'a fait nettement ressortir, soit de l'application de lois antérieurement votées, soit de l'exécution de programmes navals déjà adoptés, soit du rapatriement de troupes détachées sur les théâtres extérieurs (Memel, Constantinople, Levant, Ruhr), soit de la hausse des prix des diverses fournitures. Il importe enfin de signaler que les dépenses militaires des exercices précédents s'étaient trouvées diminuées par la consommation des stocks de guerre (habillement, munitions, moteurs) ; ces approvisionnements étant aujourd'hui descendus aux chiffres minima nécessaires comme réserve de mobilisation, la nécessité d'y suppléer a entraîné une majoration des crédits de 1925.

Le montant de nos crédits militaires ne dépasse pas ainsi 300 p. 100 de la somme globale à laquelle ils avaient été fixés en 1913. Le coefficient moyen de hausse pour le coût de la vie s'établissant aux abords de 380 p. 100, les dépenses actuelles ne représentent donc en fait que 75 p. 100 environ de leur taux d'avant-guerre, malgré les charges exceptionnelles que nous imposent l'exécution des traités de paix et l'exercice de nos mandats à l'étranger ; sur ce dernier point notamment, le projet de budget de 1925 marque un nouvel abattement de 20 millions sur les crédits concédés à l'armée du Levant.

Ces constatations montrent qu'un effort sérieux de compression a été accompli. Quelles que soient cependant les économies qui ont pu déjà être réalisées sur ces chapitres, nous avons la ferme volonté de comprimer encore les dépenses d'ordre militaire dans toute la mesure compatible avec la sécurité du pays. Les récentes négociations de Genève, au cours desquelles M. le Président du Conseil et la délégation française à l'assemblée de la Société des Nations ont montré la physionomie pacifique de notre pays et détruit définitivement la légende d'une France impérialiste, nourrissant secrètement des espoirs de conquête ou des rêves d'oppression et d'hégémonie, nous permettent d'espérer la conclusion d'ententes assurant une solution pacifique des conflits internationaux et garantissant enfin le maintien d'une paix à laquelle aspire le monde entier.

Ainsi, par le rapprochement des peuples, par le maintien de nos amitiés, par l'entente cordiale avec les Nations qui avec nous ont tant souffert de la guerre, enfin par les garanties mutuelles entre états, s'éloigneront de nous les menaces de nouvelles agressions et, partant, cessera, nous l'espérons, la course vers des armements, dont l'accroissement est en lui-même la plus redoutable menace de guerre.

Les comptes spéciaux constituaient également une catégorie de dépenses, dont le retour à la paix devait imposer une prompte liquidation.

Créés au cours de la guerre pour enregistrer la comptabilité, souvent étrangère aux règles du décret du 31 mai 1862, de certaines organisations spéciales, ou pour centraliser les opérations que l'État effectuait en dehors de ses attributions normales et en raison de sa participation directe à l'action des rouages complexes de l'économie générale de la nation, ces comptes portaient une grave atteinte au principe de l'unité budgétaire et soustrayaient à l'inscription dans des chapitres réguliers de crédits, de lourdes dépenses dont la couverture était en général demandée à notre trésorerie.

L'année 1920 enregistre ainsi un solde débiteur supérieur à 5 milliards, dû principalement aux charges du ravitaillement et à l'échange des monnaies allemandes.

L'année 1921 supporte encore un déficit de 2,700 millions environ, engendré soit par les dépenses de ravitaillement, soit par des avances à des Gouvernements étrangers.

Mais, depuis 1922, la liquidation de ces comptes allège progressivement les charges de notre trésorerie; la rentrée des créances arriérées assure la compensation des payements qui peuvent être encore effectués et nos budgets représentent en fait, bien qu'elles aient été trop longtemps réparties entre deux comptes distincts, la liste complète de nos dépenses réelles.

Quant aux décaissements que nous a imposés la reconstitution de nos régions libérées, nous entendons leur réserver dans le présent exposé une étude spéciale. Nous signalerons seulement, dès maintenant, que le chiffre qui figure dans le tableau ci-dessus, au titre des dépenses recouvrables, englobe non seulement les crédits ouverts au budget spécial, mais encore le montant des sommes payées par le crédit national ou procurées par suite des conventions passées avec les groupements de sinistrés.

b. *Recettes.*

À la diminution de nos dépenses, a correspondu, bien qu'insuffisant, un accroissement de nos recettes, qui, de 6,800 millions en 1918, se sont progressivement élevées à 11 milliards en 1919, 20,100 millions en 1920, 23,100 millions en 1921, 24,200 millions en 1922, 27,700 millions en 1923, pour atteindre en 1924 un chiffre qui paraît appelé à osciller aux abords de 30 milliards. .

La hausse continue de nos recouvrements en aura quadruplé le montant en une période de 6 années. Cette constatation mesure l'effort qui a été obtenu du contribuable français. Nous examinerons dans des développements ultérieurs les conditions précises dans lesquelles il a pu être réalisé.

Si le rapide exposé que nous venons de tracer des origines générales de notre dette publique a comporté de légitimes critiques à l'égard de la politique financière qui a été suivie soit au cours de la guerre soit après la cessation des hostilités, nous ne saurions clôturer cette étude sans inscrire en balance l'ampleur de la charge à laquelle le pays devait faire face et l'énergie qu'il a mise à en assumer les obligations.

L'année 1925 marquera le point culminant de cet effort de dix années. Le budget de cet exercice englobera, pour la première fois depuis la guerre, toutes les charges de l'État et, pour la première fois les équilibrera par des recettes. Parvenus au sommet de la longue montée que nous avons si péniblement gravie, nous avons le droit de jeter un coup d'œil sur le chemin que nous avons parcouru et d'éprouver quelque fierté devant la vitalité dont a fait preuve notre pays, devant son courage, devant sa volonté de gagner la paix, comme il a gagné la guerre par son endurance, son travail, son esprit d'épargne et d'économie.

Guerre et réparation de nos dommages ont exigé un endettement qui s'élève à 300 milliards de francs environ. Nul n'a reculé devant une pareille amputation du patrimoine commun, puisqu'ainsi l'exigeait le salut du pays. Mais les plus dures années d'épreuves sont aujourd'hui révolues, et, si la France sait conserver son calme, sa confiance dans sa force et sa richesse, elle pourra récolter dans un proche avenir les fruits de son labeur et de ses sacrifices.

Décomposition de notre dette publique.

Pour se procurer les ressources qui lui étaient nécessaires, en vue de faire face aux dépenses, dont le montant vient d'être évalué, le Trésor dut varier la forme de ses appels au public, suivant les désirs et la mentalité de ses prêteurs et selon la nature des besoins auxquels il devait répondre. Tantôt il s'adressa à l'épargne nationale, en mettant à sa disposition soit des titres destinés à rester définitivement en portefeuille, soit des placements temporaires appelés à lui rendre à brève échéance la disponibilité de ses souscriptions, soit même des modalités d'emploi de son fonds de roulement, tantôt il rechercha des appuis extérieurs pour créer sur les places étrangères les réserves de change indispensables à ses payements. Dette intérieure et dette extérieure se sont ainsi combinées suivant des modalités multiples, et une étude minutieuse de leurs éléments permettra seule de dégager les principes généraux qui ont orienté la politique de notre trésorerie au cours des dix dernières années.

I. — Dette intérieure.

L'examen de notre dette intérieure en appelle la décomposition suivant trois rubriques principales :

Dette perpétuelle ou à long terme;
Dette à court terme ·
Dette flottante.

I. — Dette perpétuelle ou à long terme.

Le titre d'une rente, qui revêtait un caractère perpétuel ou dont l'amortissement s'échelonnait sur une longue période avait depuis longtemps, recueilli les faveurs de l'épargne française et restait le placement préféré de la grande masse de nos petits prêteurs qui, étrangers au mécanisme des opérations de bourse et désarmés devant les rapides fluctuations des valeurs industrielles, trouvaient dans les fonds d'État la solidité et la sécurité qu'ils recherchaient. Aussi le Trésor public ne pouvait-il manquer, au cours de la période difficile qu'il traversait, de s'adresser à la clientèle fidèle de ses correspondants habituels, paysans, ouvriers et bourgeois, en lui offrant de nouveaux types de rentes présentés sous la forme qui avait jusqu'à ce jour reçu auprès d'elle un accueil favorable.

Une large place a pu être réservée, de ce chef, à la dette à long terme dans le montant total de nos engagements. La valeur en capital, s'en fixait, en effet, au 31 juillet 1924 aux chiffres suivants :

	SITUATION EN CAPITAL.
Emprunts antérieurs à la déclaration de guerre :	
Rentes 3 p. o o amortissables.	2.790.412,000[1]
Rentes 3 p. o o.	19.740.432.000
Rentes 3 1/2 p. o o amortissables.	12.876.000
Emprunts postérieurs à la déclaration de guerre :	
Rentes 5 p. o o 1915 et 1916.	18.851.422,000
Rentes 4 p. o o 1917.	9.004,733,000
Rentes 4 p. o o 1918.	20.608.144.000
Rentes 5 p. o o 1920 amortissables.	15,830,406,000
Rentes 6 p. o o 1920.	27.355.273,000
Rentes d'Alsace et Lorraine.	73.475.000
Émissions du Crédit national à long terme.	17.556.786,000
Capital correspondant aux titres d'annuités remis aux sinistrés.	8,294,441,000
Divers.	
Capital des annuités servies par l'État.	12,360,670,000
Obligations des chemins de fer de l'État.	1,227,450,000
Avances anciennes de la Banque de France.	200,000,000
Total.	153,886,520,000
À déduire :	
Rentes versées en libération de la contribution extraordinaire sur les bénéfices de guerre, rachetées en bourses ou reçues en souscription de l'emprunt 6 p. o o 1920, qui sont inscrites au nom du Trésor et ne seront annulées qu'avec les séries auxquelles elles appartiennent.	4,491.665,000
Reste.	149.394,855,000

a) *Fonds consolidés.*

Nos fonds consolidés ne semblent appeler aucune observation : les conditions générales de leur émission ont fait l'objet d'exposés antérieurs, qu'il ne paraît pas opportun de renouveler ici et qui ne présenteraient, au surplus, qu'un intérêt rétrospectif. Aussi bornerons-nous notre étude à quelques brèves considérations.

La composition des souscriptions à ces divers emprunts mérite, dès l'abord, de retenir l'attention.

DÉCOMPOSITION en NUMÉRAIRE ET EN VALEURS.	5 p. 0/0 1915.	5 p. 0/0 1916.	4 p. 0/0 1917.	4 p. 0/0 1918.	5 p. 0/0 1920.	6 p. 0/0 1920.
	francs.	francs.	francs.	francs.	francs.	francs.
Numéraire	6,281,730,746	5,125,330,947	5,174,188,467	7,246 037,519	7,935,407,850	11.278,448,275
Bons du Trésor	//	//	//	7,560,517	573,138	15,440,904
Bons de la Défense nationale	2,244,384,709	3,693,071,296	4,582,744,344	13,255,100,550	8,226,101,981	4,136,180,048
Obligations de la Défense nationale	3,316,883,578	956,271,911	449,180,628	1,412,069,208	612,326,386	354,885,133
Coupons russes	//	//	//	239,370,424	//	//
Coupons de rentes de guerre	//	//	//	//	61,899,237	//
Rentes 3 p. 0/0	1,439,463,057	//	//	//	//	//
Rentes 3 1/2 p. 0/0 amortissable	22,349,396	7,778,811	2,959,773	3,084,506	4,369,005	2,659,689
5 p. 0/0 1915 et 1916	//	//	//	//	//	3,606,538,944
4 p. 0/0 1917	//	//	//	//	//	1,785,986,505
4 p. 0/0 1918	//	•	//	//	//	4,165,565,961
5 p. 0/0 1920 amortissable	//	//	//	//	//	2,738,630,265
Divers	//	//	//	//	//	4.519,870
Totaux	13,307,811,576	10,082,452,965	10,209,073,212	22,163,222,724	15,940,677,507	28,088,861,594

Ce tableau souligne le double rôle que joue l'émission d'un grand emprunt.

D'une part, elle assure une consolidation de notre dette flottante. Une part importante des bons de la Défense nationale correspond, en effet, à des placements d'attente pour les nombreux prêteurs qui forment la clientèle habituelle de nos fonds d'État. Le lancement de nouveaux titres de rente vient les inciter à donner un caractère définitif à la remise de leur épargne au Trésor, qui ne la détenait qu'à titre temporaire et fréquemment révocable.

D'autre part l'émission d'un emprunt aspire, dans la grande masse des petits portefeuilles individuels, une partie des disponibilités en billets qui y sommeillaient soit comme réserve, soit même comme thésaurisation. La souscription, constamment ouverte, des bons de la Défense nationale ne suffit pas à les appeler aux guichets du Trésor; elle revêt, en quelque sorte, un caractère de monotonie, qui ne stimule plus au bout de quelque délai, l'apport de l'épargne et ne vide pas les caisses des nombreux prêteurs éventuels. L'apparition de nouveaux titres, en les dégageant des masses accumulées de billets, liquide, pour ainsi dire, un fonds de roulement exagérément grossi et ouvre une nouvelle période, au cours de laquelle son montant se reconstituera progressivement. Aussi chaque emprunt permet-il d'enregistrer un double phénomène : rentrée de billets d'une part, grossissement d'autre part des émissions de bons au cours des mois qui suivent la dépression momentanée causée par l'escompte des titres destinés aux souscriptions.

Qu'il s'agisse de billets ou de bons de la Défense nationale, nos grands emprunts n'ont pas eu pour résultats exclusifs d'apporter au Trésor des disponibilités nouvelles; ils ont, en fait, pour leur plus large part, substitué à une dette flottante constamment exigible ou remboursable à termes très rapprochés, des engagements dont les échéances se fixaient à des dates rigides largement espacées ou qui revêtaient même un caractère perpétuel. Ils ont à ce titre, atténué pour le Trésor la préoccupation de voir affluer à ses guichets des demandes soudaines de remboursement de capitaux, en remplaçant son obligation de tenir constamment à la disposition de ses prêteurs le montant même de leurs souscriptions par le simple service d'un intérêt ou d'une annuité fixe. Ils ont, de ce chef, ouvert la voie aux grands emprunts de consolidation, qui permettront seuls d'assurer un définitif assainissement de notre situation financière.

b. *Dette d'Alsace et Lorraine.*

La situation de la *dette d'Alsace et Lorraine*, calculée au pair de 1 fr. 25 par mark, s'établissait, comme suit, au 31 juillet 1924 :

Capital.	73,475,250f 00c
Rentes.	2,204,257 50
Charge d'intérêts.	2,174,445 00

La charge annuelle d'intérêts présente, par rapport au montant de la rente, calculée sur la base de 1 fr. 25 par mark une différence de *29,812 fr. 50* égale à la valeur de la rente des titres, dont la valorisation a été refusée. Elle se trouve, de ce chef, sujette à des revisions nouvelles, les opérations de valorisation n'étant pas actuellement terminées et le rejet de certaines demandes aujourd'hui pendantes pouvant en abaisser le chiffre au-dessous de son taux actuel.

c. *Capital des annuités servies par l'État.*

L'évaluation, qui concerne le *capital des annuités* servies par l'État et figure au présent bilan pour une somme de 12,360,670,000 francs, ne constitue pas un chiffre définitif et ne correspond qu'à des calculs approximatifs du montant réel de cette partie de la dette publique. Une enquête approfondie est actuellement poursuivie en vue d'en assurer la détermination précise.

Cette dette enregistre l'exécution de contrats multiples qui ont été passés avec divers organismes et ont eu pour objet de dégager l'État de l'obligation du versement immédiat d'un capital important, en lui substituant le service régulier d'annuités fixes, comportant à la fois l'intérêt et l'amortissement de la dette contractée.

La liste des principaux engagements qui appartiennent à cette catégorie, s'établit ainsi :

Ministère des Finances. — Subventions et avances diverses aux Compagnies de chemins de fer.

Ministère de l'Instruction publique. — Annuités dues aux départements et aux communes et destinées à subvenir partiellement aux charges des emprunts contractés pour constructions scolaires.

Annuités afférentes aux subventions accordées aux départements, communes et établissements publics pour la construction et l'agrandissement des établissements publics d'enseignement primaire, secondaire et supérieur.

Ministère de l'Intérieur. — Annuités dues ou garanties par l'État pour le remboursement des sommes versées aux communes par le Crédit foncier de France en exécution de la loi du 4 octobre 1919.

Ministère des Travaux publics — Annuité de rachat à la Compagnie des chemins de fer de l'Ouest.

Annuités pour le remboursement des avances consenties à l'État par les Chambres de commerce et autres collectivités intéressées en vue des travaux d'amélioration et d'extension des ports maritimes.

Annuités aux compagnies de chemins de fer. (Conventions autres que celles qui ont été approuvées par les lois du 20 novembre 1883.)

Annuités aux compagnies de chemins de fer. (Conventions approuvées par les lois du 20 novembre 1883.)

Annuités aux Compagnies du Nord et du P.-L.-M. pour le remboursement des sommes imputées par ces compagnies au compte de premier établissement en vertu de la loi du 26 décembre 1914.

Annuités des obligations émises par les compagnies de chemins de fer en couverture des avances au fonds commun.

Ministère du Travail et de l'Hygiène. — Annuités de remboursement des avances faites par la Caisse nationale des retraites pour la vieillesse aux sociétés de crédit immobilier.

Annuités de remboursement des avances faites à l'État par la Caisse des dépôts et consignations par application de la loi du 26 février 1921, sur les habitations à bon marché.

L'examen détaillé de ces divers chapitres conduirait à des développements excessifs, il ne reposerait d'ailleurs pas, sur des bases sérieuses, avant la conclusion des études qui sont actuellement poursuivies.

Aussi bornerons-nous notre exposé à la revue rapide des éléments qui ont été dès maintenant recueillis.

La situation des subventions et avances aux compagnies de chemins de fer se résumait, au 1ᵉʳ janvier 1924, dans les chiffres suivants :

DÉSIGNATION.	SOMMES À AMORTIR.	INTÉRÊTS CUMULÉS pendant toute la période d'amortissement.	TOTAL.
	fr. c.	fr. c.	fr. c.
MONTANT DES DÉPENSES À EFFECTUER.			
Subventions	565,262,920 73	1,735,893,762 73	2,301,156,683 46
Avances	283,512,901 63	738,110,782 78	1,021,623,684 41
Total	848,775,822 36	2,474,004,545 51	3,322,780,367 87
MONTANT DES DÉPENSES EFFECTUÉES AU 1ᵉʳ JANVIER 1924.			
Subventions	120,302,862 72	1,316,691,294 86	1,436,994,157 58
Avances	49,285,966 74	493,944,855 01	543,230,821 75
Total	169,588,829 46	1,810,636,149 87	1,980,224,979 33
MONTANT DES DÉPENSES RESTANT A EFFECTUER AU 1ᵉʳ JANVIER 1924.			
Subventions	444,960,058 01	419,202,467 87	864,162,525 88
Avances	234,226,934 89	244,165,927 77	478,392,862 66
Total	679,186,992 90	663,368,395 64	1,342,555,388 54

Les annuités, dont le service doit être encore assuré, s'échelonnent sur une période, dont le terme se fixe, suivant les contrats, entre 1950 et 1960.

Les engagements de l'État, concernant les constructions scolaires, s'élevaient, au 1er janvier 1924, aux abords de *80 millions* environ, se décomposant comme suit :

	CAPITAL.	INTÉRÊTS cumulés pendant toute la période d'amortissement.	TOTAL.
	fr. c.	fr. c	fr. c.
MONTANT DES ENGAGEMENTS DE DÉPENSES.			
Loi de 1885....................................	26,990,900 61	16,599,227 88	43,590,128 49
Loi de 1920....................................	31,328,167 00	47,793,242 00	79,121,409 00
Total......................	58,319,067 61	64,392,469 88	122,711,537 49
MONTANT DES REMBOURSEMENTS EFFECTUÉS.			
Loi de 1885....................................	25,558,997 57	15,822,614 12	41,381,611 69
Loi de 1920....................................	117,474 10	276,992 45	394,466 55
Total......................	25,676,471 67	16,099,606 57	41,776,078 24
MONTANT NET DES ENGAGEMENTS ACTUELS.			
Loi de 1885....................................	1,431,903 04	776,613 76	2,208,516 80
Loi de 1920....	31,210,692 90	47,516,249 55	78,726,942 45
Total......................	32,642,595 94	48,292,863 31	80,935,459 25

Quelle qu'en soit la précision apparente, ces chiffres appellent les plus expresses réserves en raison de l'annulation éventuelle de certaines subventions et du défaut de ratification définitive de certains traités d'emprunt.

La dette à terme, correspondant aux annuités dues pour le remboursement des sommes versées aux communes par le Crédit foncier de France en exécution de la loi du 4 octobre 1919, englobe des subventions d'une part et des avances garanties par l'État, d'autre part.

Au titre des subventions, le Crédit foncier avait versé en capital, au 1er janvier 1924, une somme de *118,334,552 francs*, dont l'annuité nécessaire pour un amortissement s'étendant sur une période de 40 années atteint *9,029,089 fr. 84.* Les versements globaux devaient ainsi s'élever à 361,163,593 fr. 60, somme dans laquelle les intérêts figurent pour *242,829,041 fr. 60.*

Les annuités, versées par l'État à ce jour, se fixent à *20,457,223 fr. 48,* comprenant une part de capital de *1,607,651 fr. 46* et une part d'intérêts de *18,849,572 fr. 02.*

Le reliquat, dont le versement reste dû au 1er janvier 1924, se réduit ainsi à un capital de *116,726,900 fr. 54*, et à une charge d'intérêts de *223,979,469 fr. 58*.

Au titre des avances la dette des communes, qui engage la garantie de l'État, reste fixée à un capital de *75,921,060 fr. 17* auquel s'ajoutent des intérêts s'élevant à *142,725,941 fr. 69*.

La loi du 9 mars 1918 a prévu l'allocation aux petits propriétaires d'indemnités s'élevant à la moitié des loyers dont certains locataires ont été exonérés. Le payement en a lieu en dix termes annuels dont le premier ne peut être inférieur à 2,000 francs ou au montant total de la créance si elle n'atteint pas ce chiffre. Ces termes, égaux entre eux, revêtent le caractère d'annuités d'amortissement, calculées au taux d'intérêt de 5 p. 100.

La liquidation des indemnités n'étant pas actuellement achevée, aucune évaluation définitive ne peut être apportée à l'égard des charges que le payement de ces indemnités imposera à l'État. Le montant du capital correspondant paraît appelé à osciller aux abords de 532 millions.

Les lois des 10 avril 1908 et 26 février 1921 ont prévu pour la construction des habitations à bon marché, l'émission d'obligations qui sont, à la fin de chaque trimestre, remises par le Trésor, soit à la Caisse des Dépôts et Consignations, soit à la Caisse nationale de retraites pour la vieillesse, en représentation des avances qui lui sont faites par ces établissements; l'amortissement de ces emprunts trimestriels est effectué au moyen de versements annuels, conformément à un tableau dressé lors de la réalisation de chacun d'eux.

A la date du 1er janvier 1924, le montant des obligations en circulation s'élevait à *116,222,800 francs* au titre de la loi du 10 avril 1908 et à *74,391,200 francs* pour la loi du 26 février 1921.

d. *Émissions du Crédit National.*

Le but que s'est proposé la fondation du Crédit National et les conditions générales de marche de cet établissement ne paraissent pas appeler de longs développements, ces précisions étant dès maintenant, familières à tous.

Le Crédit National assure, au lieu et place de l'État, le versement d'une certaine part des indemnités pour dommages de guerre. Il se procure, à cet effet, les fonds nécessaires par l'émission d'obligations ou de bons dont les arrérages et l'amortissement lui sont versés par l'État à l'aide d'une annuité dont le montant est inscrit au budget.

Les émissions successives auxquelles le Crédit National a procédé, de ce chef, sont résumées dans le tableau ci-après.

CARACTÉRISTIQUES

DES EMPRUNTS DU CRÉDIT NATIONAL

ÉMIS DEPUIS 1914.

CARACTÉRISTIQUES DES

ÉMISSIONS DU

ANNÉES.	DATES D'AUTORISATION DES ÉMISSIONS	TAUX		MONTANT NOMINAL des obligations et bons.	PRIX D'ÉMISSION
		NOMINAL.	RÉEL.		
		pour cent.	pour cent.	francs.	fr. c.
1919.........	Arrêté du 21 novembre 1919.....................	5	5 50	500	495 00
1920.........	Arrêté du 20 mai 1920.....................	5	5 81	500	485 00
1921.........	Arrêté du 24 septembre 1921.....................	6	6 52	500	498 50
1922.........	Arrêté du 12 janvier 1922.....................	6	6 67	500	482 00 (coupon dédui
Idem.........	Idem.....................	"	6 72	"	"
Idem.........	Idem.....................	"	6 76	"	"
1922.........	Arrêté du 10 juin 1922.....................	6	6 21	500	498 50
Idem.........	Idem.....................	"	6 30	"	"
Idem.........	Idem.....................	"	6 30	"	"
Idem.........	Idem.....................	"	6 31	"	"
1923.........	Arrêté du 6 janvier 1923.....................	6	6 48	500	498 50
1923.........	Arrêté du 9 juin 1923.....................	6	6 71	500	490 00
1924.........	Arrêté du 31 décembre 1923.....................	6	6 99	500	480 00

(1) Y compris 1,140 millions de francs en bons de la défense nationale.

MPRUNTS ÉMIS DEPUIS 1914.

RÉDIT NATIONAL.

CAPITAL EN MILLIONS DE FRANCS		DATES DE REMBOURSEMENT.	TAUX DE REMBOURSEMENT prévus.	LOTS.
ominal.	Effectif.			
4,000	3,960	Par séries se terminant en 1995 .. (avec faculté de remboursement préalable par le Crédit National à partir de 1940).	600 francs.	68 lots dont 4 de 1 million (4 tirages par an).
4,000	3,880	Par séries se terminant en 1995... (avec faculté de remboursement préalable par le Crédit National à partir de 1940).	500 francs.	104 lots dont 8 de 1 million (8 tirages par an).
3,000	2,991 (1)	Par séries d'un million de bons de 1931 à 1936.	500 francs.	7.200 lots dont 2 de 500,000 francs (4 tirages par an).
		Au choix du souscripteur :		
4,710	4,540	Le 1ᵉʳ février 1924.............	500 francs.	Néant.
"	"	Le 1ᵉʳ février 1927.............	507 fr. 50.	Idem.
"	"	Le 1ᵉʳ février 1932.............	525 francs.	Idem.
		Au choix du souscripteur :		
3,290	3,280	Le 1ᵉʳ juillet 1925.............	500 francs.	Idem.
"	"	Le 1ᵉʳ juillet 1928.............	505 francs.	Idem.
"	"	Le 1ᵉʳ juillet 1934.............	515 francs.	Idem.
"	"	Le 1ᵉʳ juillet 1940............. (avec faculté de remboursement préalable par le Crédit National à partir du 1ᵉʳ juillet 1934).	530 francs.	Idem.
3,000	2,991	En 1948 (avec faculté de remboursement préalable pour le Crédit National à partir de 1933).	500 francs.	1.200 lots pour chacune des 6 séries de 1 million (4 tirages par an).
2,000	1,960	En 1949 (avec faculté de remboursement préalable à partir de 1933).	500 francs.	1,200 lots pour chacune des 4 séries de 1 million (4 tirages par an).
1,632	1,567	Amortissable en 50 ans par voie de tirage au sort avec primes ou lots (avec faculté de remboursement préalable à partir de 1934).	510 francs pour 1924 à 1928 à partir de cette date augmentation de 2 francs par année.	48 lots par an pour chaque série de 1 million de titres (4 tirages par an).

La charge que ces émissions font peser sur le Trésor, s'élevait, au 31 juillet 1924, aux chiffres in

EMPRUNTS.	TITRES en CIRCULATION. 1	A DÉDUIRE : TITRES AMORTIS non exigibles déjà payés par le Trésor. 2	TITRES en CIRCULATION restant à rembourser par le Trésor. 3	VALEUR AU PAIR. 4	VALEUR au prix d'émissi 5
	francs.	francs.	francs.	francs.	francs.
1° EMPRUNTS À LONG TERME AMORTISSABL					
5 p. o/o 1919.	7,925,900	"	7,925,900	3,962,950,000	3,923,320,5(
5 p. o/o 1920.	7,958,400	13	7,958,387	3,979,193,500	3,859,817,6$
6 p o/o janvier 19..	3,262,890	"	3,262,890	1,631,445,000	1,566,187,2(
2° EMPRUNTS À LO					
6 p. o/o 1921.	5,980,195	"	5,980,195	2,990,097,500	2,981,127,2(
6 p. o/o janvier 192..	5,991,000	"	5,991,000	2,995,500,000	2,986,513,5(
6 p. o/o juin 1923.	3,996,400	1,200	3,995,200	1,997,600,000	1,957,648,00
3° BONS À TER					
6 p. o/o février 192..	6,037,538	"	6,037,538	3,018,769,000	3,000,656,38
6 p. o/o juillet 192..	6,580,000	"	6,580,000	3.290,000,000	3,280,130,0(
TOTAUX.	47,732,323	1,213	47,731,110	23,865,555,000	23,555,400,48

(A) La dernière tranche d'un million de titres de l'emprunt 6 p o/o 1924 n'étant pas entièrement émise, nous avons supposé que les sorties aux futu
tirages s'effectueraient proportionnellement au nombre de titres émis et de titres à la souche. Cette probabilité ne devant se réaliser que dans une certain
mesure, les chiffres des colonnes 6, 7 et 8 comportent nécessairement une certaine marge d'approximation.

ués dans le tableau ci-dessous :

LEUR DES TITRES RESTANT À REMBOURSER.		CHARGES ANNUELLES (PÉRIODE DU 1ᵉʳ AOÛT 1924 AU 31 JUILLET 1925).	
	VALEUR AU PRIX DE REMBOURSEMENT. 6	En principal. 7	En intérêts. 8
		francs.	francs.
R ANNUITÉS CONSTANTES.			
ar lots............	705,000,000 d'ici 1994 par annuités égales.....................	10,000,000	»
600 francs........	4,752,663,600 d'ici 1994 par annuités croissantes...................	11,059,200	197,802,500
ar lots............	1,417,500,000 d'ici 1995 par annuités égales.....................	20,000,000	»
500 francs........	3,975,508,000 d'ici 1995 par annuités croissantes..................	6,148,000	198,883,700
ar lots............	322,950,000 d'ici 1974 par annuités égales (A)...................	6,550,000 (A)	»
vec primes croissantes.	1,855,640,906 d'ici 1974 par annuités croissantes (A)..................	7,806,486 (A)	97,774,470 (A)
MOYEN TERME.			
ar lots............	159,500,000 d'ici 1936 par annuités égales.....................	13,000,000	»
500 francs........	2,945,985,000 de 1931 à 1936 par séries égales.............	»	179,297,805
ar lots............	332,298,000 d'ici 1948 par annuités égales.....................	14,058,000	»
500 francs........	2,910,000,000 en totalité le 1ᵉʳ février 1948........................	»	179,568,000
ar lots............	232,308,000 d'ici 1949 par annuités égales.....................	9,372,000	»
500 francs........	1,938,200,000 en totalité le 15 avril 1949........................	»	119,820,000
PPROCHÉ.			
507 fr. 50........	3,064,050,535 au gré du porteur le 1ᵉʳ février 1927 (B)...................	»	181,126,140
500 francs........	3,290,000,000 au gré du porteur le 1ᵉʳ juillet 1925 (B)...................	3,290,000,000 (A)	197,400,000
	27,901,604,041	3,387,993,686	1,351,672,615

(B) Emprunts 6 p. 0/0 février et juillet 1922 : le dépôt pour remboursement à ces dates étant facultatif pour le porteur, on peut admettre qu'une partie de ces emprunts continuera à exister jusqu'aux termes de remboursements suivants.

c   Capital correspondant aux titres d'annuités remis aux sinistrés.

La loi du 31 juillet 1920 a autorisé la conclusion de contrats spéciaux entre l'Etat et des groupements de sinistrés, tendant à permettre le financement direct de leurs propres indemnités par les intéressés eux-mêmes, le Trésor en assurant le gage par le service d'annuités fixes.

Le capital correspondant aux conventions, qui ont été ainsi conclues peut s'évaluer à *8,294,441,000* francs à la date du 31 juillet 1924. Le versement des annuités prévues dans ces contrats, a motivé l'inscription d'un crédit de *721,400,000* francs : le calcul en est basé sur un taux d'intérêt de 6 o/o et l'échelonnement du remboursement sur une période habituellement fixée à trente ans.

II. — Dette à court terme.

La situation de la dette à court terme au 31 juillet 1924 s'établissait comme suit :

	CAPITAL. (Millions de francs.)	INTÉRÊTS ANNUELS. (Milliers de francs.)	
Bons du Trésor.			
A deux ans 1921............	3	"	Bons non présentés au remboursement, ayant cessé de porter intérêt.
A trois et cinq ans.........	8,237	494,216	
A trois, six et dix ans :			
1ʳᵉ série 1923.........	10,090	605,405	
2ᵉ série 1923.........	6,189	371,367	
Émissions du Crédit national.			
Bons 1922...............	6,309	378,526	
Obligations de la Défense nationale.			
Décennales 1915-1925......	333	16,644	
Sexennales 1919 (y compris celles remises aux sinistrés en 1921)................	915	45,761	
Décennales 1919-1929 :			
1ʳᵉ émission 1919.....	118	5,910	
Remises en payement de dommages de guerre.	4,746	237,344	
Décennales 1922-1932 :			
Remises aux banques d'Alsace-Lorraine....	234	11,667	
Total.....	37,174	2,166,840	

Nous passerons rapidement en revue les principales rubriques de ce tableau.

a. *Bons du Trésor.*

La création de bons du Trésor à court terme a répondu au désir général, que manifestait l'épargne. Les fréquentes transformations des conditions économiques incitent en effet les prêteurs à rechercher un mode de placement qui leur permette de retrouver, à échéances rapprochées, la disponibilité de leurs fonds sans supporter les risques que peut leur faire courir la baisse de valeurs à revenu fixe.

Il n'apparaît d'ailleurs pas que l'épargne nationale ait actuellement modifié ses dispositions, et la brièveté des délais d'amortissement et de remboursement reste la formule encore en faveur. Le retour à une stabilité des conditions générales de l'économie nationale permettra seul de ranimer la confiance et d'envisager l'émission des grands emprunts perpétuels ou amortissables à longue échéance qui seront nécessaires à la consolidation définitive de notre dette.

L'émission d'emprunts à court terme eût dû toutefois être accompagnée d'un échelonnement judicieux de leurs échéances, afin d'éviter de grouper sur une seule année des remboursements importants. Cette mesure de prudence n'a pas été suivie pour les Bons du Trésor et nous montrerons qu'elle a été également négligée pour l'émission des obligations de la Défense nationale. De ce chef, l'année 1925 imposera à notre trésorerie une charge particulièrement lourde, le montant des Bons du Trésor, dont le remboursement peut être demandé au cours de l'année prochaine, s'élevant à 18 milliards. Nous exposerons, dans le présent inventaire, le problème d'ensemble que pose le fonctionnement de notre trésorerie pour l'année 1925 et les conditions dans lesquelles nous en envisageons la solution.

b. *Emission du Crédit national.*

Les émissions du Crédit national ont fait l'objet d'un précédent examen à propos des emprunts de cet établissement, qui figurent dans la dette à long terme. Le capital de cette dette à court terme s'élève à 6 milliards environ et exige un service d'intérêts annuels qui atteint 380 millions.

c. *Obligations de la Défense nationale.*

Si la création d'obligations de la Défense nationale constitue un procédé normal de trésorerie et n'entraîne de ce chef aucun inconvénient particulier, l'usage auquel ont été réservés depuis quelques années les titres de cette nature et les conditions dans lesquelles l'émission et la circulation en sont assurées, ont exercé une compression très vive sur notre crédit et sur le cours de nos rentes.

Nous négligerons dès l'abord, les obligations sexennales 1919-1925, qui ne se sont proposé qu'un objet limité, à savoir le payement de diverses indemnités pour dommages de guerre dont le montant n'excédait par 900 millions. Cette émission a été trop restreinte pour être susceptible d'entraîner quelque réaction sur le marché de nos fonds, elle présentait seulement, pour notre trésorerie, le risque de remboursements anticipés qui pouvaient être réclamés tous les six mois, lors de la délivrance de chaque coupon. La proximité de l'échéance, qui marquera leur extinction intégrale, ne laisse à ce danger qu'un intérêt rétrospectif.

Toute autre s'est révélée l'action des titres, qui, depuis 1923, sont remis aux sinistrés en payement de l'indemnité qui leur est due pour dommages de guerre. Cette émission avait pour but en effet d'accroître le montant des sommes qui pouvaient être consacrées, chaque année, par le Crédit national à la reconstruction des régions libérées. Mais leur distribution à des sinistrés, qui assuraient effectivement le remploi de leurs indemnités et avaient procédé aux dépenses nécessaires à cet effet, était impuissante à leur procurer par elle-même le numéraire dont ils avaient besoin pour le payement de leurs fournisseurs, ouvriers ou entrepreneurs et acculait de ce chef, les intéressés à la réalisation hâtive des titres de créance qui leur étaient remis sur l'État.

La délivrance de ces obligations créait ainsi un mouvement important de ventes de la part des titulaires, pressés de se procurer les fonds correspondants et disposés, par suite à des opérations, même désavantageuses. Aussi le cours officiel de ces titres marque-t-il, par rapport à nos fonds d'État, une dépréciation importante.

Au surplus, les conditions de leur émission ont engendré pour notre Trésorerie, les charges les plus sérieuses en concentrant presque exclusivement sur l'année 1929 la charge de leur remboursement, quelle que soit la date de leur émission effective : une lourde échéance incombera au Trésor à nouveau à cette date, par suite du défaut de prévoyance qui a présidé à leur émission, en leur attribuant une date unique de remboursement, alors qu'une élémentaire prudence en recommandait l'échelonnement.

III. Dette flottante.

Le tableau de la dette flottante, à la date du 31 juillet 1924, a été arrêté aux
chiffres suivants :

Bons ordinaires du Trésor.	5,213,047,000^f
Bons de la Défense nationale.	56,287,000,000
Dépôts de fonds au Trésor.	6,781,200,000
Reliquat dû sur les avances nouvelles de la Banque de France.	23,000,000,000
Total.	91,281,247,000

a. *Bons ordinaires du Trésor et bons de la Défense nationale.*

Les bons de la Défense nationale ont acquis aujourd'hui une diffusion trop grande
pour qu'une étude détaillée de leurs caractères et de leur mécanisme puisse offrir
quelque intérêt. Par les facilités qu'en présentent la souscription, l'échange et le remboursement, ces valeurs sont particulièrement utiles pour le placement temporaire
des fonds de roulement momentanément inutilisés et répondent au surplus, aux désirs
du public, qui recherche des titres réunissant les avantages d'un intérêt convenable,
d'une négociation souple et aisée, et d'une absolue fixité de cours. Aussi ont-ils, dès
leur apparition, trouvé un large accueil auprès de l'épargne nationale.

L'importance des opérations, qui ont roulé sur ces bons a pris rapidement une
ampleur telle que les services de l'Administration des Finances, désorganisés par la
mobilisation d'une partie de leur personnel, n'ont pu en suivre rigoureusement les
fluctuations. Leur comptabilité a, de ce fait, comporté des lacunes telles qu'il fut,
pendant longtemps, difficile de connaître le montant exact de leur circulation.

Les craintes, que firent naître ces lacunes, n'ont d'ailleurs pas été justifiées par
les faits. En effet, en exécution de la loi du 29 décembre 1923, relative à l'apurement
des comptes de guerre, une délégation de la Cour des Comptes a procédé à la
vérification des écritures concernant les remboursements de bons de la Défense
nationale de 1914 à 1920; ce contrôle a fait ressortir que sur un montant global
d'opérations, ayant atteint 230 milliards, un seul payement frauduleux a été relevé
pour une somme de 172,000 francs.

Les efforts les plus vigoureux ont été poursuivis cependant pour le redressement
de cette partie des écritures des comptables et les résultats qui ont été obtenus sont
assez sérieux pour que les chiffres, qui sont indiqués ci-dessus, offrent les plus grandes
garanties.

Les statistiques actuelles permettent de suivre étroitement les mouvements mensuels
de ces valeurs soit dans leurs émissions, soit dans leurs remboursements. Le tableau
ci-après résume les chiffres qui ont été enregistrés au cours des années 1923
et 1924.

COMPARAISON DES ÉMISSIONS ET DES REMBOURSEMENTS
DES BONS DE LA DÉFENSE NATIONALE A DES BONS ORDINAIRES.

1° Au point de vue de la Trésorerie (valeurs nettes et valeurs de remboursements);
2ᵣ Au point de vue de la circulation (valeurs nominales).

MOIS.	BONS DE LA DÉFENSE NATIONALE.				BONS DU TRÉSOR ORDINAIRES (1).				BONS DE LA DÉFENSE nationale et Bons du Trésor ordinaires.	
	Émission.		Remboursement.		Émission		Remboursement.		Au point de vue trésorerie.	
	Valeur nette.	Valeur nominale.	Valeur de remboursement.	Valeur nominale.	Valeur nette.	Valeur nominale.	Valeur de remboursement.	Valeur nominale.	Décaissement.	Encaissement.
ANNÉE 1923.										
Du 1ᵉʳ janvier au 30 avril 1923...	28,268	29,118	33,992	33,972	5,090	5,130	4,822	4,822	5,456	//
Mai.	7,981	8,241	6,876	6,871	1,300	1,321	986	986	//	1,419
Juin.	8,071	8,316	6,426	6,422	1,606	1,631	849	849	//	2,402
Juillet.	6,566	6,771	5,960	5,957	483	490	646	646	//	443
Août.	7,466	7,702	7,011	7,005	762	774	1,050	1,050	//	167
Septembre.	7,161	7,377	7,055	7,050	1,321	1,340	1,221	1,221	//	206
Octobre.	4,891	5,044	6,736	6,732	1,129	1,135	1,073	1,073	1,789	//
Novembre.	5,713	5,889	6,944	6,941	764	779	1,167	1,167	1,634	//
Décembre.	7,869	8,115	7,334	7,331	1,124	1,139	1,567	1,567	//	92
Total.	83,986	86,573	88,334	88,281	13,579	13,739	13,381	13,381	8,879	4,729
									Décaissement : 4,150	
ANNÉE 1924.										
Janvier.	7,340	7,586	7,424	7,420	1,074	1,089	551	551	//	439
Février.	6,569	6,773	6,984	6,980	889	904	561	561	87	//
Mars.	7,442	7,662	7,825	7,822	1,117	1,128	1,224	1,224	490	//
Avril.	7,628	7,855	6,187	6,183	866	880	1,360	1,360	//	947
Mai.	7,345	7,567	6,986	6,981	752	765	958	958	//	153
Juin.	7,547	7,783	8,224	8,220	1,371	1,390	624	624	//	70
Juillet.	7,484	7,722	7,781	7,777	2,196	2.218	881	881	//	1,018
Total.	51,355	52,948	51,411	51,383	8,265	8,374	6,159	6,159	577	2,627
									Encaissement : 2,050	

(1) Non compris la Banque de France.

La décomposition de cette masse globale de 56 milliards de bons, au point de vue de la durée, s'établit comme suit à l'heure présente :

Les bons à 1 an représentent environ *71 p. 100* de la circulation totale.

—	6 mois	—	*19 p. 100*	—
—	3 mois	—	*5 p. 100*	—
—	1 mois	—	*5 p. 100*	—

L'examen de ces chiffres permet de présumer qu'une grande partie du montant des bons est possédée par des particuliers, qui ont trouvé en eux un mode véritable de placement, et le renouvellent automatiquement à chaque échéance. L'élévation du taux de l'intérêt, qui est alloué à cette catégorie de titres et atteint actuellement *5,26 p. 100*, net de tous impôts général et cédulaire, présente un puissant attrait. Cette part des bons de la Défense nationale qui constitue, en quelque sorte, par son renouvellement régulier, une consolidation latente, semble prête à participer aux souscriptions d'emprunts à longue durée. En attendant, elle conserve fidèlement au Trésor sa clientèle.

La part, qui est réservée à l'utilisation provisoire du fonds de roulement des entreprises, et qui est plus directement atteinte par les crises économiques ou par les fluctuations de la production et du commerce reste assez limitée, pour que les risques courus par le Trésor du fait d'un afflux brusque des demandes de remboursement soient restreints, sauf pour le cas où une campagne anti-nationale contre le crédit public, campagne que rien ne saurait justifier et pour la répression de laquelle devraient entrer en jeu les lois justement sévères dont est armé le Gouvernement, viendrait semer l'inquiétude dans la grande masse des épargnants.

b. *Dépôts de fonds au Trésor.*

Les dépôts de fonds au Trésor sont constitués par les soldes des comptes-courants que celui-ci entretient avec divers correspondants, personnes administratives ou particuliers, qui lui apportent librement leurs disponibilités ou sont, de par leurs statuts, astreints au versement de ces disponibilités dans ses caisses.

Ce dernier groupe englobe la part la plus importante des dépôts; en raison de la faiblesse de l'intérêt qui est alloué par les Trésoriers généraux à leur clientèle, intérêt qui ne dépasse pas 2,50 ou 2,75 o/o, de la coexistence des bons de la Défense nationale, qui procurent un bénéfice plus rémunérateur et de la concurrence des banques, ces dépôts ne présentent pas un attrait suffisant pour attirer aux guichets du Trésor les fonds libres des particuliers ou des établissements industriels et commerciaux.

La décomposition du montant des dépôts, selon leur nature, confirmera cette observation :

SITUATION DES DÉPÔTS ET COMPTES COURANTS AU TRÉSOR

AU 31 JUILLET 1924.

DÉSIGNATION DES COMPTES.	SOLDES.	OBSERVATIONS.
COMPTES AVEC INTÉRÊTS.		
Trésoriers-payeurs généraux, l/c d'avances avec le Trésor	367,000,000	
Fonds des communes et établissements publics (dép.)	1,389,000,000	
Monts-de-Piété, l/c de fonds placés au Trésor	16,000,000	
Groupements de sinistrés, l/c fonds placés au Trésor	52,000,000	
Caisse des dépôts et consignations, s/c courant	191,000,000	
Caisse des dépôts, s/c de fonds non employés des Caisses d'épargne	78,000,000	
Caisse des dépôts, s/c de fonds non employés de la Caisse d'épargne postale	79,000,000	
Caisse des dépôts, s/c de fonds non employés de la Caisse nationale des retraites pour la vieillesse	44,000,000	
Caisse des dépôts, s/c de fonds non employés des retraites ouvrières et paysannes.	24,000,000	
Caisse des dépôts et consignations d'Alsace-Lorraine	400,000	
Crédit foncier de France, s/c courant	200,000	
Crédit national, s/c de fonds déposés avec intérêts	"	
Divers particuliers, l/c courants au Trésor	859,000,000	
Ministère de l'Instruction publique, s/c de fondations anglaises, écossaises, irlandaises	400,000	
Trésor belge, s/c de compensation avec le Trésor français	"	
Administration des Mines de la Sarre, s/c en garantie d'émission de billets	4,000,000	
Banque de Syrie et du Grand Liban, s/c en garantie d'émission de billets (compte A)	57,000,000	
Banque de Syrie et du Grand Liban, s/c en garantie d'émission de monnaie	,	
Banque nationale de Grèce, s/c de fonds avancés au Trésor en drachmes	311,000,000	
Banque nationale de Grèce, s/c de fonds avancés au Trésor en drachmes (accord du 30 juillet 1919)	30,000,000	
Banque d'État du Maroc, s/c provisionnel	96,000,000	
TOTAL des comptes avec intérêts	3,598,000,000	

DÉSIGNATION DES COMPTES.	SOLDES.	OBSERVATIONS.
COMPTES SANS INTÉRÊTS.		
Fonds libres du service départemental	865,000,000	
Office des pupilles de la Nation	10,000,000	
Offices, comités et agent comptable des mutilés et réformés de la guerre	25,000,000	
Offices agricoles départementaux	13,000,000	
Offices agricoles régionaux	4,000,000	
Chambres de commerce, L/c en garantie d'émission de billets	74.000,000	
Divers établissements publics des départements	23,000,000	
Divers corps de troupes de terre et de mer	16,000,000	
Divers comptables de fait	20,000,000	
Correpondants divers du Trésor	466,000,000	
Divers agents comptables, L/c de fonds deposés	449,000,000	
Divers, L/c de fonds placés au Trésor	106,000,000	
Crédit national, s/c de fonds d'emprunt	794.000,000	
Fonds commun des grands réseaux (Convention du 20 juin 1921)	"	
Fonds de contre-valeur des émissions de jetons métalliques	685,000,000	
Banques coloniales, L/c de fonds déposés (complément de la garantie de la circulation fiduciaire)	151,000,000	
Indo-Chine, s/c courant	2,000,000	
Services locaux des colonies, L/c courant	4,000,000	
Ville de Nouméa, s/c courant	"	
Traites du caissier-payeur central du Trésor public	427,000,000	
Traites du Ministère des Affaires étrangères sur le caissier-payeur central (Service des Chancelleries)	1,000,000	
TOTAL des comptes sans intérêt	3,183.000,000	

RÉCAPITULATION.

Comptes avec intérêts	3,598,000,000ᶠ	
Comptes sans intérêts	3,183,000,000	
TOTAL GÉNÉRAL	6,781,000,000	

Le tableau ci-dessus que nous nous sommes efforcés de rendre aussi exact que possible, n'en appelle pas moins certaines réserves.

D'une part, en effet, les chiffres qui y figurent représentent parfois des renseignements d'ordre statistique dont la vérification comptable n'est pas encore assurée.

D'autre part, il importe de reprendre, parmi les comptes-courants du Trésor, de nouvelles rubriques qui ne sont pas inscrites dans la statistique précédente et correspondent à un endettement réel de l'État. Le dépouillement des comptes-courants rencontre, en effet, quelques difficultés, si l'on veut préciser la nature exacte des opérations qu'ils enregistrent et la mesure dans laquelle ils inscrivent, soit de simples opérations d'ordre entre correspondants du Trésor, soit des mouvements, entrées ou sorties, de fonds intéressant effectivement les caisses de l'État.

La mise au point de ces documents est actuellement en cours et les redressements qu'ils pourront appeler figureront sur les états périodiquement transmis aux Commissions parlementaires.

c. *Avances de la Banque de France.*

Dès l'ouverture des hostilités, les dépenses importantes que la mobilisation entraînait, ne purent trouver dans les caisses du Trésor une couverture suffisante et exigèrent la création des ressources immédiates que l'impôt et l'emprunt étaient également impuissants à fournir. Seule, une émission rapide de billets de banque pouvait permettre de faire face aux charges qui lui étaient ainsi brusquement imposées.

Dès avant la guerre, par une convention secrète du 11 novembre 1911, la Banque de France s'était engagée à mettre à la disposition du Trésor, en cas de mobilisation générale, une somme de 2,900 millions en échange de bons à 3 mois, renouvelables à chaque échéance et portant intérêt au taux de 1 o/o jusqu'à la cessation des hostilités.

Cette convention, restée secrète jusqu'à la mobilisation, fût ratifiée par la loi du 5 août 1914. Elle inaugure une longue liste de prêts que la Banque de France allait successivement consentir au Trésor, pour combler le déficit entre ses dépenses et les ressources que l'impôt et l'emprunt lui permettaient de recueillir. De 2,900 millions à l'origine, le taux maximum des avances consenties à l'État s'éleva, jusqu'à 27 milliards à travers une serie de conventions, dont la liste s'établit comme suit :

DATE DE LA CONVENTION.	DATE DE LA LOI portant approbation.	MONTANT des avances autorisées.
11 novembre 1911	5 août 1914	2,900 millions.
21 septembre 1914	26 décembre 1914	6 milliards.
4 mai 1915	10 juillet 1915	9 —
13 février 1917	16 février 1917	12 —
2 octobre 1917	4 octobre 1917	15 —
4 avril 1918	5 avril 1918	18 —
5 juin 1918	7 juin 1918	21 —
13 février 1919	5 mars 1919	24 —
24 avril 1919	17 juillet 1919	27 —

L'usage, que fit le Trésor de la faculté qui lui était ainsi offerte, se résume dans le tableau suivant, qui retrace la marche des avances consenties à l'État depuis 1919 jusqu'à ce jour.

BANQUE DE FRANCE.

RÉSUMÉ DU PREMIER BILAN DE CHAQUE MOIS.

MOIS.	CIRCULATION DES BILLETS.	AVANCES À L'ÉTAT.	MARGE D'EMPRUNT du Trésor.
	francs.	francs.	francs.
1919.			
Janvier.	31,055,000,000	17,800,000,000	3,200,000,000
Février.	32,367,000,000	20,000,000,000	1,000,000,000
Mars.	33,092,000,000	20,900,000,000	3,100,000,000
Avril.	33,736,000,000	22,050,000,000	1,950,000,000
Mai.	34,430,000,000	23,200,000,000	800,000,000
Juin.	34,371,000,000	23,200,000,000	800,000,000
Juillet.	34,753,000,000	23,600,000,000	400,000,000
Août.	35,258,000,000	23,400,000,000	3,600,000,000
Septembre.	35,456,000,000	23,850,000,000	3,150,000,000
Octobre.	36,256,000,000	24,750,000,000	2,250,000,000
Novembre.	37,419,000,000	25,650,000,000	1,350,000,000
Décembre.	37,756,000,000	26,100,000,000	900,000,000
1920.			
Janvier.	37,660,543,305	25,850,000,000	1,150,000,000
Février.	38,041,889,730	25,800,000,000	1,200,000,000
Mars.	38,355,755,090	26,300,000,000	700,000,000
Avril.	37,334,353,935	25,700,000,000	1,300,000,000
Mai.	38,249,445,485	25,900,000,000	1,100,000,000
Juin.	38,172,992,295	26,500,000,000	500,000,000
Juillet.	37,762,705,740	26,000,000,000	1,000,000,000
Août.	38,213,359,530	25,900,000,000	1,100,000,000
Septembre.	38,333,160,455	26,300,000,000	700,000,000
Octobre.	39,567,316,105	26,600,000,000	400,000,000
Novembre.	39.645,896,680	26,600,000,000	400,000,000
Décembre.	38,573,306,485	26,600,000,000	400,000,000
1921.			
Janvier.	38,589,593,950	26,250,000,000	750,000,000
Février.	38,205,387,420	25,900,000,000	1,100,000,000
Mars.	38,145,917,035	26,000,000,000	1,000,000,000
Avril.	38.695,618.305	26,400,000,000	600,000,000
Mai.	38,832,838,800	26,700,000,000	300,000,000
Juin.	38,392,006,220	26,400,000,000	600,000,000
Juillet.	37,667,080,370	25,300,000,000	1,700,000,000
Août.	37,364,596,875	25,200,000,000	1,800,000,000
Septembre.	37,024,735,420	25,300,000,000	1,700,000,000
Octobre.	37,792,328,875	25,400,000,000	1,600,000,000
Novembre.	37,522.085,070	25,500,000,000	1,500,000,000
Décembre.	36,488,845,745	24,900,000,000	2,100,000,000

BANQUE DE FRANCE.

RÉSUMÉ DU PREMIER BILAN DE CHAQUE MOIS. (Suite.)

MOIS.	CIRCULATION DES BILLETS.	AVANCES À L'ÉTAT.	MARGE D'EMPRUNT du Trésor.
	francs.	francs.	francs.
1922.			
Janvier	37,421,829,805	24,150,000,000	850,000,000
Février	36,606,704,330	23,500,000,000	1,500,000,000
Mars	36,258,200,295	22,400,000,000	2,600,000,000
Avril	36,153,385,175	22,200,000,000	2,800,000,000
Mai	36,178,276,585	22,800,000,000	2,200,000,000
Juin	35,982,101,545	23,100,000,000	1,900,000,000
Juillet	36,798,717,320	23,700,000,000	1,300,000,000
Août	36,399,294,400	23,600,000,000	1,400,000,000
Septembre	36,384,980,575	23,900,000,000	1,100,000,000
Octobre	37,514,493,050	24,500,000,000	500,000,000
Novembre	36,847,669,580	23,900,000,000	1,100,000,000
Décembre	36,383,961,555	23,200,000,000	1,800,000,000
1923.			
Janvier	37,426,593,895	23,300,000,000	700,000,000
Février	37,083,577,910	23,400,000,000	600,000,000
Mars	37,434,065,195	23,700,000,000	300,000,000
Avril	37,824,852,265	23,600,000,000	400,000,000
Mai	36,903,486,280	23,000,000,000	1,000,000,000
Juin	36,945,122,350	22,900,000,000	1,100,000,000
Juillet	37,661,950,940	23,900,000,000	100,000,000
Août	37,339,190,265	23,700,000,000	300,000,000
Septembre	37,998,782,085	23,900,000,000	100,000,000
Octobre	38,529,635,630	23,900,000,000	100,000,000
Novembre	37,848,181,435	23,400,000,000	600,000,000
Décembre	37,939,332,650	23,200,000,000	800,000,000
1924.			
Janvier	39,114,032,080	23,100,000,000	100,000,000
Février	39,174,101,660	23,100,000,000	100,000,000
Mars	40,265,994,000	23,100,000,000	100,000,000
Avril	40,213,561,675	23,000,000,000	200,000,000
Mai	40,020,828,325	23,000,000,000	200,000,000
Juin	39,965,821,105	23,000,000,000	200,000,000
Juillet	40,115,647,810	23,100,000,000	100,000,000
Août	40,571,700,005	23,000,000,000	200,000,000
Septembre	40,399,149,905	23,100,000,000	100,000,000
Octobre	40,533,936,140	23,100,000,000	100,000,000

Ainsi, on le voit, les appels de l'État n'ont cessé de s'accroître jusqu'au mois de mai 1921, date à partir de laquelle une lente dégression peut être constatée.

La diminution des dépenses, provenant du fait de la guerre, restreignait en effet les besoins de l'État, au moment même où une élévation générale des impôts augmentait l'afflux des sommes que les contribuables versaient à ses guichets.

Au surplus la préoccupation de veiller au maintien de notre crédit et de notre change commandait l'adoption d'une mesure qui témoignât nettement, aux yeux de tous, et particulièrement de l'étranger, de notre stricte volonté d'assainir notre situation financière et d'éviter le risque fatal de l'inflation des billets de banque. Aussi l'extinction progressive de la dette que l'État avait contractée envers la Banque de France fut-elle envisagée.

En fait, dès l'origine, un compte spécial de réserve et d'amortissement avait été ouvert dans les écritures de la Banque, en exécution de la convention du 21 septembre 1914, approuvée par la loi du 29 décembre 1914 et des articles 2 et 3 de la convention du 26 octobre 1917 et 1 de l'avenant du 11 mars 1918 ratifié par la loi du 20 décembre 1918.

Au crédit de ce compte étaient portés :

1° La différence entre le taux d'intérêt auquel ont été originairement consenties les avances à l'État et le taux de 3 p. o/o, dont ces avances sont devenues uniformément productives un an après la cessation des hostilités soit à partir du 24 octobre 1920.

Le taux d'intérêt originaire avait été fixé à *1 p. 0/0* sur les 21 premiers milliards et à 0,75 p. o/o sur les six milliards suivants, la Banque ne devant conserver aucune part des intérêts afférents à la dernière tranche de 3 milliards.

2° La contribution forfaitaire de 200 millions imposée à la Banque pour la période antérieure au 1er janvier 1918 par l'article 2, § 6, de la convention du 26 octobre 1917.

3° Chaque année, à partir du 1er janvier 1918 :

a. *85 p. 0/0* du produit de l'escompte des bons du Trésor français à des Gouvernements étrangers;

b. *50 p. 0/0* des intérêts originairement stipulés sur les 24 premiers milliards d'avances à l'État, soit *0,50 p. 0/0* sur les 21 premiers milliards et *0,375 p. 0/0* sur les 3 milliards suivants;

c. La totalité de l'intérêt de *0,75 p. 0/0* dont sont productifs les 3 milliards suivants.

Au débit du compte, étaient inscrits :

1° Les effets et créances moratoriés à mesure que, reconnus irrécouvrables à l'échéance, ces éléments d'actifs entraient en souffrance;

2° Les prélèvements qui seraient effectués après cette première imputation en vue d'amortir les avances consenties à l'État.

Le jeu de ce compte n'ayant pas paru susceptible d'assurer une extinction assez rapide de la dette de l'État, une convention du 29 décembre 1920, approuvée par la loi du 31 décembre 1920 renforça le mécanisme automatique de ces amortissements, en imposant au Trésor l'obligation de diminuer chaque année de 2 milliards le montant des avances auxquelles il ferait appel, le chiffre devant en être ramené à 25 milliards au 31 décembre 1921.

Cette convention qui marquait l'intention formelle de procéder à une déflation progressive devait apporter de précieuses garanties aux porteurs de nos fonds d'État. Elle amorçait un programme de revalorisation lente de notre monnaie, l'heureuse influence qu'elle a pu exercer de ce chef sur notre crédit ne saurait être niée.

Par contre, en diminuant automatiquement la marge des avances consenties à l'État, son exécution allait mettre à l'étroit le jeu de notre trésorerie, et réduire, en quelque sorte, son fonds de roulement, engendrant parfois une situation précaire en cas d'insuffisance de rentrées de nos impôts ou de nos emprunts par rapport au montant de nos charges. Elle devait donc s'accompagner d'une politique rigoureuse d'équilibre budgétaire, d'un effort incessant pour assurer en temps utile la rentrée de nos impôts. C'est dans l'oubli de cette obligation impérieuse de l'État qu'il faut rechercher l'origine des embarras de notre trésorerie et des difficultés de notre circulation qui, le tableau ci-dessus le montre éloquemment, a presque atteint dès le début de l'année 1924 le plafond qu'elle ne peut dépasser, sans entraîner une nouvelle émission de billets que le Gouvernement actuel se refuse à envisager.

Les stipulations de la Convention de 1920 furent rigoureusement respectées au 31 décembre 1921 et le montant des avances fut ramené à cette date de 27 milliards à 25 milliards. Mais la situation financière des années 1922 et 1923 ne permit pas de poursuivre ces remboursements suivant le rythme qui avait été prévu, et, par deux conventions successives, respectivement approuvées par les lois des 31 décembre 1922 et 27 décembre 1923, des dérogations furent apportées à ces engagements, les versements de l'État étant réduits à 1 milliard en 1922 et 800,000,000 en 1923.

Le montant des avances s'est ainsi trouvé ramené à 23,200 millions à partir du 1er janvier 1924.

Quelles que soient les difficultés que puisse actuellement encore soulever le jeu de notre Trésorerie, difficultés auxquelles peut, seul, mettre fin un budget sincèrement équilibré comme celui que nous vous présentons pour 1925, nous voyons dans l'obligation de remboursements à la Banque de France une règle tutélaire que nous nous efforcerons d'observer. C'est pourquoi, en présence du déficit que va nous léguer le budget de 1924, nous avons demandé à un emprunt de liquidation les ressources nécessaires pour effectuer avant le 31 décembre aux guichets de la Banque la plus large part possible du remboursement qui lui est dû. Une affirmation aussi énergique de notre volonté de poursuivre l'assainissement de notre situation monétaire malgré les difficultés présentes que nous n'avons en aucune manière contribué à créer ou à accroître, ne saurait manquer d'apporter à la bonne tenue de notre devise nationale un précieux appui.

L'élévation progressive des avances à l'État avait entraîné comme corollaire nécessaire une augmentation du montant des billets mis en circulation. La limite maxima des émissions, fixée en 1914 à 6,800 millions fut, en effet portée à son taux actuel de 41 milliards par une série de lois ou décrets successifs.

Loi du 29 décembre 1911	6,800 millions.
Loi du 5 août 1914	12 milliards.
Décret du 11 mai 1915	15 —
— 15 mars 1916	18 —
— 15 février 1917	21 —
— 10 septembre 1917	24 —
— 7 février 1918	27 —
— 3 mai 1918	30 —
— 5 septembre 1918	33 —
— 25 février 1919	36 —
Loi du 17 juillet 1919	40 —
Décret du 28 septembre 1920	41 —

Le tableau de la circulation des billets qui a été présenté ci-dessus fait ressortir une augmentation continue depuis 1919 jusqu'à la fin de l'année 1920, époque à laquelle elle a atteint son taux maximum. A partir de cette date, une lente dépression peut être observée pendant tout le cours de l'année 1921 et le premier semestre de 1922; mais le second semestre de la même année, et l'année 1923 marquent une tendance vers un relèvement de notre circulation. Cette hausse s'accentue rapidement depuis le 1er janvier 1924 et porte depuis le mois de mars le montant des billets à un chiffre voisin de la limite maxima assignée à leur émission.

Si un parallélisme a pu être observé entre le développement de la circulation et l'accroissement des avances à l'État, les maxima respectifs de ces deux chiffres coïncidant vers la fin de l'année 1920 et leurs minima se retrouvant au milieu de l'année 1922, un décalage assez sensible en 1923 s'est nettement accentué au cours de l'année 1924 et nous devons noter que, depuis le mois d'avril, le taux le plus élevé de la circulation coïncide avec un chiffre d'avances s'inscrivant parmi les plus faibles qui aient été enregistrés depuis 1919.

L'origine de cette situation paraît résider, non seulement dans le découvert de l'État à la Banque, mais aussi dans la hausse du coût de la vie d'une part, la thésaurisation des billets, d'autre part.

L'élévation des cours des denrées exige dès l'abord une masse plus importante de signes monétaires pour assurer un volume égal de transactions; la cherté actuelle des marchandises exerce une influence incontestable sur le nombre des billets en circulation. Il ne paraît donc pas extraordinaire que les émissions aient atteint aujourd'hui le taux auquel elles se fixaient en 1920, à une époque qui présentait au regard du coût de la vie, certains éléments de rapprochement avec la situation actuelle.

La thésaurisation des billets paraît constituer un second facteur du gonflement de la circulation. Nous avons déjà exposé le rôle que jouait l'émission de grands emprunts pour drainer, en quelque sorte, les réserves de billets dans les portefeuilles individuels et pour réduire des fonds de roulement exagérément grossis. Les craintes, nées de la crise du début de 1924, crise provoquée par la continuation d'une politique d'emprunt sans un effort suffisant pour assurer complètement et définitivement l'équilibre budgétaire, par la carence que révélait la reconduction pure et simple du budget de 1923, causes intérieures qui ont permis l'offensive spéculative de certaines places étrangères contre le franc et aidé à la hausse vertigineuse des devises appréciées, amenèrent l'échec partiel de l'émission du Crédit national et pendant longtemps rendirent difficile, sinon impossible, tout recours à l'emprunt.

Les hésitations de l'épargne devant un placement quelconque à revenu fixe, en raison des appréhensions qu'avaient provoquées la baisse brutale du franc se sont traduites par le gonflement des comptes courants en banque et, chez de petits épargnants, par une accumulation stérile de billets immobilisés en attendant le choix d'un mode judicieux de placement.

Parmi les circonstances qui ont déterminé l'accroissement de notre circulation, vient en outre se placer l'introduction du franc comme monnaie légale dans le territoire de la Sarre au cours de l'année 1923, sans une autorisation législative ni un contrat avec la Banque qui eussent été à notre avis nécessaires.

L'histoire de l'extension du pouvoir d'action du billet de banque dans le territoire de la Sarre dépasse le cadre du présent exposé et nous ne saurions lui consacrer ici les développements qu'elle comporterait. Nous nous limiterons à des observations très sommaires.

Dans le territoire de la Sarre, la situation légale comportait l'existence simultanée de deux monnaies : d'une part le mark, qui circulait en vertu de la législation générale; d'autre part, le franc, que, par une clause d'exception du Traité de paix (paragraphe 32 de l'annexe à la section IV, Bassin de la Sarre) l'État français pouvait utiliser dans tous les payements et à la circulation duquel aucun obstacle ne devait être opposé.

L'introduction d'une nouvelle monnaie fut tout d'abord envisagée à l'occasion du payement des salaires; les mines domaniales décidèrent de payer leurs 70,000 ouvriers en francs dès l'année 1920; leur exemple fut suivi en décembre 1920 par la grosse industrie métallurgique, puis, au début de l'année 1921, par l'Administration des Postes et des Chemins de fer.

La Commission de Gouvernement décida en 1923 d'unifier la circulation monétaire sur la base du franc, qui resta la seule monnaie légale, le mark étant définitivement démonétisé.

L'adoption de cette mesure s'ajoutant à l'extension de la circulation des billets de la Banque en Alsace-Lorraine, a eu naturellement pour effet d'accroître la tension monétaire de la France et d'engendrer un développement nouveau de notre circulation fiduciaire; les évaluations les plus optimistes font osciller le montant de cette circulation supplémentaire aux abords de 450 à 500 millions de francs.

Nous avons fait effort pour porter remède à cette situation; mais nous avons dû reconnaître qu'en dépit des graves inconvénients qu'elle entraîne, il n'est pas possible d'y mettre fin en ce moment. La création d'une monnaie sarroise, gagée sur la valeur des charbons en stock ou en cours d'extraction et qui aurait eu le même succès que l'émission des billets de la Régie franco-belge des chemins de fer, est reconnue par tous comme pratiquement impossible à l'heure présente.

Nous rappellerons pour mémoire qu'indépendamment des avances nouvelles consenties depuis la guerre, les bilans de la Banque mentionnent une avance permanente à l'État s'élevant à 200 millions et consentie en vertu de plusieurs lois s'échelonnant du 9 juin 1857 au 20 décembre 1918 pour autoriser des prêts à certains organismes tels que les caisses de crédit agricole.

II. — Dette extérieure.

La dette extérieure de la France se répartit sous deux rubriques principales : la dette commerciale, d'une part, la dette politique entre les Gouvernements alliés d'autre part. Les différences qui existent, soit dans leurs caractères généraux, soit dans les conditions de leur règlement, recommandent l'étude distincte de chaque catégorie.

1° *Dette commerciale.*

Le montant de notre dette commerciale, évaluée au pair de la monnaie du pays créancier, se fixait, au 31 juillet 1924, aux chiffres suivants :

États-Unis.

Emprunt 1920	436,027,000	francs.
Emprunt 1921	389,173,000	—
Emprunt des villes de Lyon, Bordeaux, Marseille	210,235,000	—
Obligations remises en prix des stocks	2,110,026,000	—
Reliquat de l'Anglo French Loan	72,000	—
Reliquat de l'emprunt 5 1/2 %	10.930,000	—

Angleterre.

Bons du Trésor remis à la Banque d'Angleterre	1,324,050,000	—
Cession des stocks anglais	188,546,000	—

Japon.

Emprunt émis au Japon	64,500,000	—
Bons du Trésor émis au Japon	51,600,000	—

Crédits en banque.

Hollande	113,951,000	—
Argentine	97,129,000	—
Uruguay	72,360,000	—
Canada	29,681,000	—
Égypte	51,236.000	—
Total	5,149,516,000	—

Nous examinerons rapidement les principales caractéristiques de ces divers emprunts.

a. *États-Unis.*

L'emprunt 8 % 1920 fut réalisé à la date du 15 septembre 1920, par l'émission au pair d'obligations amortissables dans un délai maximum de 25 ans. Le capital en fut arrêté à *100 millions de dollars.* L'amortissement est assuré par des versements qui sont effectués, chaque année, à la Banque Morgan, chargée du service de l'emprunt et doivent s'élever pendant les cinq premières années à un montant annuel de *4,400,000* dollars, pour rester fixés, à partir de la sixième année, à une somme supérieure à *4,000,000* dollars par an. Le chiffre du capital, qui reste actuellement dû s'élève à *84,175,800 dollars.*

L'emprunt 7 1/2 1921 fut émis au mois de juin 1921, au capital nominal de *100 millions* de dollars, en prévision du remboursement de l'emprunt de la Ville de Paris. Son amortissement est échelonné sur une période de vingt années : à cet effet, au cours des cinq premières années, un fonds, alimenté par des versements mensuels de 750,000 dollars est utilisé pour racheter les titres sur le marché à un prix égal ou inférieur au pair, les titres qui resteront en circulation à l'expiration de la cinquième année seront remboursés au pair en 1941. Le montant de notre dette a été, de ce chef, réduit au 31 juillet 1924 à *75,130,200* dollars.

L'emprunt des Villes de Lyon, Bordeaux et Marseille avait été contracté solidairement par les trois villes intéressées au mois de novembre 1916 et rétrocédé au Trésor français. Le chiffre devait en être de *60 millions* de dollars ; mais les difficultés qu'en présenta l'émission en réduisirent le montant effectif à *36 millions* de dollars. Cet emprunt consistait en obligations 6 p. o/o dont la durée était fixée à trois ans.

Une seconde émission fut effectuée le 1er novembre 1919, pour assurer le remboursement des obligations précédentes : elle porta sur un capital de *45 millions* de dollars, constitué par des obligations 6 p. o/o remboursables en 1934, et émises au cours de *92 fr. 50*. Le placement de cet emprunt rencontra les plus sérieux obstacles : pour soutenir les cours, un rachat de titres dut être fait sur le marché pour une somme de *4,414,000* dollars, qui figurent actuellement encore au portefeuille de notre agence financière à New-York. Le chiffre de notre dette a été de ce chef restreint à *40,586,000* dollars.

Le reliquat de l'Anglo-French Loan correspond à une conversion partielle de l'emprunt de 500 millions de dollars qui avait été contracté solidairement par la France et l'Angleterre au mois d'octobre 1915, et dont le remboursement fut effectué en 1920. Sur la demande des porteurs une part fut convertie en obligations 4 1/2 %, remboursables entre 1930 et 1940 au gré du Gouvernement français ; cette opération resta limitée à *13,850* dollars.

Une mesure analogue explique le maintien d'un reliquat de *2,110,000* dollars au titre de *l'emprunt 5 1/2 %*, qui, contracté en 1917 auprès de la banque Morgan pour un capital de 100 millions de dollars, fut remboursé le 1er avril 1919, à l'exception d'une très faible part, qui fut convertie sur la demande des prêteurs en obligations 5 1/2 % remboursables dans un délai de 20 ans.

Les obligations remises en payement des stocks appellent un examen particulier.
Le chiffre global s'en établit à 407,341,145 dollars qui se décomposent ainsi :

Cession des stocks	400,000,000 dollars
Cession de matériel de chemin de fer	6,566,762 —
Cession de machines-outils	774,382 —

Ces deux derniers éléments sont remboursables au cours de l'année 1930.
Le prix d'achat des stocks américains fut fixé après de multiples et longues discussions au taux de 400 millions de dollars, à la suite de concessions réciproques entre les Américains qui réclamaient 6 milliards de francs et nos représentants dont l'offre

primitive n'excédait pas *1 milliard 1/2*. Ce prix fut couvert au moyen d'obligations 5 p. o/o remboursables au bout de 10 ans soit le 1er août 1929.

Or les opérations de liquidation des stocks américains sont actuellement terminées et aucune ressource supplémentaire ne doit en être attendue. Il devient, dès lors possible d'apprécier les résultats définitifs de la conclusion de ce contrat.

Le prix des cessions effectuées au 31 août 1924, atteint *3,317,237,604* francs sur lesquels une somme de *2,739,570,721 fr. 23* est actuellement recouvrée.

Pour déterminer le bénéfice qui est acquis au Trésor ou mesurer la perte qu'il a subie, un rapprochement doit être fait entre la dette de 400 millions de dollars qu'il a assumée, et la valeur en dollars du prix de ses cessions, chiffré d'après le cours moyen du change pendant chaque trimestre écoulé depuis 1919. Le tableau ci-dessous résume les conclusions de ce calcul.

PÉRIODES PENDANT LESQUELLES ont été effectuées les opérations de liquidation.	COURS MOYEN du DOLLAR.	CESSIONS		RECOUVREMENTS.	FRAIS DE GESTION et d'exploitation.
		MONTANT en francs.	CONTREVALEUR en dollars.		
	fr. c.	francs.	dollars.	fr. c.	fr. c.
Année..................... 1919	9 03	763,507,000	84,552,270	173,851,560 46	6,846,110 79
1er trimestre.............. 1920	13 33	514,391,000	38,588,972	201,400,819 38	12,708,470 39
2e trimestre.............. 1920	14 51	379,793,000	26,174,569	246,537,889 13	14,074,384 29
3e trimestre.............. 1920	13 70	595,969,000	43,501,387	177,086,317 82	16,648,773 11
4e trimestre.............. 1920	16 31	223,928,000	13,729,491	377,277,742 19	13,690,267 99
1er trimestre.............. 1921	14 59	171,710,000	11,769,020	212,431,626 12	11,677,851 43
2e trimestre.............. 1921	12 73	216,319,000	16,992,852	273,457,673 62	11,896,237 68
3e trimestre.............. 1921	13 14	134,721,000	10,252,968	164,271,877 83	8,717,774 96
4e trimestre.............. 1921	13 52	122,620,000	9,069,527	167,708,150 52	11,294,091 73
1er trimestre.............. 1922	11 61	66,726,000	5,747,287	181,462,242 63	12,952,860 34
2e trimestre.............. 1922	11 09	48,506,000	4,373,850	81,015,894 52	4,300,433 81
3e trimestre.............. 1922	12 59	31,603,000	2,510,166	83,243,289 23	6,420,452 41
4e trimestre.............. 1922	14 02	18,604,000	1,326,961	137,820,609 24	2,120,654 27
1er trimestre.............. 1923	15 74	12,543,000	796,887	35,534,980 14	3,593,971 13
2e trimestre.............. 1923	15 32	2,978,000	194,386	49,912,227 06	2,161,922 26
3e trimestre.............. 1923	17 27	2,199,000	127,331	63,194,530 69	1,872,868 70
4e trimestre.............. 1923	18 01	6,406,000	355,691	38,239,505 24	1,615,321 78
1er trimestre.............. 1924	21 92	6,735,000	307,254	32,080,319 10	1,083,687 72
2e trimestre.............. 1924	17 61	12,342,000	700,852	38,832,282 42	2,259,589 33
Mois de juillet et août........... 1924	18 96	9,199,604	501,034	4,091.178 89	625,750 47
Annulation de cessions (2e trimestre 1924)(1).	17 61	23,865,000	1,355,196	....	....
TOTAUX................	....	3,317,237,604	270,217,559	2,739,570,721 23	146,561,474 59

(1) Annulation des intérêts dus par les Compagnies de Chemins de fer pour les années 1919 et 1920.

Ainsi, en contre-partie de notre dette de 400 millions de dollars viennent s'inscrire des créances qui ne dépassent pas *270,217,559 dollars* et des encaissements effectifs qui s'abaissent même jusqu'à *220 millions* de dollars environ. La balance de l'opération apparaît ainsi lourdement déficitaire.

Les origines de ces fâcheux résultats sont multiples; la fixation du prix d'achat ne fut pas précédée d'inventaires détaillés et contradictoires : l'organisation de la vente ne pût être toujours régulièrement assurée en raison de l'ampleur de la tâche, qui incombait brusquement à l'État, et à laquelle il devait immédiatement faire face sans posséder ni le personnel ni les cadres expérimentés dont il avait besoin; l'insuffisance de protection du matériel conduisit à une détérioration rapide : le lancement sur le marché d'une masse aussi considérable d'objets similaires devait au surplus en déprécier le cours; le Trésor enfin supporta toute la perte d'un contrat, dont la charge restait fixée en une devise stable alors que la recette encourait tous les risques d'une monnaie mobile : pour mesurer le danger, auquel nous nous exposions, il suffit de rappeler que le dollar, dont la cote oscille actuellement entre 18 et 19 francs, ne dépassait pas 7 fr. 25 au 1er août 1919 jour de la conclusion du contrat.

Ainsi a été mise à notre charge toute la perte découlant de la dévalorisation de notre monnaie qui reste la cause principale des résultats déficitaires de cette opération. S'il n'est pas actuellement possible d'apprécier les conditions définitives dans lesquelles se soldera le contrat, en raison de l'absence de toute précision sur le cours réel du change à la date de règlement de notre emprunt, nous restons toutefois persuadés que nous ne ferons pas en vain appel à l'esprit de coopération et d'équité d'un créancier qui n'a cessé de nous apporter pour le soutien de nos finances le plus précieux concours. Nos amis américains sauront, nous en sommes convaincus, reconnaître l'effort que nous faisons depuis ce règlement pour payer chaque année 20 millions de dollars environ, soit 400 millions de francs, pour les intérêts de la somme globale de 400 millions de dollars, alors qu'il est désormais prouvé que nous n'avons encaissé, en fait, que 220 millions de dollars et que, ainsi que l'ont établi les travaux des experts du plan Dawes, le transfert de ces sommes, joint à celui des autres dettes exigibles durant l'année entière sur les emprunts contractés aux États-Unis, ont fortement contribué à la dépréciation de notre change, entraînant des pertes importantes pour nos finances et notre crédit.

b. *Angleterre.*

La dette, qui figure sous la rubrique *Bons du Trésor remis à la Banque d'Angleterre* correspond à une avance qui fut consentie par cet établissement à la Banque de

France. Celle-ci ne joua, en l'espèce, qu'un rôle d'intermédiaire, mais elle fournit un dépôt d'or, égal au tiers du prêt qui lui fut accordé pour le compte de l'État.

Ce crédit est représenté par des bons, escomptés à 1 % au-dessus du taux d'escompte de la Banque d'Angleterre, sans que l'intérêt puisse descendre au-dessous de 6 %.

Le montant en était primitivement fixé à £ 60,000,000. Il fut porté à £ 72,000,000 puis ramené à £ 65,000,000 par prélèvement sur la tranche anglaise de l'emprunt 4 % 1918. Le dépôt d'or suivit des variations parallèles, passant de £ 20,000,000 à £ 24,000,000 pour être réduit à £ 21,666,000.

Les échéances s'en échelonnaient entre le mois de septembre 1922 et le mois d'août 1923. A cette époque, une libération partielle fut assurée par le remboursement de £ 10,000,000, réduisant notre dette à £ 55,000,000 et corrélativement le dépôt d'or à £ 18,350,615. L'amortissement du reliquat fut réglé par une convention nouvelle, signée au mois d'avril 1923.

Aux termes de ce contrat, l'extinction progressive de notre dette sera assurée par des versements échelonnés entre 1924 et le mois de novembre 1930 d'après le rythme suivant :

1924...	£	5,000,000
1925...	£	6,000,000
1926...	£	7,000,000
1927...	£	8,000,000
1928...	£	9,000,000
1929...	£	15,000,000
1930...	£	5,000,000

L'octroi de ce nouvel échelonnement de nos remboursements fut subordonné à la concession de délais pour le rapatriement de l'or déposé en garantie, et dont le retour sera assuré sur les bases suivantes :

Au 31 mai 1928	£	1,000,000
Du 31 mai 1928 au 30 novembre 1928............................	£	2,000,000
Du 30 novembre 1928 au 31 mai 1929............................	£	3,000,000
Du 31 mai 1929 au 30 novembre 1929	£	4,000,000
Du 30 novembre 1929 au 31 mai 1930...........................	£	5,000,000
Du 31 mai 1930 au 30 novembre 1930...........................	£	3350,615

La *cession des stocks anglais* entraîna une double opération.

D'une part, certaines ventes avaient été consenties à divers ministères français ; elles motivaient la passation d'un contrat qui fut conclu à la date du 8 juillet 1920 ; le montant de ces ventes fut fixé à **2,226,069** £ **10 sh. 1 penny.** Le service des intérêts en est effectué au taux de 6 p. o/o et le remboursement en est prévu pour l'année 1925.

D'autre part, certains stocks avaient été cédés à l'O. R. I. ; mais l'absence de tout inventaire, le défaut de fixation des prix, et même des quantités comprises dans la cession, avaient fait obstacle à toute entente au sujet des conditions d'achat de ce matériel. La question fut réglée en mars 1923 par un accord qui fixe à £ 6 *millions* capital et intérêts compris le prix de cession. Le versement en est échelonné de 1924 à 1929 sur les bases suivantes :

1924	£	750,000
1925	£	750,000
1926	£	1,250,000
1927	£	1,000,000
1928	£	1,250,000
1929	£	1,000,000

c. *Japon.*

Trois crédits nous avaient été ouverts au Japon.

Le premier fut consenti par la Banque impériale. Il est représenté par des bons à un an, portant intérêt à 6 p. o/o et renouvelables d'année en année. Le montant primitif du capital avait été fixé à *26,242,000* yens. Mais le service des intérêts ne fut pas assuré jusqu'en 1921 et son addition au crédit originaire en porta progressivement le montant à *33,161,000* yens. L'allocation régulière des intérêts fut reprise à dater du mois de novembre 1921. De plus l'année 1922 marqua un remboursement partiel de *13,161,000* yens réduisant notre dette à un solde de *20,000,000* yens dont le versement intégral a récemment été assuré au cours du mois d'octobre 1924.

Un second crédit nous fut ouvert par un consortium de banques japonaises le 11 novembre 1918 pour une somme de *50 millions* de yens, représentée par des obligations. Le remboursement en fut effectué au mois de novembre 1923.

Un troisième crédit nous avait été enfin consenti le 14 juin 1917 par le même consortium, pour une somme égale de *50,000,000* de yens. Un acompte de *25,000,000* de yens fut versé par nous au mois de juillet 1924 et l'extinction totale de cette dette sera assurée avant la fin de la présente année.

d. *Hollande.*

Deux emprunts avaient été conclus en Hollande.

Le premier, ouvert en 1918 par un consortium de banques hollandaises, s'élevait à *30* millions de florins, portant intérêt à 5 % et remboursables en 5 ans, soit au cours de l'année 1923.

Le second avait été consenti au mois d'août 1919 par le gouvernement néerlandais pour la reconstruction de nos régions dévastées; il atteignait 25 millions de florins, dont le service était effectué à 5 % et dont l'avance était limitée à une période de 5 années.

La prorogation de ces deux emprunts fut décidée en 1921, par un accord repoussant le remboursement du premier en 1927 et l'extinction du second en 1929, le taux d'intérêt étant porté à 6 p. 0/0 pendant la période complémentaire.

e. *Argentine.*

Un crédit de *100 millions* de piastres or avait été ouvert au Gouvernement français à l'occasion de ses achats de blé en Argentine, crédit comportant, comme contrepartie, l'autorisation accordée au Gouvernement argentin de tirer sur le Trésor français à concurrence de la contre-valeur en francs. En fait, les tirages qui furent ainsi effectués restèrent inférieurs aux sommes utilisées par le Gouvernement français, et l'opération se clôtura par un découvert de *22,352,000* piastres or à notre charge.

La revente des stocks de blé que nous possédions en Argentine permit, en en affectant le prix de cession à l'amortissement de notre crédit, d'en ramener le montant à *19,425,795* piastres or dont l'échéance est actuellement prorogée d'année en année.

f. *Uruguay.*

Le Gouvernement urugayen avait consenti au Trésor français, le 17 décembre 1918, un crédit de 15 millions de pesos or, dont le service était assuré au taux de 5 p. 0/0. Le remboursement, fixé primitivement au 17 décembre 1920, fut successivement prorogé d'année en année jusqu'au 17 décembre 1923. A cette date, la conclusion d'un accord vint en régler l'amortissement par voie de versements semestriels de *1,500,000* pesos or, l'année 1924 ayant assuré, dès maintenant une remise de *3,000,000* pesos or.

g. *Canada.*

Un crédit de *25 millions* de dollars canadiens avait été ouvert par le Gouvernement canadien au Trésor français pour le règlement de nos achats au Canada. L'utilisation en fut limitée à *5,730,000* dollars. Cet emprunt est représenté par des obligations portant intérêt à 5 1/2 p. 100 et amortissables à raison de *5,500,000* dollars en 1924 et *230,000* dollars en 1926. L'échéance qui a été prévue pour la présente année sera régulièrement couverte.

h. *Égypte.*

Le Crédit foncier égyptien consentit au Trésor au mois de février 1919 un crédit de *4 millions* de livres égyptiennes contre remise de bons du Trésor à 5,75 p. 100, et à échéance de 1924. Un remboursement partiel de *2,000,000* livres égyptiennes fut effectué à cette date et une prorogation fut accordée pour le reliquat à raison de *1,000,000* en 1925 et *1,000,000* livres en 1926.

Les développements qui précèdent permettent de dresser l'échéancier de notre dette commerciale extérieure. Le tableau ci-dessous résume les amortissements que nos contrats actuels nous imposent jusqu'en 1930 et bloque sous une rubrique unique les échéances postérieures à cette date.

ÉCHÉANCES EN CAPITAL DE NOTRE DETTE COMMERCIALE EXTÉRIEURE.

NATURE DES EMPRUNTS.	MONNAIE de RÈGLEMENT.	1925.	1926.	1927.	1928.	1929.	1930.	AU DELÀ de 1930.
ÉTATS-UNIS :								
Emprunt 8 % 1920	Dollars.	5,500,000	4,000,000	4,000,000	4,000,000	4,000,000	4,000,000	58,675,800
Emprunt 7 1/2 % 1921	Dollars.	9,000,000	4,500,000	"	"	"	"	61,630,200
Emprunt des trois villes	Dollars.	"	"	"	"	"	"	40,586,000
Cessions des stocks	Dollars.	"	"	"	"	400,000.000	7,341,145	"
Reliquat de l'Anglo-French-Loan	Dollars.	"	"	"	"	"	"	13,850
Reliquat de l'emprunt 5 1/2 %	Dollars.	"	"	"	"	"	"	2,110,000
ANGLETERRE :								
Bons du Trésor remis à la Banque d'Angleterre	Livres.	6,000,000	7,000,000	8,000,000	9,000,000	15,000,000	5.000,000	"
Cession des stocks anglais	Livres.	750,000	1,250,000	1.000,000	1,250,000	1,000,000	"	"
Stocks divers	Livres.	2,226,069	"	"	"	"	"	"
HOLLANDE	Florins.	"	"	30.000,000	"	25,000,000	"	"
ARGENTINE	Piastres or.	"	19,425,795	"	"	"	"	"
URUGUAY	Pesos or.	3,000,000	3,000,000	3,000,000	3,000,000	"	"	"
CANADA	Dollars canadiens.	"	230,000	"	"	"	"	"
ÉGYPTE	Livres égyptiennes.	1,000,000	1,000,000	"	"	"	"	"

Le service des intérêts des emprunts qui composent notre dette commerciale est, en tous points, strictement assuré ; les prorogations d'échéance que nous avons sollicitées, ont été réglées en plein accord avec nos créanciers ; elles n'ont eu, au surplus. d'autre but que d'établir un échelonnement judicieux de nos charges, lesquelles avaient été bloquées, au cours de la guerre, sur des périodes trop restreintes. Nous consacrerons des développements spéciaux à l'examen des larges amortissements que nous avons pu pratiquer, et qui ont, dès maintenant, réduit une forte part de notre dette.

Malgré les difficultés financières qu'elle traverse, malgré le redoutable problème du transfert que les auteurs du plan Dawes ont si bien mis en lumière, la France a entendu montrer à l'étranger que sa signature n'avait en rien perdu de sa valeur et qu'elle restait prête à s'imposer les plus lourds sacrifices pour faire honneur aux engagements qu'elle avait contractés — la bonne volonté et la loyauté dont elle n'a cessé de multiplier les preuves, ne peuvent manquer d'exercer sur la tenue générale de son crédit, la plus salutaire et la plus légitime influence.

Le service de notre dette commerciale extérieure pose d'ailleurs un problème qui intéresse tant le jeu de notre comptabilité publique que le fonctionnement même de nos budgets et n'a reçu, jusqu'à ce jour, aucune solution.

Les emprunts qui la composent, contractés en monnaie étrangère, ne s'inscrivent pas, en effet, dans les écritures du Trésor, pour leur valeur en francs-or. Les ressources qu'ils procurent, sont portées dans les comptes pour leur valeur en francs au cours du jour de l'émission des titres, et les remboursements qui en sont effectués, sont inscrits pour leur valeur en francs au taux du jour des décaissements correspondants. Cette procédure assigne un montant différent aux rentrées et aux sorties de fonds, constituées par une même expression en devises étrangères, suivant les variations que le cours de notre propre monnaie a subies pendant la période qui sépare les deux opérations envisagées, et rompt, de ce chef, tout équilibre, dans le compte des effets à payer auquel s'imputent ces mouvements de valeurs dans les écritures de la Caisse centrale du Trésor.

Les inconvénients qui en découlent, sont multiples : en raison des délais qu'exigent la centralisation des opérations faites à l'étranger et leur prise en comptabilité, le bénéfice ou la perte résultant des variations du change viennent s'inscrire après examen de la « Commission de vérification des frais de service et de négociations du Trésor public » au budget d'une année, sur laquelle ils n'ont, en fait, nullement pesé, et leur inscription donne de ce chef, une physionomie inexacte, à chaque exercice; le budget de 1924 se trouverait ainsi appelé à comprendre dans ses dépenses plusieurs sommes dépassant un total de deux milliards 1,2 et correspondant pour la plus large part à la perte subie sur le remboursement effectué en 1920, de l'emprunt anglo-français aux États-Unis. L'équilibre budgétaire des divers exercices peut être bouleversé par l'inscription de ces sommes variables dont le montant ne peut être exactement prévu.

Le Gouvernement actuel, dans un souci de clarté et de sincérité, a cherché un remède à ces inconvénients dans l'imputation des bénéfices ou des pertes au change parmi les opérations de trésorerie et au moyen de l'ouverture d'un compte spécial dans les écritures de la Caisse centrale parmi les avances pour divers services. Lorsque le montant global des pertes sera dégagé, lorsque les bénéfices, que, sur une période assez longue, nous pouvons escompter du fait de la hausse du franc, seront connus, des propositions seront soumises au Parlement pour fixer les modalités de la balance de ce compte et de son apurement.

2° *Dette politique.*

Nos emprunts extérieurs, auxquels un caractère politique peut être attribué, n'intéressent que deux pays : les États-Unis et la Grande-Bretagne. Nous nous proposons d'étudier rapidement cette part spéciale de notre dette et de définir le rôle qu'il nous paraît équitable de lui réserver.

a. *États-Unis.*

Quatre lois successives des 24 avril 1917 (First Liberty Loan Act), 24 septembre 1917 (Second Liberty Loan Act), 4 avril 1918 (Third Liberty Loan Act) et 9 juillet 1918 (Fourth Liberty Loan Act) ouvrirent les crédits nécessaires pour consentir des avances à la France : le montant s'en éleva à 3,047,974,777 24 dollars.

Sur ce chiffre, les avances, qui furent réellement utilisées, n'excédèrent pas 2,997,477,800 dollars, entraînant une annulation de crédits de 50,496,977 24 dollars, qui fut prononcée le 3 août 1921.

La décomposition des sommes qui furent mises à notre disposition, s'établit ainsi :

Année 1917	1,130,000,000 dollars.
Année 1918	966,427,000 —
Année 1919	801,050,800 —
Année 1920	100,000,000 —
Total	2,997,477,800 dollars.

Sur ce chiffre, divers remboursements ont été effectués par le Gouvernement français. Leur origine, étant imputable à certaines circonstances exceptionnelles appelle un examen rapide de chaque opération.

Remboursement des 1er avril, 31 juillet et 11 août 1919. — A la fin de l'année 1918, le Gouvernement français s'est préoccupé de dégager les collatéraux, composés de valeurs mobilières de pays neutres, qu'il avait constitués en garantie de ses emprunts 1916 (American Foreign Securities) et 1917 (5 1/2 p. 0/0). Le Gouvernement fédéral accepta de lui remettre deux bons du Trésor américains qui furent donnés en garantie au lieu et place des titres neufs.

En représentation de la dette ainsi contractée, le Gouvernement français souscrivit entre les mains de la Trésorerie américaine deux obligations, s'élevant respectivement au montant des bons délivrés par elle, savoir :

$ 71,427,000 (obligation remise le 10 décembre 1918).
$ 81,050.800 (obligation remise le 28 janvier 1919).

Or, pendant la période qui s'écoula entre les dates de ces remises et le remboursement des emprunts correspondants, le Gouvernement français procéda à des achats de titres sur le marché et réduisit proportionnellement le montant de ces collatéraux. Une diminution parallèle dut être consentie par la Trésorerie américaine pour les obligations qui lui avaient été remises en représentation de ses bons : le montant en fut porté au crédit du Gouvernement français sous la forme de remboursement d'avances.

1er avril 1919...................................... $ 5,925,000 (emprunt 1917).
31 juillet 1919 .... $ 1,645,000 (emprunt 1916).

Les bons du Trésor, ainsi réduits, furent encaissés à l'échéance de chaque emprunt et utilisés pour le remboursement des porteurs. Mais, certains titres de l'emprunt 5 1/2 % 1917, ayant été couverts en francs à Paris pour un montant équivalent à 4,577,000 dollars, la Trésorerie fédérale, qui entendait limiter son intervention à nos approvisionnements en dollars, demanda le remboursement d'une fraction correspondante de l'avance qu'elle avait accordée; ce désir reçut satisfaction le 11 août 1919.

Remboursements des 19 et 26 août 1920 et du 30 mars 1921. — Une large part des dollars que la Trésorerie américaine mettait à notre disposition, fut transférée par nos soins au Gouvernement britannique qui les utilisait au payement d'achats effectués par son intermédiaire pour compte commun. La liquidation de ses opérations révéla, en notre faveur, un excédent qui fut reversé en trois échelons par le Gouvernement anglais à la Trésorerie des Etats-Unis. Ces sommes furent appliquées à l'amortissement de notre dette et au versement des intérêts arriérés sur les avances ainsi éteintes. Le montant de ces remboursements s'est fixé aux chiffres suivants :

19 août 1920... 6,002,082.26 dollars.
26 août 1920... 13,300,275.29 —
30 mars 1921 .... 15,265,504.26 —

Remboursement du 21 juin 1920. — La « Commission for Relief in Belgium » remit à la date du 21 juin 1920 à la Trésorerie fédérale un chèque de *$ 17,246,490* représentant le solde créditeur du compte ouvert dans ses livres au Gouvernement français. Cette somme fut inscrite en mai 1922, en valeur du 21 juin 1920, en compensation d'une fraction égale de l'obligation délivrée le 15 novembre 1918, à la Trésorerie des États-Unis.

Remboursement du 14 septembre 1922. — Aux termes d'un accord passé entre M. James C. Davis et Emile C. Diederich au nom de leurs gouvernements respectifs, la Direction générale des chemins de fer américains s'est reconnue débitrice d'une somme de 150,000 dollars à l'égard de divers Départements ministériels français. Sur la demande de M. Diederich, la Trésorerie préleva sur ce montant $ *38,621.96* qui furent versés à nos avocats, à titre d'honoraires. Le solde, soit $ *111,378.04* fut compensé le 14 septembre 1922 avec une fraction de l'obligation de $ 40,000,000 remise le 15 novembre 1918 à la Trésorerie fédérale.

Remboursement du 23 février 1923. — Selon la procédure même qui vient d'être résumée, une dette de la Direction générale des chemins de fer américains à notre égard s'élevant à $ 186,450.91, fut compensée pour $ 139,838.19 avec une fraction de l'obligation remise le 15 novembre 1918 à la Trésorerie fédérale, après prélèvement d'une somme de $ 46,612.72, qui fut versée à nos avocats à titre d'honoraires.

Le montant des remboursements effectués par le Gouvernement français du chef de ses diverses opérations se fixe ainsi aux sommes suivantes :

1er avril 1919	5,925,000 $
31 juillet 1919	1,645,000 $
11 août 1919	4,577,000 $
21 juin 1920	17,246,490 $
19 août 1920	6,002,082 $ 26
26 août 1920	13,300,275 $ 29
30 mars 1921	15,265,504 $ 26
14 septembre 1922	111,378 $ 04
23 février 1923	139,838 $ 19
Total	64,212,568 $ 04

L'application de ces remboursements réduit le chiffre réel de notre dette à :

Montant reçu	2,997,477,800 $
Remboursements	64,212,568 $ 04
Reste dû	2,933,265,231 $ 96

Les avances motivaient la délivrance d'obligations, souscrites par le Gouvernement français.

Les trois premières obligations (100 millions de dollars du 8 mai 1917), (100 millions de dollars du 2 juin 1917), (10 millions de dollars du 26 juin 1917) étaient libellées à échéance du 30 juin 1917. Un échange de lettres entre la Trésorerie fédérale, et notre Ambassadeur en reporta la date de maturité au 17 juillet 1917. A partir de cette date, tous les engagements que nous avons souscrits sont payables à présentation ; les premières obligations signées après le vote de la loi du 24 septembre 1917 (émissions du 26 septembre au 12 novembre 1917) portant exceptionnellement à l'origine la date d'échéance du 15 novembre 1917.

Les obligations, remises à la Trésorerie fédérale, étaient primitivement libellées en dollars, les États-Unis s'étant toutefois réservé la faculté d'exiger un remboursement en francs au taux de 5.1825 au cas où le cours du dollar serait tombé au-dessous de la parité monétaire. A partir du 25 janvier 1919, ces titres devinrent payables à l'option du porteur, soit en dollars à New York, soit en francs à Paris au taux fixé de francs 5.45 pour un dollar. La date du 1ᵉʳ avril 1919 vint encore modifier cette formule, en donnant au porteur l'option de remboursement en dollars à New York ou en francs à Paris sur la base du cours du change sur Paris au jour de la présentation, constaté à midi par le Fédéral Réserve Bank de New York.

L'intérêt, qui fut exigé par la Trésorerie américaine pour le service de ses avances, fut basé sur le principe d'une rigoureuse corrélation avec le taux payé par le Gouvernement des États-Unis aux capitalistes qui, en souscrivant aux emprunts, dits de la Liberté, fournissaient les fonds employés aux avances, un décalage étant maintenu toutefois entre ces deux éléments pour représenter forfaitairement les exemptions fiscales qui étaient accordées aux prêteurs et augmentaient indirectement le prix de revient de chaque émission. Le taux d'intérêt des avances consenties aux Gouvernements Alliés fut ainsi progressivement élevé au cours de la guerre, subissant une hausse parallèle à celle que présentait le prix du service des emprunts intérieurs ; il passa, de ce chef, de 3 p. o/o à l'origine, et par paliers successifs, à 5 p. o/o à partir du 15 mai 1918.

Le versement des intérêts fut normalement assuré par nos soins jusqu'au 15 avril 1919 pour les obligations signées avant le 15 mai 1918 et jusqu'au 15 mai 1919 pour celles qui furent souscrites après cette date. Depuis cette époque, aucun service ne fut demandé, du chef des intérêts, par la Trésorerie américaine.

En sus de ces versements réguliers, certains payements furent indirectement effectués.

Les trustees des emprunts 1916 (American Foreign Securities Company) et 1917 (5 1/2 p. o/o) ont ainsi remis au Trésor fédéral le montant des intérêts perçus sur les bons fédéraux déposés en garantie de ces emprunts, soit : *947,245 $ 08* le 1ᵉʳ avril 1919 et *1,810,441 $ 50* le 31 juillet 1919.

De même, sur les fonds reversés par le Gouvernement britannique les 19 et
26 août 1920 et le 30 mars 1921, la Trésorerie américaine a prélevé les sommes
correspondantes aux intérêts dus depuis le 15 mai 1919 sur les obligations qu'elle
annulait, soit :

        Le 19 août 1920............................. .... 379,035,60 dollars
        Le 26 août 1920................................... 851,145,30   —
        Le 30 mars 1921.................................. 1,429,559,65   —

Le montant des intérêts arriérés sans capitalisation, et calculé à 5 % représentait
au 15 novembre 1923 une somme de *650,051,228 $ 67*.

b. *Angleterre.*

Un accord du 13 mars 1919 répute dettes de guerre les engagements qui ont pris
naissance avant le 15 mars 1919.

Cette dette est représentée par des bons du Trésor, libellés en livres sterlings, que
nous avons remis au Gouvernement anglais en représentation d'avances en espèces ou
de cessions de matériel, et dont le montant correspond aux demandes adressées par
la Trésorerie britannique, sans qu'aucune discussion ait jamais été ouverte au sujet
du chiffre même des créances qui nous étaient présentées, nos droits à toute réclama-
tion et à tous redressements ultérieurs ayant été formellement réservés lors de chaque
souscription.

Les bons ainsi établis sont régulièrement renouvelés, à chaque échéance, grossis
des intérêts calculés et capitalisés sur des bases que nous préciserons.

La valeur totale des bons, que détenait au 31 juillet 1924 la Trésorerie britannique, s'élevait à *619,402,900* livres sterlings. Cette dette doit être accrue d'une
somme de 8,000,000 livres sterlings environ, qui correspond à un reversement fait par
l'Angleterre au Trésor fédéral sur nos comptes en dollars, les États-Unis ayant refusé
de ratifier certains transferts que nous avions effectués sur leurs avances au profit
de la Trésorerie britannique.

Le mode d'établissement des bons, remis à l'Angleterre en décompose le montant
en deux éléments: capital d'une part, intérêts capitalisés d'autre part.

Capital.

Le capital qui figure dans le chiffre des bons souscrits s'élève à 445 millions 218.386 £ 17. 10. savoir :

LIVRES STERLINGS.

Année 1915	29.293.698. 12. 7
— 1916	93.863.021. 1. 10
— 1917	180.626.707. 6. 2
— 1918	68.774.359. 17. 3
— 1919	55.792.500. 0. 0
— 1920	20.680.000. 0. 0
Total	449.030.286, 17. 10

A déduire :

Annulations diverses faites à la suite d'ajustements.

Année 1920	1.240.000 £	
— 1921	2.021.900	
— 1922	450.000	
— 1923	100.000	
Total	3.811.900	3.811.900. 0. 0
Reste dû		445.218.386. 17. 10

Sur le montant de notre dette, ainsi établi, il est toutefois permis d'espérer de très sérieuses réductions du chef de trois éléments principaux : réclamations, d'une part, créances d'autre part, enfin, nivellement des avances faites à divers alliés par la France et la Grande-Bretagne.

Réclamations. — Le règlement des « Claims » des départements britanniques au cours de la guerre fut assuré par simple remise de bons du Trésor français, correspondant à leur valeur totale sans qu'aucune discussion fut établie sur l'exactitude de leur montant. La Trésorerie anglaise n'admit jamais la distraction momentanée d'un compte en vue d'un examen plus approfondi et ne toléra aucun retard dans l'acquittement des factures présentées pour permettre la vérification des chiffres qu'elles comportaient.

Aussi, pour éviter toute difficulté, le Gouvernement français assura-t-il la couverture immédiate des dépenses dont le montant lui était soumis, en formulant des réserves expresses, toutes les fois qu'il le jugea opportun, et en différant pour une date ultérieure, la discussion des réclamations qu'il entendait présenter à leur sujet.

La liquidation de ces comptes est actuellement en cours et des déductions diverses seront certainement opérées d'accord entre les deux pays.

Créances. — Certaines dépenses, engagées en France pour le compte d'organismes britanniques, ont été couvertes par le Trésor français et constituent de ce chef des créances, dont le montant doit être porté en atténuation de notre propre dette à l'égard du Gouvernement anglais : elles concernent principalement des cessions de vivres et de matériel ou des transports par chemins de fer.

La liquidation de ces opérations est actuellement en voie d'achèvement : un accord entre les deux pays fixera le montant de la somme qu'elle aura dégagée.

Nivellement. — Dès février 1915, les Alliés décidaient de prendre à leur charge, par portions égales, les avances faites aux pays qui combattraient avec la Triple Entente. La participation effective de la Russie ayant rapidement cessé, la France et l'Angleterre se répartirent régulièrement par moitié le service de ces crédits.

Mais si le nivellement fut observé à l'égard de certaines avances en espèces aucune mesure du même ordre ne fût adoptée pour les cessions de matériel, munitions ou vivres. Le soutien qui fut, à ce titre apporté par la France ayant été particulièrement important, l'égalisation des charges réellement supportées par les deux pays semble susceptible d'inscrire un crédit à notre compte.

Intérêts. — Sans présenter des éléments aussi précis que ceux qui influent sur la détermination du capital de notre dette, le règlement des intérêts n'échappe pas cependant à certaines considérations, qui permettent d'en envisager une révision et une atténuation.

Le taux, qui fut consenti à l'origine, était en effet calculé d'après le montant même de celui qui était alloué aux émissions des bons du Trésor anglais : de 3 1/4 p. 0/0, il se trouva ainsi successivement porté à 5 1/2 et 6 p. 0/0, représentant, du fait du payement anticipé une charge réelle de 6 à 6 1/2 p. 100.

Les émissions de Treasury Bill étant devenues irrégulières après 1916, l'escompte des bons du Trésor français fût désormais assuré au taux admis par la Banque d'Angleterre; l'intérêt s'élève, dès lors, à 5 p. 0/0; puis progressivement à 6 et 7 p. 0/0, haussant le tarif de nos avances au delà de 7 1/2 p. 100.

Ce chiffre apparaît très élevé, quel que soit le facteur de comparaison qui soit retenu : taux moyen des emprunts à long terme anglais, qui n'excède pas 5 p. 0/0, taux consenti par les États-Unis à leurs débiteurs, qui, de 3 p. 100 à l'origine, est monté à 5 p. 0/0, ou tarif de toutes autres dettes interalliées, dont aucune part n'a atteint ce taux.

Sans préjuger de la suite qu'en comportera la discussion, le montant des intérêts compris dans la valeur totale des bons actuellement détenus par le Gouvernement anglais atteint 174,184,514 £3.2.

Il importe enfin de signaler qu'en garantie des avances faites conformément à l'accord de Calais du 24 août 1916 et de son avenant de mars 1917, la Banque de France remit à la Trésorerie britannique, au nom du Trésor français, un dépôt d'or pour un montant nominal de £53,500,000, dont la restitution doit être assurée parallèlement au remboursement de l'avance spéciale qu'il gage et dont l'emploi actuellement fait par le Gouvernement anglais nous assure un service régulier d'intérêts, inscrits en déduction de nos propres charges.

L'exposé technique des divers éléments qui constituent notre dette envers les États-Unis et l'Angleterre ne nous paraît pas toutefois suffisant pour justifier l'inscription brutale à notre passif du montant des sommes qu'elle paraît représenter.

Le règlement de nos emprunts extérieurs envers la Grande-Bretagne et l'Amérique vient en effet soulever le problème général des dettes interalliées, dont l'examen, n'a pas encore été sérieusement abordé en raison de l'incertitude que fait peser sur ce règlement le défaut d'accord des Alliés sur l'époque et les modalités du payement des réparations par l'Allemagne. La cordialité nouvelle que depuis six mois, les événements ont développée dans nos relations avec les pays alliés, la participation plus marquée des États-Unis à l'assainissement financier de l'Europe permettent de penser que l'étude du problème des dettes interalliées pourra être abordée dans une atmosphère de large sympathie, dans le désir mutuel de la conclusion d'une entente équitable pour tous les intéressés.

L'ouverture possible de ces pourparlers ne nous permet pas de donner aujourd'hui à ce problème les développements qu'il comporte, la préparation du dossier de la France n'étant pas d'ailleurs actuellement terminée. Nous ne saurions cependant manquer d'indiquer sommairement, dès maintenant, les principaux éléments de cette question afin de réserver, aux dettes interalliées, dans le bilan général de notre pays, la place et l'importance réelles qui doivent leur être assignées.

La guerre a exigé un appel général à toutes les forces et à toutes les ressources des pays alliés et leur fusion intime en un bloc dont la parfaite unité permettait seule de résister aux violents assauts d'un commun ennemi. L'unité de commandement, une étroite fraternité entre nos armées ont opposé, sur toute l'étendue du front, une muraille humaine homogène aux efforts de l'assaillant. Si nos trésoreries ne pouvaient comporter la même unité de direction, leur entente a, du moins, réalisé l'étroite mise en commun de leurs ressources respectives et les concours réciproques qu'elles se sont prêtés ont seuls permis la recherche et le groupement des sommes nécessaires à tous pour la poursuite des hostilités jusqu'à la victoire.

Les petits pays ont trouvé, auprès des États puissants, soit un aval de leurs engagements, soit les avances, dont ils avaient un besoin urgent, quand l'insuffisance de leurs ressources propres n'assurait plus l'approvisionnement de leurs caisses. Les grandes nations elles-mêmes ont senti, dans l'affaiblissement progressif d'un crédit auquel elles faisaient sans cesse un plus large appel, la nécessité de le consolider par de mutuels appuis.

Les dettes interalliées traduisent des échanges de ressources et enregistrent des mouvements qui portaient d'un pays à l'autre les fonds que chacun, dans sa sphère propre, avait pu recueillir. Si l'on abandonne le terrain juridique pour s'élever à des vues plus hautes de coopération et d'équité, une rigoureuse justice semblerait commander l'addition générale des dépenses de la guerre et leur répartition entre les États alliés, proportionnellement à la richesse de chacun et sans tenir compte des engagements particuliers que des nécessités momentanées ont imposés. Ainsi seulement serait réalisée l'égalité entre tous dans la somme des sacrifices.

Et si, dans la balance où se mesurera la contribution de chaque État à la victoire commune, ne peut être pesé le sang qui fût versé, du moins la France peut-elle espérer que le rang qu'elle occupe sur la longue liste des deuils et des dévastations lui donnera droit à de légitimes ménagements dans un domaine où l'octroi de compensations doit être envisagé.

Un grand nombre de Français de toutes conditions et de toutes opinions, notamment dans les milieux parlementaires, basent, au surplus, la légitimité de ces compensations sur les droits de la France à d'amicales demandes reconventionnnelles à l'égard de ses propres créanciers. Ils font ressortir qu'en fait, l'Angleterre et les États-Unis venus certes avec toutes leurs forces pour porter secours au droit menacé en la personne de la Belgique et de la France, eurent en même temps pour objectif de ne pas laisser l'Allemagne victorieuse imposer au monde la tyrannie de sa domination et son hégémonie. Le choix, disent-ils, du territoire français comme champ de bataille, champ de bataille sur lequel se déroulèrent pendant quatre ans les sanglantes péripéties de la guerre, a valu à nos amis et alliés des économies de temps, d'hommes et d'argent et a engendré, par contre, chez nous un surcroît considérable de dommages, auquel il est équitable qu'ils participent. Une ample créance devrait naître, ajoutent-ils, de ce chef en faveur de notre pays, pour la réparation des ruines et des pertes qu'il a subies du fait des armées alliées.

Enfin, certains ajoutent que les trésoreries des États-Unis et de l'Angleterre ont encaissé d'importantes taxes sur les bénéfices réalisés du fait de nos achats et commandes diverses dans chacun des pays prêteurs et qu'il serait équitable que le montant de ces recettes soit défalqué du chiffre de notre dette.

La France ne viendra pas d'ailleurs les mains vides. Elle est elle-même créancière des diverses nations amies et alliées qu'elle a aidées durant la guerre. A côté de son passif, elle apportera l'actif résultant des avances qu'elle-même a consenties.

Au surplus, si, au regard de nos dettes, et en attendant un règlement général nous devons inscrire les sommes qui nous sont dues par les pays alliés, nous ne saurions également oublier la valeur que réprésente pour nous le recouvrement de notre créance sur nos anciens ennemis. Prétendre solder un lourd passif, sans assurer la rentrée corrélative des éléments d'un actif également important, serait poser un problème que nul ne saurait se vanter de résoudre. D'ailleurs, si notre capacité de payement se trouve aujourd'hui réduite par le fardeau que nous impose le service des emprunts intérieurs et celui en capital et intérêts de notre dette commerciale à l'étranger, il convient de rappeler, quelle que soit la monotonie de ces récriminations, que son origine réside en partie dans la carence d'un débiteur qui est resté trop longtemps défaillant. La tenue de nos engagements extérieurs eût rencontré de singulières facilités, si le financement de la restauration de nos régions dévastées, mis à la charge de l'Allemagne par toutes les nations signataires du Traité de Versailles, nous eût été épargné.

Si l'abstention de notre principal débiteur ne nous a pas permis jusqu'à ce jour d'aborder un règlement que nous sommes les premiers à souhaiter, aujourd'hui encore ne saurions-nous envisager la possibilité d'assumer le service des annuités qui pourront être fixées sans que nous ayons au préalable pu achever l'œuvre de réparation des dommages dont ont souffert nos régions dévastées, sans que le secours des versements qui nous étaient dus en vertu du Traité de Paix nous ait créé les disponibilités nécessaires. Le souci de faire face aux échéances des emprunts qui seront définitivement maintenus à notre charge, ne pourra manquer d'exercer une large influence sur la rigueur que nous devrons apporter dans la rentrée de notre créance sur l'Allemagne. L'opinion publique de notre pays ne pourrait admettre que nous consentions, sans une contrepartie légitime dans le règlement des dettes interalliées, un abattement quelconque sur un état de payement, qui reste la loi des parties et dont le plan Dawes s'est borné à assurer une première mise à exécution.

La France n'entend renier aucun des contrats qu'elle a consentis et sa signature sera pour elle toujours sacrée. Mais elle est convaincue qu'un appel aux sentiments de justice, qui ont groupé autour d'elle tant de nations au cours de la guerre, ne restera pas vain; elle est convaincue que ses alliés et ses amis répondront aux espoirs qu'elle fonde dans leur haute conscience et leurs sentiments de justice et de solidarité.

Elle connaît la cordialité des liens qui, en dépit de certaines divergences momentanées, bientôt effacées, n'ont cessé de l'unir à l'Angleterre. Elle ne saurait oublier quelles preuves de solidarité, on pourrait dire de fraternité, la Grande-Bretagne, avec le concours de ses plus lointains Dominions, lui a données dès le lendemain de la déclaration de guerre jusqu'à la victoire, achetée au prix de si lourds sacrifices communs. Elle est convaincue que le règlement de sa dette de guerre envers l'Angleterre sera réalisé de telle sorte qu'il résultera de ce règlement un resserrement nouveau des liens d'amitié qui sont précieux aux deux peuples, que rien, après les dures épreuves supportées pour une cause commune, ne saurait séparer ni aujourd'hui ni dans l'avenir.

La France, d'autre part, n'oublie pas les grands souvenirs qui la lient dans l'histoire au peuple américain; elle a vu se renouer, dans la dernière guerre, la fraternité d'armes que les La Fayette et les Rochambeau avaient autrefois scellée sur la terre américaine avec les héros des luttes pour l'Indépendance, elle a trouvé les États-Unis d'Amérique à ses côtés, dans toutes les épreuves qu'elle a traversées depuis dix ans soit, pendant les hostilités pour partager ses périls et ses sacrifices soit, après la paix, pour lui apporter dans la lutte pour le soutien de sa devise le secours de leurs immenses ressources financières, ou pour envoyer sur le continent les Experts, qui devaient dresser la nouvelle charte des réparations, elle connaît la généreuse amitié que conservent pour elle tous les citoyens de la grande République et elle est assurée de trouver toujours en eux le plus fidèle appui.

A l'extinction des dettes réglées en équité, compte tenu de tous les éléments qui les affectent selon les termes mêmes du dernier accord de Paris, termes confirmés par le Premier Ministre de Grande-Bretagne dans son discours de clôture de la Conférence de Londres, termes dans lesquels se retrouve la pensée qui inspira la proposition de Bonar Law et de Lord Curzon, elle consacrera son patient et courageux effort. Ainsi se justifiera la confiance que tous les prêteurs du monde ont mis dans la parole d'un peuple qui n'a cessé depuis dix ans de donner les preuves de son énergie et de son abnégation.

Amortissement de la Dette publique.

La situation même de nos budgets semble donner à une étude de l'amortissement de notre Dette publique un caractère prématuré.

Les saines théories économiques subordonnent, en effet, la légitimité des remboursements d'emprunts à l'existence d'excédents budgétaires effectifs et à la disparition préalable de tout appel au crédit.

La coexistence d'amortissements et d'endettements nouveaux réduirait, dit-on, toute extinction de dette à la valeur d'une simple fiction, puisque le Trésor se trouverait appelé à demander à des créanciers différents les sommes qu'il verserait à ses prêteurs primitifs.

La stricte application de cette doctrine classique condamnerait actuellement tout amortissement quel qu'en soit le mécanisme, tant que l'ère d'émission des emprunts de liquidation nécessaires à l'achèvement de la reconstruction de nos régions dévastées ne serait pas close.

Malgré la force des raisonnements qui l'étayent, cette thèse présente une rigueur trop grande, pour tracer une règle absolue au développement de notre politique financière. Observons dès l'abord que les emprunts destinés à la couverture des dépenses engagées pour la restauration de nos départements du Nord ne constituent pas un endettement définitif de l'État; ils trouvent une contre-partie dans les versements que doit nous assurer l'exécution des traités de paix; ce caractère spécial d'avances imputables à la charge d'un débiteur dont l'acquittement reste escompté peut autoriser, un amortissement régulier de la dette sans que cet amortissement puisse se heurter aux critiques générales qui viennent d'être exposées.

Au surplus, si la force des arguments ci-dessus rappelés ne saurait être niée, encore convient-il d'inscrire en regard les heureux effets que l'amortissement engendre sur le crédit public et le soutien qu'il apporte dans le cours des rentes.

L'histoire nous apprend qu'au cours de la période qui s'étend de 1816 à 1830, période marquée par le fonctionnement actif d'une caisse d'amortissement nos fonds 5 p. 100 qui, à l'origine, étaient cotés 57 francs, dépassaient bientôt ce prix et que dès 1830, le 4 1/2 p. 100 s'inscrivait à 99 fr. 84 et le 4 p. 100 à 99 fr. 37, bien que les Gouvernements de la Restauration, aient au cours de ces quinze années, quadruplé le montant global des rentes sur l'État. Si le redressement général de no finances et de notre situation économique et le retour à une ère de paix ont pu exercer la plus heureuse influence sur la tenue de nos fonds, on ne saurait dénier à la Caisse d'amortissement une large part dans ce relèvement de notre crédit.

L'amélioration que le fonctionnement régulier de l'amortissement entraîne dans la cote des fonds d'État donne ainsi au Trésor la faculté de placer ses emprunts à un cours plus favorable et d'en tirer, à égalité d'intérêts, un produit net plus élevé que si ses rentes se trouvaient dépourvues de tout soutien.

Ces controverses, qui conservent d'ailleurs un caractère quelque peu doctrinal, doivent céder le pas à des considérations d'un autre ordre, qui méritent le plus sérieux examen.

A l'intérieur, nous avons répondu aux désirs de nos prêteurs nationaux, en instituant l'émission d'emprunts, dont l'amortissement s'échelonnait sur un court délai, et en offrant ainsi à l'épargne un placement qui lui assurait un retour rapide et fréquent de ses fonds.

A l'extérieur l'indépendance de notre pays et la liberté d'action de sa politique exigent que nous fassions le plus grand effort pour faire face aux échéances fixes que nous avons acceptées.

Aussi a-t-on estimé opportun d'appliquer dès maintenant d'importantes ressources à l'extinction progressive de nos emprunts en réservant la plus large part de nos disponibilités à l'amortissement de nos engagements extérieurs : une revue rapide des principales rubriques de notre dette révèlera l'effort particulièrement sérieux qui a été tenté dans cette voie.

1° *Dette intérieure.*

Nos fonds consolidés, qui figurent en tête de notre dette intérieure, ont subi d'importantes réductions, soit du fait d'amortissements prévus dans le contrat originaire, soit par voie de souscriptions à des emprunts ultérieurs, soit enfin en raison de leur versement en payement de la contribution extraordinaire sur les bénéfices de guerre.

Le tableau ci-après, pages 78 et 79, résume les atténuations successives qui ont été réalisées à ces divers titres.

Le montant annuel des arrérages de nos fonds consolidés, qui, d'après les émissions successives, atteindrait aujourd'hui *6 milliards et demi*, a été ramené, du fait des remboursements opérés depuis dix ans à *5 milliards,* subissant ainsi une réduction totale de 25 p. 100 environ. L'institution de caisses de diverses natures a été envisagée pour continuer cette œuvre d'amortissement; mais il nous apparaît que la nécessité d'alléger notre trésorerie nous commande aujourd'hui de concentrer surtout notre effort financier sur la consolidation et la réduction de notre dette à court terme et de notre dette flottante, tout en recherchant les moyens de renforcer les modes actuels d'amortissement prévus pour l'extinction progressive de nos emprunts à long terme.

Une seconde partie de notre dette intérieure correspond au capital d'annuités qui sont servies par l'État, soit au Crédit national, soit à des groupements de sinistrés, soit aux compagnies de chemins de fer, soit à des organismes divers. Le service des annuités comporte à la fois l'allocation d'un intérêt fixe et le versement d'une part représentant le remboursement du montant de la dette elle-même : il en assure ainsi l'amortissement automatique.

Les développements précédents ont fait ressortir que les émissions actuelles du Crédit national seraient entièrement remboursées avant 1995, soit dans un délai de 70 ans.

Les annuités, fixées pour les emprunts de groupement de sinistrés, ne s'étendent pas sur une période supérieure à 30 ans.

Des délais variables sont prévus pour les autres catégories d'engagements.

La dette à court terme procure, par la fréquence de ses échéances des occasions incessantes d'en assurer le remboursement, dès que la situation de la trésorerie le permettra.

DETTE INTÉRIEU[

RENT[

SITUATION AU 31 JU

DÉSIGNATION DES FONDS.	MONTANT des RENTES ÉMISES.	DIMI			
		TABLEAU d'amortissement.	RACHATS.	VERSEMENTS en souscription.	VERSEMENT de l'impôt sur les bénéfice[de guerre.
	francs.	francs.	francs.	francs.	francs.
3 p. o/o	(1) 657,666,523	"	"	65,442,071	"
5 p. o/o 1915-1916	1,336,326,251	,	89,404,735	217,219,505	87,237,62[
4 p. o/o 1917	595,322,054	"	88,856,502	104,822,073	41,475,36[
4 p. o/o 1918	1,254,066,216	"	61,426,616	248,316,536	120,086,83[
6 p. o/o 1920	1,688,344,884	"	13,751,437	"	87,659,46[
6 p. o/o dommages de guerre	53,059,803	"	"	"	"
3 p. o/o amortissable	127,624,395	43,910,925	"	"	"
3 1/2 p. o/o amortissable	30,961,490	227,059	"	30,283,757	"
5 p. o/o amortissable	807,097,330	15,576,995	29,588,820	138,042,610	56,841,39[
Totaux	6,550,468,946	59,714,979	283,028,110	804,126,552	393,300,69[

(1) Situation au 1er janvier 1914.

La dette flottante appelle les mêmes remarques, certains éléments, tels que les dépôts de fonds ne comportant même aucune éventualité d'amortissement proprement dit.

Toutefois une place spéciale doit être réservée aux avances consenties par la Banque de France; nous avons exposé déjà les mesures qui ont été prises en dépit des difficultés devant en résulter, pour réduire le montant de ses prêts à l'État : le jeu de ce mécanisme a été suffisant pour ramener en quatre années le montant maximum des avances de 27 milliards à 23,200 millions.

En dehors des engagements, qui échappent par leur nature même à tout amortissement proprement dit, l'effort de réduction que les dix dernières années enregistrent a ainsi porté soit par le fonctionnement d'une organisation régulière, soit par le jeu de remboursements sporadiques sur toutes les rubriques de notre dette intérieure et

LONG TERME.

R L'ÉTAT.

1924. (EN RENTES.)

NS.

RENTES dont État est devenu propriétaire pour des motifs divers.	TOTAUX.	RENTES restituées aux contribuables dégrevés de la contribution extraordinaire sur les bénéfices de guerre.	DIMINUTION nette.	SITUATION en rentes au 3i juillet 1924.	OBSERVATIONS.
francs.	francs.	francs.	francs.	francs.	
11,480	65,453,551	//	65,453,551	592,212,972	
5,680	393,867,547	112,395	393,755,152	942,571,099	
300	235,154,244	21,526	235,132,718	360,189.336	
//	429,829,990	89,553	429,740,437	824,325,779	
//	101,410,897	122,600	101,288,297	1,587,056,587	
//	//	//	//	53,059,803	
1,110	43,912,035	//	43,912,035	83,712,360	
//	30,510,816	//	30,510,816	450,074	
150,000	240,199,824	39,565	240,160,259	566,937,071	
168,570	1,540,338,904	385,639	1,539.953,265	5,010,515,681	

témoigne que la France ne s'est jamais détournée de la préoccupation de réduire progressivement les charges qui pèsent sur ses finances.

2° Dette extérieure.

Nous avons déjà fait ressortir qu'indépendamment de nos dettes politiques, dont le règlement était réservé, une parfaite régularité présidait à la gestion de notre dette commerciale, dont le service était strictement assuré. Mais notre effort n'est pas resté limité au versement des intérêts exigibles; il s'est étendu à un large amortissement du capital même de nos emprunts et son importance se dégagera du tableau de comparaison de notre dette extérieure depuis 1920 et jusqu'à ce jour.

DETTE EXTÉRIEU[RE]

DÉSIGNATION.	AU 31 DÉCEMBRE 1920.	AU 31 DÉCEMBRE 192[1].
ÉTATS-UNIS :		
Emprunts de la ville de Paris.	259,000,000	"
Emprunt de 100,000,000 $ aux États-Unis, 1920	518,000,000	489,510,000
Emprunt de 100,000,000 $ aux États-Unis, 1921	"	490,821,000
Emprunts des villes de Lyon, Bordeaux et Marseille.	233,100,000	210,235,000
Obligations remises au gouvernement américain au prix de ses stocks.	2,110,026,000	2,110,026,000
Bons émis aux États-Unis.	236,544,000	"
Reliquat de l'Anglo-French.	72,000	72,000
Reliquat de l'emprunt à 5 1/2 p. o/o.	10,930,000	10,930,000
ANGLETERRE :		
Bons du Trésor remis à la Banque d'Angleterre.	1,639,300,000	1,639,300,000
Crédits en banque.	291,291,000	89,531,000
Bons émis en Angleterre.	31.272,000	"
Cession des stocks anglais.	207,462,000 (1)	207,462,000 (1)
JAPON :		
Emprunt au Japon.	258,000,000	258,000,000
Bons du Trésor émis au Japon	85,555,000	85,555,000
SUÈDE :		
Crédits en banque	78,100,000	"
NORVÈGE :		
Crédits en banque.	45,004,000	"
ESPAGNE :		
Crédits en banque.	554,000,000	411,277,000
SUISSE :		
Crédits en banque.	121,800,000	15,700,000
ARGENTINE :		
Crédits en banque.	119,860,000	96,176,000
CANADA :		
Crédits en banque.	28,490,000	29,681,000
HOLLANDE :		
Crédits en banque.	88,952,640	100,826,880
ÉGYPTE :		
Crédits en banque.	102,472,000	102,472,000
URUGAY :		
Crédits en banque.	80,400,000	80,400,000
TOTAL.	7,099,630,640	6,427,974,880

(1) Montant de la dette arrêtée en mars 1923.

N. B. — Les calculs sont faits en supposant le franc au pair vis-à-vis de toutes les devises étrangères.

COMMERCIALE.

AU 31 DÉCEMBRE 1922.	AU 31 DÉCEMBRE 1923.	AU 31 JUILLET 1924.	OBSERVATIONS.
"	"	"	
473,286,000	450,223,000	436,027,000	
466,114,000	417,547,000	389,173,000	
210,235,000	210,235,000	210,235,000	
2,110,026,000	2,110,026,000	2 110,026,000	
"	"	"	
72,000	72,000	72,000	
10,930,000	10,930,000	10,930,000	
1,387,100,000	1,387,100,000	1,324,050,000	
"	"	"	
"	"	"	
207,462,000 (1)	207,462,000 (1)	188,546,000	
258,000,000	129,000,000	64,500,000	Sera remboursé avant le 31 décembre 1924.
51,600,000	51,600,000	51,600,000	Remboursé en octobre 1924.
"	"	"	
"	"	"	
204,603,000	4,827.000	"	
"	"	"	
97,129,000	97,129,000	97,129,000	
29,681,000	29,681,000	29,681,000	Dont 28,000,000 de francs seront remboursés avant le 31 décembre 1924.
111,034,560	112,909,440	113,954,000	
102,472,000	102,472,000	51,236,000	
80,400,000	80,400,000	72,309,000	
5,800,144,560	5,401,613,440	5,149,516,000	

Notre dette commerciale s'est ainsi trouvée réduite de 7,099,630,640 francs-or au 31 décembre 1920, à 5,149,516,000 francs-or au mois de juillet 1924, un versement de 2 milliards de francs-or ayant été effectué à nos créanciers extérieurs en une période de 3 ans et demi sans que nous ayons opposé à ces règlements ni nos difficultés de trésorerie, ni quelque obstacle né des nécessités du transfert de capitaux importants hors de nos frontières bien que ces obstacles et ces difficultés aient fait lourdement sentir leur poids sur la tenue de notre change. Cet effort témoigne de notre volonté d'assurer le strict respect des contrats que nous avons signés avec les prêteurs du monde entier et de maintenir intact le prestige qui s'est toujours attaché à notre signature. Quel que soit le fardeau qu'imposera à notre trésorerie l'éventualité des prochaines échéances, nous nous efforcerons d'y faire face et de tenir rigoureusement les stipulations que nos contrats actuels ont prévues pour l'extinction progressive de nos engagements.

Malgré les réductions successives et importantes qu'elle a subies, notre dette publique inscrit au budget de 1925, soit pour ses arrérages, soit pour son amortissement, une dépense de 18,800 millions, représentant 56.2 p. 100 du montant total des crédits demandés au Parlement. Cette charge correspond pour 15.500 millions au service de la dette publique et pour 3,300 millions environ au payement de la dette viagère, pensions civiles et pensions de guerre. Chaque contribuable français peut ainsi considérer aujourd'hui que la moitié des lourds impôts qu'il acquitte est destinée au service des emprunts que la guerre et la réparation des dommages qu'elle a engendrés ont rendus nécessaires ; ces chiffres mesurent l'importance de l'effort que fait notre pays ; ils montrent l'énorme contribution qu'il prélève sur sa richesse, sur son travail, sur son épargne, et les sacrifices qu'il demande à tous, pour le strict respect des engagements qu'il a contractés, donnant ainsi, après la cessation des hostilités et la conclusion de la paix, un nouvel exemple de volonté et de loyauté.

TITRE II.

Engagements de l'État.

L'étude qui vient d'être consacrée à notre Dette publique, en a fait ressortir les origines et a chiffré la charge que son service fait actuellement peser sur nos finances. Elle a également montré que, par un retour définitif à un équilibre général entre nos ressources et nos dépenses totales, le budget de 1925 clôturait l'ère des emprunts destinés à faire face non seulement aux charges normales de l'État, mais encore aux dépenses exceptionnelles et temporaires que lui imposent l'allocation des pensions ou les intérêts des dettes contractées pour la reconstitution de nos régions libérées.

Mais, si notre situation présente se trouve ainsi nettement définie, l'inventaire, que nous vous présentons, resterait incomplet, si nous n'étendions pas notre examen aux engagements que l'État a contractés à l'égard de certaines catégories de citoyens ou vis-à-vis de divers organismes, et qui constituent, en quelque sorte, des comptes créditeurs, appelés à imposer au Trésor des charges importantes au cours des années à venir.

Nous classerons sous cette rubrique, les dépenses de reconstitution des régions libérées, le jeu des contrats conclus avec nos compagnies de chemins de fer et le fonctionnement de l'exploitation des P. T. T.

Nous nous proposons de retracer rapidement pour chacun de ces divers éléments du compte débiteur de l'État, l'évolution qu'il a subie, de préciser sa situation réelle à ce jour, et d'évaluer la contribution qu'il paraît susceptible d'imposer au Trésor pour la complète exécution des engagements pris.

I. — Reconstitution des régions libérées.

Le spectacle des ruines et des dévastations de nos régions du Nord et de l'Est a été trop souvent évoqué, pour que nous entendions ajouter ici des touches nouvelles au tableau qui en a été déjà tracé. L'image de ces désolations est d'ailleurs présent encore à toutes les mémoires. La destruction systématique de tous les moyens de production dans dix départements, compris parmi les contrées les plus riches de notre territoire, n'a aucun précédent dans l'histoire et les efforts qu'en appelait la réparation auraient pu légitimement décourager les énergies les mieux trempées.

Une victoire, chèrement acquise par près de cinq années de luttes, ne devait malheureusement pas donner à notre pays, écrasé par le poids des lourdes pertes qu'il avait subies, le calme et le repos, qu'il eût pu escompter et dont il ressentait l'impérieux besoin. Cependant, malgré la désillusion qu'elle éprouva, la France entière, à peine éteint l'écho des fanfares de l'armistice, reprit l'outil sans hésitation et sans défaillance et se mit au travail. Pendant cinq années, sans aucun secours étranger, privée même des annuités de la dette solennellement reconnue par son ancienne ennemie responsable des dévastations commises, elle a durement travaillé, trouvant dans le labeur de ses nationaux et dans la richesse de son sol, les ressources qui étaient indispensables à son œuvre de relèvement. Aujourd'hui, après cette période d'âpre et de silencieux travail, elle peut montrer à tous, rajeunies et en partie réparées, les contrées hier encore désolées, ses mines rouvertes, ses champs cultivés, ses usines au travail.

L'histoire de cette restauration justifierait de longs développements, qui rappelleraient les difficultés rencontrées, les mesures adoptées, les résultats obtenus et même les erreurs et les fautes commises, fautes et erreurs qui doivent être réparées dans la mesure où cela est encore possible. Soucieux de nous maintenir dans le cadre strict que nous nous sommes tracé, nous limiterons notre étude à la brève analyse des chiffres qui résument l'effort de ces cinq années et la charge qu'elles ont imposée au Trésor et nous mesurerons l'étape que nous devons encore parcourir avant d'atteindre le but que nous nous sommes assigné.

La première tâche que l'État devait assumer et qui constituait le préambule même de son œuvre consistait dans l'évaluation exacte des dommages qui avaient été subis et dans le jugement des demandes qui étaient présentées à cet effet par les sinistrés.

Cette mission fut confiée à des commissions cantonales, qui la poursuivirent avec une activité telle qu'au début de l'année 1924, 2,931,591 demandes avaient fait l'objet d'une décision, sur un chiffre total de 3,013,705 demandes présentées. Le reliquat, qui ne dépasse pas 82,114 dossiers soit 2,7 p. 100 du montant primitif, est devenu assez faible pour permettre la dissolution des commissions cantonales et leur remplacement par des commissions d'arrondissement auxquelles incombent désormais l'achèvement du travail d'évaluation et la liquidation des difficultés que les jugements antérieurs auraient pu soulever.

L'évaluation des dommages peut donc être aujourd'hui considérée comme virtuellement terminée, et, sous la réserve d'un léger coefficient d'erreur éventuelle, la tâche qui s'impose à nous est désormais nettement délimitée.

L'importance de cette œuvre se mesura, au lendemain de la guerre, dans l'étendue matérielle des dévastations;

le nombre de maisons détruites, d'hectares incultes, d'usines démolies, de kilomètres de voies ferrées inutilisables.

L'analyse du tableau des pages 86 et 87 fait ressortir l'importance des résultats qui ont été dès maintenant obtenus.

Le relèvement des immeubles bâtis oscille de 81 p. 100 pour les maisons d'habitation à 91 p. 100 pour les usines. Certes, les doléances sont légitimes des petits sinistrés qui attendent impatiemment le payement de leur dû ; certes, il eût fallu, en bonne justice, leur faire une part proportionnellement aussi large que celle accordée à l'industrie. Néanmoins, il est loyal de reconnaître que la nécessité de notre rapide redressement économique et de l'amélioration de notre commerce extérieur, dont la déchéance nous avait imposé, au cours de la guerre, le lourd tribut des importations nécessaires pour combler le déficit de notre production nationale, exigeait un prompt relèvement de notre industrie des départements du Nord. L'utilité de cette reconstitution apparaît d'autant plus nettement que la plus large part de nos richesses minières se trouve située dans cette zone et que l'insuffisance de leur extraction rendait précaire ou onéreux l'approvisionnement de nos usines en matières premières. L'intérêt général de la nation entière commandait donc qu'un grand effort se portât sur cette restauration. La renaissance des mines et de l'industrie de ces contrées n'est pas étrangère aux larges progrès qui ont été réalisés dans la balance de notre commerce extérieur.

La même préoccupation devait réserver une place également importante à la remise en culture de nos champs dévastés. Les réseaux de fils de fer barbelés ont été enlevés sur une étendue qui dépasse 78 p. 100 de la superficie totale qu'ils couvraient. Le comblement des tranchées et la reconstitution du sol atteignent respectivement 88 et 90 p. 100 du travail global qu'ils représentent. Enfin le rétablissement des terrains a rendu à la culture 93 p. 100 du nombre des hectares qu'il lui avaient été enlevés. Ces efforts ont rapidement assuré la renaissance agricole de ces régions, que démontre le développement toujours croissant des récoltes : certaines productions ont dès maintenant retrouvé leur prospérité d'avant guerre : comme l'avoine, qui s'inscrit en 1923 pour 15,519,000 quintaux contre 14,129,000 en 1913 ou s'approchent sensiblement des chiffres antérieurs, comme le froment (16,314,000 quintaux en 1923 contre 17,730,000 en 1913) et les pommes de terre (12,687,000 quintaux en 1923 contre 16,840,000 en 1913). La culture des betteraves souffre seule encore d'importants déficits; mais la présente année a marqué, de ce chef, un progrès sérieux.

Enfin la vie municipale qui avait été suspendue dans 3,255 communes évacuées a aujourd'hui partout repris.

RECONSTITUTION DI

NATURE DES RECONSTITUTIONS.	ÉTENDUE des DOMMAGES. (Situation à l'armistice.)	SITUATION au 1er JANVIER 1921.	SITUATION au 1er JANVIER 19..
I. — HABITATIONS :			
Reconstitution définitive d'habitations	741.993	278,834	355,479
Maisons d'habitations réparées provisoirement	"	161,710	181,107
Construction provisoire de maisons d'habitation	"	"	"
Nombre d'habitants	2,075,067 Habitants restés dans les régions libérées.	3,288,152	3,985,913
Baraquements	"	"	"
II. — DOMMAGES AGRICOLES :			
Bâtiments agricoles réparés provisoirement	"	20,088	21,412
Construction provisoire de bâtiments agricoles	"	"	"
Baraquements (1)	"	"	"
Reconstitution du sol en hectares	3,306,350	2,536,488	2,676,538
Comblement de tranchées en mètres cubes	330,000 000	218,934,793	259,793,437
Enlèvement de fils de fer barbelé en mètres carrés	375,000,000	249,014,302	275,544,612
Reconstitution des terrains de culture (en hectares, terres nivelées)	1,923,479	1,097,240	1,474,790
Reconstitution du cheptel, bétail introduit par l'Administration et les particuliers — Bœufs (Nombre)	834,933	129,975	473,118
— Chevaux, ânes, mulets	375,392	96,695	258,900
— Moutons, chèvres	890,794	118,738	298,462
— Porcs	331,656	3,566	136,185
III. — DOMMAGES INDUSTRIELS :			
Reconstitution ou réparation d'usines (usines de toute importance)	22,900	18,091	19,442
IV. — SERVICES PUBLICS :			
Reconstitution des voies ferrées — Intérêt général (en kilom.)	2,400	2,400	2,400
— Intérêt local	2,400	567	1,333
Reprise de la voie municipale (après interruption)	3,255	3,216	3,233
Réouverture d'écoles publiques	Communes évacuées.	"	"
Nombre d'écoles	"	6,972	7,084
Nombre d'élèves dans les écoles publiques	"	453,400	478,800

(1) Des rectifications ont été apportées aux chiffres précédemment fournis sous cette rubrique, des erreurs ayant été commises dans les évaluati

ÉGIONS LIBÉRÉES.

SITUATION au JANVIER 1923.	SITUATION au 1ᵉʳ JANVIER 1924.	SITUATION au 1ᵉʳ JUILLET 1924.	TRAVAIL RESTANT à accomplir.	OBSERVATIONS.
553,977	605,989	//	136,004	Ces chiffres s'appliquent au nombre de maisons remplacées, qui peut ne pas coïncider avec les maisons reconstruites, du fait que plusieurs petites maisons ont été remplacées fréquemment par une seule.
182,844	182,844	182,844	//	
//	//	42,400	//	
4,074,970	4,253,677	4,298,387	//	
//	//	108,901	/	
21,462	21,462	21,462	//	
//	//	2,856	//	
//	//	29,313	//	
2,818,157	2,941,510	2,963,862	342,488	
280,102,300	288,313,323	289,220.069	40,779,931	
287.200,815	292,629,400	294,706,796	80,293,204	
1,763,769	1,788,755	1,790,910	132,569	
515,006	529,940	562,376	//	
296,290	299,697	302,938	//	
410,976	420.003	437,621	//	
177,419	183,720	194,625	//	
19,967	20,872	//	2,028	
2,400	2,400	//	//	Les travaux de reconstitution sont terminés.
1,717	2,200	2,280	129 kilom.	
3,238	3,238	3,252	//	
//	//	//	//	
7,125	7,846	7,846	//	
484,800	497,477	497,477	//	

atérieurement publiées.

La poursuite d'une tâche aussi vaste exigeait la mise en œuvre de ressources considérables. Le traité de paix imposait à l'Allemagne le versement des sommes nécessaires pour y faire face; mais la carence de notre ancien ennemi est venue nous priver jusqu'à ce jour de la presque totalité des ressources que nous devions légitimement escompter. L'urgence de relever les ruines des régions libérées, les souffrances des populations victimes de l'invasion nous imposaient une obligation qui ne pouvait être ni différée ni subordonnée à la réception des versements de l'Allemagne.

Aussi avons-nous dû puiser dans nos propres ressources les avances nécessaires pour entreprendre, sans délai, la tâche qui nous était échue et mettre à la disposition des sinistrés le maximum possible des sommes dont ils avaient besoin pour le relèvement de leurs ruines. Le montant qu'ont atteint ces avances au 30 septembre 1924 est indiqué dans le tableau suivant, qui en fait ressortir la décomposition par année et par modalité de payement.

MODE DE PAYEMENT.	1914 à 1919.	1920.	1921.	1922.	1923.	1924 9 mois.	TOTAL au 30 septembre 1924.
Payement sur le capital des indemnités. — Trésor (y compris les payements en obligations de la Défense Nationale)	4.946	7,217	4,528	2,950	3,510	2.526	24,777
Crédit national	//	1,913	6,901	6,929	5,065	1,640	22,448
Annuités	//	//	3,769	2,637	1,697	373	8,476
Rentes	//	//	20	445	389	173	1,027
Total	4.946	9,130	15,218	12,061	10,661	4,712	56,728
Payement d'intérêts sur indemnités. — Crédit national	//	23	245	880	373	104	1.625
Trésor (obligations de la défense nationale)	//	//	//	//	570	293	863
Totaux	4.946	9,153	15,463	12,941	11,604	5,109	59,216

Cette somme de 60 milliards environ ne tient compte que des dépenses consacrées à la réparation des dommages causés aux biens privés. Pour apprécier l'effort réel que nous avons fourni, il importe de lui ajouter d'autres éléments.

D'une part, les frais de reconstitution, la réparation des biens publics et des voies ferrées représenteront au 31 décembre 1924 un montant global de *13* milliards environ.

D'autre part, les dommages causés aux personnes auront provoqué à la même date des décaissements qui atteindront *36* milliards environ.

Enfin, la charge des intérêts cumulés, correspondant au service des emprunts contractés pour les réparations paraît se fixer aux abords de *19* milliards.

L'addition de ces divers éléments assignera aux avances que nous aurons effec a pour le compte de l'Allemagne à la fin de l'année 1924 une valeur totale de *129* milliards environ.

L'élévation de ce chiffre explique pour une large part l'accroissement de notre dette publique depuis 1914; et, l'origine en étant imputable, non seulement aux dévastations que la guerre a entraînées, mais surtout au refus que l'Allemagne avait, jusqu'à la mise en œuvre du plan Dawes, opposé à l'exécution de ses engagements, c'est, en dernière analyse dans la carence de notre ancienne ennemie qu'il convient de placer, nous le répétons, la source principale de nos difficultés financières actuelles. Toutefois, nous pouvons aujourd'hui déplorer que l'illusion ait été si tenace, regretter qu'on n'ait pas, depuis longtemps, subordonné à la couverture budgétaire préalable des annuités d'emprunts les dépenses engagées souvent sans compter. En nous imposant à nous-mêmes cette règle tutélaire, nous aurions évité la crise du début de l'année 1924 qui a si profondément secoué les fondations mêmes du crédit de la France.

Néanmoins, quelle que soit l'importance des ressources que nous avons déjà consacrées à la restauration de nos régions dévastées, l'achèvement de notre œuvre de relèvement commande de nouveaux sacrifices; il importe de les calculer exactement, en les rapprochant de nos disponibilités.

Les évaluations établies jusqu'à présent fixaient à 85 milliards environ le coût total de la réparation des dommages causés aux biens. L'avancement des travaux des commissions locales apporte aujourd'hui des éléments plus précis qui, sans permettre d'arrêter un chiffre définitif font ressortir quelque exagération dans le montant de la somme qui avait été précédemment admise et limitent la dépense totale à environ 81 ou 82 milliards, soit un allègement de 4 milliards sur les statistiques primitives.

Les charges nouvelles, que l'achèvement de la reconstitution des régions libérées imposera à notre trésorerie s'élèvent ainsi à 20 milliards environ représentant une annuité de 1 milliard et demi. Sur cette somme le budget de 1925 inscrit les crédits nécessaires pour assurer le service d'emprunts nouveaux, qui permettront la remise aux sinistrés, au cours de l'année 1925, de sommes s'élevant à 7 milliards : ces crédits se décomposent comme suit :

	CAPITAL.	MONTANT DES ANNUITÉS inscrites au budget de 1925.
Obligations de la Défense nationale..........	3,200 millions.	50,000,000 francs.
Capital correspondant à des titres d'annuité....	1,000 —	aucun payement pour 1925.
Rentes...............................	400 —	12,000,000 francs.
Crédit national......................	2,400 —	140,000,000
	7,000 —	202,000,000

Si cet effort peut être maintenu, la liquidation définitive de notre œuvre de reconstruction sera achevée dans l'espace de 2 à 3 ans par l'inscription à notre budget des deux annuités terminales s'élevant pour l'ensemble à une somme inférieure à un milliard.

Ce dernier effort pourra être accompli. Nous avons la ferme intention d'achever le relèvement de nos ruines, mais en évitant, dans l'intérêt même des sinistrés, que quelque atteinte ne soit portée, de ce chef, à notre crédit.

Au surplus, il s'agit, en l'occurrence, d'un effort maximum. Les récupérations, que nous devons attendre de la revision de certains dossiers, les recettes à provenir de textes qu'étudie le Ministre des Régions libérées viendront en atténuation de ces dernières dépenses.

Le programme de reconstruction une fois accompli, les annuités allemandes, dont l'application du plan des Experts nous permet d'espérer le règlement, pourront être dès lors affectées à l'extinction des avances que nous avons dû provisoirement substituer à leur versement et seront ainsi consacrées à l'amortissement progressif de la dette que nous avons contractée.

Nous pouvons ainsi escompter, pour une échéance qui n'est plus très lointaine, la solution définitive de l'angoissant problème que nous posait la réparation de nos régions dévastées. Néanmoins, les ravages causés sur le marché par les émissions répétées de certains titres des régions libérées nous font rechercher d'accord avec les représentants des départements dévastés un moyen nouveau de financement pour la mise en œuvre duquel, dans leur propre intérêt, les sinistrés devront nous prêter leur concours.

Ainsi, ce dernier effort réalisé, nous verrons près de nous, le but que certains croyaient ne jamais nous voir atteindre; ainsi, nous pourrons envisager l'heure où l'œuvre de la restauration des régions dévastées sera accomplie. Cette constatation nous permet d'affirmer une fois de plus que la confiance en nous-mêmes reste le seul facteur dont dépende aujourd'hui notre définitif relèvement.

II. — Chemins de fer.

Les Conventions qui ont été conclues entre l'État et les Compagnies de chemins de fer imposent à nos finances publiques des charges, qui doivent trouver place dans l'inventaire général de notre situation actuelle. Le cadre de notre étude ne saurait toutefois nous permettre de consacrer d'importants développements soit à l'histoire des relations du Trésor avec nos réseaux, soit même à l'exposé détaillé des principes qui les règlent aujourd'hui. Aussi nous proposons nous seulement de rappeler brièvement les répercussions financières que le déficit de l'exploitation des Compagnies de chemins de fer a exercées sur notre trésorerie pendant la guerre et les charges qui subsistent encore de ce chef pour l'État en précisant l'évolution qu'elles paraissent appelées à suivre et la régression progressive qu'elles doivent marquer au cours des prochaines années.

La situation de nos réseaux présentait, avant l'ouverture des hostilités un caractère assez précaire. L'année 1913 s'était, en effet, soldée par un déficit général de 79 millions environ pour l'ensemble de nos voies ferrées, le Nord, l'Est et le P.-L.-M. connaissant seuls de légers excédents qui ne dépassaient pas 8 millions pour la Compagnie la plus prospère.

RÉSEAUX.	COMPTE D'EXPLOITATION. (ANNÉE 1913).				CHARGES du CAPITAL et prélèvements.	DÉFICIT ou EXCÉDENT.
	RECETTES d'exploitation.	DÉPENSES d'exploitation.	PRODUIT NET du compte d'exploitation.	COEFFICIENT d'exploitation.		
			en millions de francs.			
Nord	336	206	+ 130	61.3	122	+ 8
Est	305	188	+ 117	61.6	110	+ 7
P.-L.-M.	596.5	340	+ 256,5	57	248	+ 85
Orléans	308.5	182.5	+ 126	59	143.5	— 17.5
Midi	150	83	+ 67	55	68	— 1
État	324.4	277	+ 47,4	85	131.4	— 84
Total	2.020.4	1.276.5	+ 743.9	"	822.9	— 79

La guerre est venue apporter un trouble profond dans cette économie.

Elle a dès l'abord, entraîné une hausse considérable des charges d'exploitation, dont une comparaison entre l'année 1913 et les exercices postérieurs à la cessation des hostilités fait ainsi ressortir les origines principales.

RÉSEAUX.	DÉPENSES DE PERSONNEL.			DÉPENSES DE COMBUSTIBLES.		
	1913.	1919.	1920.	1913.	1919.	1920.
	millions de francs.			millions de francs.		
Nord	121.1	402	525	25.7	114.8	301
Est	114	340	470	22.5	80.6	185
P.-L.-M.	209	649	800	52	218	600
Orléans	95	353	490	34	149	390
Midi	43,3	129,3	239	11.3	42.9	130
État	163	507	601	30	86	385
Total	745.4	2.380.3	3.125	175.5	691.5	1.991

RÉSEAUX.	AUTRES DÉPENSES D'EXPLOITATION.			DÉPENSES TOTALES.		
	1913.	1919.	1920.	1913.	1919.	1920.
	millions de francs.			millions de francs.		
Nord	59,3	170,9	334	206,3	687,6	1.160
Est	52,4	101,7	215	188,9	522,3	870
P.-L.-M.	78	182	430	339	1.049	1.830
Orléans	52	197,3	310	181	699,3	1.190
Midi	28,9	85,2	108,5	83,5	257,4	477,5
État	84	231	390	277	824	1.376
Total	354,8	968,1	1.787,5	1.275,7	4.039,6	6.903,5

Les deux chapitres qui ont enregistré la plus large part du mouvement d'ascension générale des dépenses, concernent le personnel et les combustibles.

Les charges du personnel se sont trouvées accrues, tant du fait de l'augmentation, parfois excessive, du nombre des agents, que de l'élévation de leurs traitements et indemnités, imposée par la hausse du coût de la vie.

Quant aux frais d'approvisionnements de combustibles, il suffit pour en justifier l'énorme accroissement de rappeler que, du taux de 25 francs la tonne auquel il s'établissait en 1913, le prix du charbon a dépassé, au cours du premier trimestre de l'année 1920, le chiffre de 200 francs la tonne.

Sous l'influence de ces deux facteurs principaux, les dépenses de nos réseaux ont été portées, en sept années, aux environs de 600 p. 100 de leur montant originaire, passant de *1,200* millions aux abords de *7 milliards* de francs.

Ce développement de dépenses fut trop rapide pour permettre aux recettes de suivre un mouvement parallèle. Sans doute, diverses mesures se proposèrent d'apporter à nos compagnies de chemins de fer des ressources nouvelles; tels furent les relèvements de tarifs, consentis en 1918 et 1920, la hausse des taxes de colis-postaux et la révision des conditions de règlement des transports militaires. Mais l'effet de ces dispositions successives se limita au triplement des encaissements effectués par les réseaux qui de *1,700* millions en 1914 atteignaient *5,300* millions en 1920.

L'écart entre la progression des dépenses et celle des recettes devait engendrer dans les résultats généraux de l'exploitation, un déséquilibre croissant qui se traduisit par de larges déficits.

ANNÉES.	RÉSEAUX.	COMPTE D'EXPLOITATION.				CHARGES du CAPITAL et prélève-ments.	DÉFICIT ou EXCÉDENT.
		RECETTES d'exploitation.	DÉPENSES d'exploitation.	PRODUIT NET d'exploitation.	COEFFICIENT d'exploitation.		
		(en millions de francs.)					
1914.	Nord	253.4	183.1	70.3	72.3	128.2	— 57.9
	Est	241	176	65	73	114	— 49
	Lyon	513.5	312	201.5	61	250.6	— 49.1
	Orléans	296	189.5	106.5	64.2	149	— 42.5
	Midi	132.2	79.8	52.4	60.3	69.6	— 17.2
	État	297	256.5	40.5	86.4	136.5	— 96
	RÉSULTATS D'ENSEMBLE	1,733.1	1,196.9	536.2		847.9	— 311.7
1915.	Nord	217.6	148	69.6	68	131.8	— 62.2
	Est	234	162	72	69.2	118	— 46
	Lyon	568.6	315.2	253.4	55	255.6	— 2.2
	Orléans	339	208	131	61.4	152	— 21
	Midi	139.3	82.8	56.5	59.4	71.1	— 14.6
	État	317	298	19	94	145	— 126
	RÉSULTATS D'ENSEMBLE	1,815.5	1,214	601.5		873.5	— 272
1916.	Nord	206.9	203.9	103	66.4	138.7	— 35.7
	Est	295	189	106	64	119	— 13
	Lyon	697.8	439.3	258.5	63	262.3	— 3.8
	Orléans	500	256	144	64	152	— 8
	Midi	154	106.4	47.6	69.1	71.6	— 24
	État	379.5	364.6	14.9	96	147.6	— 132.7
	RÉSULTATS D'ENSEMBLE	2,233.2	1,559.2	674		891.2	— 217 2
1917.	Nord	390.4	252.6	137.8	64.7	144.1	— 6.3
	Est	325	218	107	67.1	119	— 12
	Lyon	730	512.4	217.6	70	266.7	— 49.1
	Orléans	433	287	146	66.3	153	— 7
	Midi	174.5	123.8	50.7	70.9	71.8	— 21.1
	État	380.9	418.2	— 37.3	109.8	154.5	— 191.8
	RÉSULTATS D'ENSEMBLE	2,433.8	1,812	621.8		909.1	— 287.3
1918.	Nord	450.9	327.9	123	72.7	157.7	— 34.7
	Est	410	305	105	74.4	123	— 18
	Lyon	870.5	698.8	171.7	80	294	— 122.3
	Midi	544	422	122	77.6	165.5	— 43.5
	Orléans	203.5	165.7	37.8	81.4	72.5	— 34.7
	État	457.9	514	— 56.1	112.2	170.2	— 226.3
	RÉSULTATS D'ENSEMBLE	2,936.8	2,433.4	503.4		982.9	— 479.5
1919.	Nord	536.9	688.8	— 151.9	128.3	183.3	— 335.2
	Est	574	522	52	91	132	— 80
	Lyon	979.9	1,049.4	— 69.5	107	332.7	— 402.2
	Orléans	695	698	— 3	100.4	176	— 179
	Midi	233.2	264.7	— 31.5	113.9	74.7	— 106.2
	État	832	765.2	66.8	92	175.9	— 109.1
	RÉSULTATS D'ENSEMBLE	3,851	3,988.1	— 137.1		1,074.6	— 1,211.7
1920.	Nord	870	1,160	— 290	133.3	259.7	— 529.7
	Est	720	865	— 145	120.1	140	— 285
	Lyon	1,590	1,792	— 202	113	357	— 559
	Orléans	900	1,250	— 350	138.8	172.5	— 522.5
	Midi	387.1	481	— 93.9	124.2	76.9	— 170.8
	État	914	1,435	— 521	157	206	— 727
	RÉSULTATS D'ENSEMBLE	5,381.1	6,983	— 1,601.9		1,192.1	— 2,794

Ce tableau ne saurait suffire par lui-même à mesurer le déficit réel de l'exploitation de nos voies ferrées pendant cette période. Les Compagnies n'avaient pu, en effet, assurer au cours de la guerre une marche et un entretien normaux de leurs services et de leur matériel ; elles durent après la cessation des hostilités compenser ces retards par des travaux de réfection, des commandes ou des réparations, la reconstitution de leurs approvisionnements, le renforcement de leur personnel et l'amélioration de son sort. L'excédent de dépenses qui en découla pour les années 1919 et 1920, par rapport au taux normal d'entretien, fut mis à la charge de l'État et inscrit dans les écritures du Trésor à un compte spécial ouvert par la loi du 10 janvier 1919. Le solde débiteur de ce compte s'élevait au 30 juin 1924, à 1,575 millions.

L'addition des déficits, ainsi constatés, soit dans les comptes d'exploitation, soit dans les écritures du Trésor, fait ressortir un chiffre global de 7 milliards environ, qui représente les pertes réelles subies au cours des sept années de guerre, par nos réseaux indépendamment des destructions encourues du chef de l'ennemi.

La convention du 28 juin 1921 approuvée par la loi du 29 octobre 1921 fut conçue dans le but de remédier à cette situation désastreuse. Le rapporteur du projet au Sénat en a fait une critique sévère et en partie justifiée, critique sur laquelle nous ne reviendrons pas, nous bornant à constater que les droits de l'État, qui garantit les déficits, sont bien faibles en ce qui concerne le contrôle *a priori* de la gestion des réseaux. Voici l'analyse rapide de cette convention.

Le nouveau régime instaurait une coopération entre les réseaux et l'État et une solidarité financière entre les diverses compagnies. Un fonds commun était créé, à cet effet, en vue de jouer le rôle d'un réservoir grossi des excédents de recettes des réseaux prospères, et alimentant les compagnies qui apparaîtraient plus déshéritées ou moins bien gérées.

Les ressources ainsi mises en commun, devaient être versées par chaque réseau après prélèvement de certaines primes de bon rendement et couverture tant des dépenses d'exploitation que des charges effectives du capital social et des emprunts de toute nature.

Une majoration de tarifs devait pallier à l'insuffisance éventuelle de ces versements. Cette insuffisance pouvait également justifier des avances, de la part du Trésor, sauf remboursement ultérieur ou des émissions d'obligations par les réseaux, l'État en assurant l'intérêt, l'amortissement et les frais de service.

L'État prenait enfin, à sa charge, les dettes correspondant à la période de guerre et résultant des déficits qu'avaient présentés pendant toute sa durée l'exploitation des réseaux.

Sous ce régime nouveau, l'exploitation de nos réseaux a donné les résultats consignés dans le tableau ci-après.

RÉSULTATS FINANCIERS DES GRANDS RÉSEAUX DE 1921 A 1924.

ANNÉES.	RÉSEAUX.	COMPTE D'EXPLOITATION.				CHARGES du CAPITAL et prélèvements.	EXCÉDENT ou DÉFICIT.
		RECETTES d'exploitation.	DÉPENSES d'exploitation.	PRODUIT NET d'exploitation.	COEFFICIENT d'exploitation.		
				(En millions de francs.)			
1921.	Nord.	984.6	1,059.5	— 74.9	108	172.1	— 247
	Est.	910.2	905.4	+ 4.8	99	164.7	— 159.9
	P.-L.-M.	1,070.8	1,732.5	— 61.7	104	344.8	— 406.5
	P.-O.	923.8	1.094.3	170.5	118	214.5	— 385
	Midi.	420·1	498.4	— 78.3	119	107.6	— 185.9
	État.	1,008·8	1,149.5	— 440.7	144	201.9	— 642.6
	RÉSULTATS D'ENSEMBLE.	5,918.3	6,739.6	— 821.3	114	1,205.6	— 2,026.9
1922.	Nord.	1,158.7	1,050.8	+ 107.9	91	227.4	— 119.5
	Est.	1.037.3	848.2	+ 189.1	82	196.2	— 7.1
	P.-L.-M.	1,806	1,598.6	+ 207.4	88	451.8	— 244.4
	P.-O.	941.1	911.0	+ 30.1	97	267.4	— 237.3
	Midi.	443	458.7	15.7	104	140.6	156.3
	État.	1,041.7	1,194.5	152.8	115	229.9	— 382.7
	RÉSULTATS D'ENSEMBLE.	6,427.8	6,061.8	+ 366	95	1,513.3	— 1,147.3
1923.	Nord.	1,225.3	1,100.1	+ 125.2	90	304.6	— 179.4
	Est.	1,062.4	875.5	+ 186.9	82	208.3	— 21.4
	P.-L.-M.	1,956	1,672.6	+ 283.4	86	471	187.6
	P.-O.	1,030.3	917.7	+ 112.6	89	292.7	189.1
	Midi.	475.9	451.7	+ 24.2	95	142.4	— 118.2
	État.	1,094.3	1,221.2	— 126.9	112	301.0	427.9
	RÉSULTATS D'ENSEMBLE.	6,844.2	6,238·8	+ 605.4	91	1,720.0	— 1,114.6
1924. Prévision.	Nord.	1,419	1,165	+ 254	82	305	51
	Est.	1,213	935	+ 278	77	220	+ 58
	P.-L.-M.	2,350	1,420	+ 930	60	910	+ 20
	P.-O.	1,202	1,033	+ 169	86	319	150
	Midi.	573	479	+ 94	84	168	74
	État.	1,332	1,300	+ 32	98	293	261
	RÉSULTATS D'ENSEMBLE.	8,089	6,332	1,757	78	2,215	458

Le relèvement rapide des recettes particulièrement à la suite des augmentations de tarifs prescrites au début de l'année 1924, — augmentations qui appellent d'ailleurs certaines révisions et mises au point — permet d'escompter, pour un prochain avenir, un allègement important des charges financières qui incombent au Trésor public. Au surplus, la convention même du 18 juin 1921 prévoit qu'à partir de l'année 1927, le fonds commun doit assurer, par ses propres ressources et le service des annuités restant à courir pour les obligations émises de 1921 à 1926 et la couverture de tout déficit constaté dans l'exploitation des compagnies.

Il est ainsi permis d'attribuer un caractère temporaire aux décaissements, que le fonctionnement de nos voies ferrées impose encore aujourd'hui à l'État; ils doivent normalement prendre fin dans un délai de deux ans, le compte des avances du Trésor public devant être définitivement clos à cette date.

. .

Parmi les compagnies de chemins de fer, une mention spéciale doit être réservée au réseau de l'État; la gestion d'exploitations industrielles a été trop souvent représentée, en effet, comme incompatible avec les conditions de fonctionnement des services publics pour que la marche des divers établissements, gérés par l'État, ne fasse pas l'objet d'une étude particulière.

Rappelons, dès l'abord, que le réseau de l'État a été constitué par la réunion de deux groupes de lignes :

Un premier groupe d'une longueur de 3,000 kilomètres environ, avait été composé en 1878 par la soudure de lignes secondaires appartenant à une dizaine de compagnies différentes.

Un second groupe, comprenant 6,000 kilomètres, fut racheté en 1909 à la compagnie des chemins de fer de l'Ouest. Devant la défaillance de cette société, l'État n'avait pu laisser déprécier un élément aussi important de l'outillage national, et avait été amené à en assumer la gestion directe. L'objectif, que se proposa l'Administration après le rachat, visait la reconstitution rapide des voies et du matériel également délabrés qui lui étaient cédés; ce travail était heureusement assez avancé en 1914, pour que le Réseau fut susceptible de remplir toutes les obligations que les besoins de la défense nationale allaient lui imposer.

Cette remise du réseau en bon état de fonctionnement allait, au surplus, engendrer un large développement du trafic dans les régions qu'il desservait. Les années qui ont suivi le rachat du réseau de l'Ouest ont marqué, en effet, une vigoureuse progression des transports de marchandises dont le taux rivalise désormais avec les compagnies les plus favorisées.

Trafic de petite vitesse en 1909 et en 1923.

Réseaux —	Millions de tonnes transportées :		Pourcentage de l'augmentation.
	1909.	1923.	
Est............	29,7	44,4	49,5 p. 100
État...........	18,9	28,1	48,7 —
Nord..........	40,5	56,1	38 —
Midi..........	11,7	15,7	34 —
P.-L.-M........	31,6	40,4	28 —
P.-O..........	18,5	21,2	14,6 —

Cette augmentation a été particulièrement rapide au cours des trois dernières années, le trafic passant de 22,4 millions de tonnes en 1921 à 24,8 millions de tonnes en 1922 et 28,1 millions de tonnes en 1923.

Les régions, que le réseau dessert, étant principalement agricoles une large part est réservée dans les transports, aux produits du sol et aux engrais, qui représentent 35 p. 100 du trafic total.

Les combustibles minéraux constituent un autre élément important; les charbons anglais sont, en effet, appelés à satisfaire surtout les besoins de nos régions de l'Ouest, plus éloignées de nos centres de production ou des livraisons de combustibles allemands, et, de ce fait, le quart environ de la houille importée est introduite par les ports desservis par le réseau et emprunte ses rails.

Les transports de minerais de fer marquent une progression rapide, passant de *572,000* tonnes en 1921 à *1,098,000* tonnes en 1923; la mise en valeur des trois grands bassins miniers de Normandie, d'Anjou et de Bretagne est appelée à apporter un nouveau facteur de développement au trafic du réseau.

Les transports de voyageurs ont suivi enfin une marche parallèle à celle que nous venons de tracer pour les marchandises. De *155* millions en 1921, leur nombre s'est élevé à *172* millions en 1923, comportant ainsi une augmentation annuelle moyenne de *8 millions et demi* environ.

Les divers éléments économiques et commerciaux ouvrent ainsi d'heureuses perspectives au développement du trafic de notre réseau d'État; ils ne peuvent manquer d'exercer une influence salutaire sur sa gestion financière.

Le réseau de l'État a été atteint, comme toutes nos compagnies, par les événements de guerre, et n'a pu échapper au déficit qui s'est installé dans leur gestion. Mais de vigoureux efforts ont été faits, depuis la cessation des hostilités, pour le réduire : de *521* millions en 1920, le déficit de l'exploitation est successivement tombé à

440 millions en 1921, *153* en 1922, *126* en 1923; l'augmentation des tarifs mise en vigueur le 10 mars 1924 et l'extension du trafic, attribueront, pour la première fois depuis la guerre, un produit net au budget de 1924; l'insuffisance globale des recettes, compte tenu des charges de capitaux, n'excédera pas, pour cette année, *260* millions; la réduction à *200* millions peut être dès maintenant escomptée pour 1925 et l'on est en droit d'espérer que, dans un avenir prochain, les encaissements du réseau couvriront l'intégralité de ses charges, quelle qu'en soit l'origine. Ces résultats constitueront, en dehors de toute querelle de doctrine, la réponse positive la plus décisive aux détracteurs de la gestion de nos monopoles ou de nos établissements industriels d'État.

III. — Postes, Télégraphes, Téléphones.

L'ouverture des hostilités engendra une profonde perturbation dans l'exploitation du monopole des P. T. T.

Le bouleversement de la vie économique, le ralentissement des relations internationales, l'envahissement des régions du Nord et de l'Est, l'octroi de la franchise à toutes les correspondances des militaires et marins en campagne amenèrent un rapide fléchissement dans le produit des taxes postales qui, de 273 millions en 1913 tombaient à 186 millions en 1915.

Les restrictions apportées à l'usage du téléphone dans un but de sécurité nationale, la fermeture de 2,800 bureaux dans les départements envahis, la suspension des relations téléphoniques internationales entraînèrent un mouvement parallèle dans les produits du téléphone, qui, de 59 millions en 1913, tombèrent à 30 millions 1/2 en 1915.

Les articles d'argent et produits du télégraphe seuls n'accusèrent qu'une baisse très légère et marquèrent immédiatement une reprise sérieuse, qui n'a cessé de se poursuivre depuis 1915.

Pour pallier à cet affaissement des ressources du monopole, des augmentations de droits furent consenties : la loi du 30 décembre 1916 releva divers tarifs postaux, portant notamment la taxe de lettres de 10 à 15 centimes, majora les droits de commission pour les mandats et accrut les taxes télégraphiques. Ces mesures compensèrent la diminution du trafic et portèrent les recettes du monopole de 411 millions en 1913 à 633 millions en 1919.

Mais cet accroissement des encaissements restait insuffisant pour faire face à la hausse des dépenses, qui, soit par suite de l'augmentation des traitements du personnel, soit en raison de l'élévation des prix du matériel et de l'outillage, suivaient une progression plus rapide, passant de 346 millions en 1913 à 1,088 millions en 1919. La comparaison entre les conditions d'exploitation du monopole en 1913 et en 1919 découle, au surplus, du rapprochement suivant entre les comptes afférents à ces deux exercices :

	EXERCICE 1913.	EXERCICE 1919.
Recettes :		
Recettes encaissées............................	411,157,800ᶠ	633,242,037
Produit des ventes (encaissées par les Domaines)........	1,000,000	2,000,000
Valeur d'affranchissement des correspondances en franchise.	35,000,000	45,000,000
Total des recettes...............	447,157,800	680,242,037
Dépenses :		
Dépenses constatées............................	346.851,792	1,088,604,998
Intérêts et amortissements des bons, obligations et avances.	1,713,950	2,370,450
	348,565,742	1,090,975,448
A déduire : dépenses de premier étatablisement........	34.259,027	33,864,259
Total des dépenses...............	314,306,715	1,057,111,189

L'exercice 1913 avait ainsi fait apparaître, au titre du compte d'exploitation, un bénéfice de 132,851,085 francs alors que l'exercice 1919 laissait un déficit de 376,869,152 francs.

Pour remédier à cette situation, que menaçait d'aggraver une nouvelle poussée des dépenses la loi du 29 mars 1920 vint édicter un relèvement supplémentaire des tarifs postaux, télégraphiques et téléphoniques, portant ainsi la taxe des lettres de 0 fr. 15 à 0 fr. 25.

Ces mesures, jointes à la reprise générale de la vie économique, à la renaissance des régions dévastées et au développement corrélatif du trafic, entraînèrent une hausse rapide des recouvrements qui, de 633 millions en 1919, passèrent successivement à *988* millions en 1920, *1,133* millions en 1921, *1,211* millions en 1922 et *1,357* millions en 1923. La nouvelle élévation de taux, édictée par la loi du 22 mars 1924, portera probablement les recouvrements à *1,444* millions en 1924. Le budget de 1925 inscrit même ses prévisions pour *1,562* millions, marquant une hausse supplémentaire de 100 millions.

Cette amélioration croissante de nos encaissements a permis de redresser progressivement le compte d'exploitation du monopole. Le déficit, qui se chiffrait à 377 millions en 1919, s'est successivement abaissé à 186 millions en 1920, 250 millions en 1921, 112 millions en 1922, 3 millions en 1923 ; l'exercice 1924 marquera la balance de ses recettes et de ses dépenses, et le budget de 1925 doit comporter un excédent.

Le tableau ci-dessous fait d'ailleurs ressortir l'évolution qui a été suivie à cet égard.

COMPTE D'EXPLOITATION.	1920.	1921.
	francs.	francs.
RECETTES.		
Postes...........................	602,073,083	672,358,014
Télégraphes......................	164,583,430	177,881,434
Téléphones.......................	156,600,726	217,041,126
Services financiers..............	//	//
Valeur d'affranchissement des correspondances en franchise..........	60,000,000	70,000,000
Produits des ventes (encaissés par les Domaines).................	2,200,000	2,500,000
Recettes d'ordre et produits divers.............................	65,192,323	66,275,684
TOTAL GÉNÉRAL des recettes d'exploitation...........	1,050,649,562	1,206,056,258
DÉPENSES.		
Dépenses constatées..............	1,290,131,200	1,513,011,381
Intérêt et amortissement des bons, obligations et avances...........	4,236,400	5,088,450
Versement au fonds d'amortissement.................	3,000,000	6,000,000
Remboursement des avances faites pour la construction des réseaux (compte d'ordre).........	//	//
	1,297,367,600	1,524,099,831
A déduire : Dépenses de premier établissement, comprises dans le compte d'exploitation..........	60,520,000	67,846,000
TOTAL GÉNÉRAL et dépenses d'exploitation..........	1,236,847,600	1,456,253,831
EXCÉDENT.........................	//	//
DÉFICIT..........................	186,198,047	250,197,573

1922.	1923.	1924. (PRÉVISIONS.)	1925. (PRÉVISIONS.)	OBSERVATIONS.
francs.	francs.	francs.	francs.	
718,926,182	746,192,990	848,000,000	920,452,408	
197,591,694	245,394,681	291,000,000	297,788,792	
238,796,132	234,019,588	250,000,000	286,635,672	
″	46,702,221	53,000,000	57,154,028	
70,000,000	70,000,000	70,000,000	90,000,000	
2,800,000	17,963	1,000,000	3,965,356	
56,811,307	86,626,733	(1) 2,300,000	(1) 4,107,903	(1) En 1924 et 1925, les recettes téléphoniques, qui doivent servir au remboursement des avances faites pour la construction des réseaux et les remboursements correspondants, ne figurent ni en recettes ni en dépenses.
1,284,925,315	1,428,954,176	1,515,300,000	1,660,104,150	
1,423,355,669	1,371,437,000	″	″	
13,764,175	6,000,000	″	″	
10,000,000	″	″	″	
″	62,600,000	″	″	
1,447,119,844	1,440,037,000	″	″	
50,189,000	8,000,000	″	″	
1,396,930,844	1,432,037,000	1,543,000,000	1,600,837,768	
″	″	″	″	
112,005,529	3,082,824	(2) 27,700,000	59,266,391	(2) On peut escompter, en fin d'exercices, une annulation de crédits d'environ 50 millions. L'exercice 1924 sera ainsi probablement en équilibre.

Le compte d'exploitation du monopole des P. T. T. cessera ainsi, nous l'espérons, de faire peser une charge sur le budget de l'Etat et assurera, par ses propres ressources son équilibre.

Le compte de premier établissement seul nécessite des appels à la Trésorerie, pour l'entretien, la réparation ou la réfection du matériel postal, télégraphique et téléphonique; les dépenses qui ont été faites à ce titre depuis 1919 se résument ainsi :

Exercice 1919	93	millions.
— 1920	149	—
— 1921	155	—
— 1922	148	—
— 1923	164	—
— 1924	250	—
Total	959	millions.

Les avances qui sont prévues de ce chef au budget de 1925, s'élèvent à 503,791,564 francs. On ne saurait toutefois considérer ces sommes comme constituant un endettement réel de l'Etat; elles représentent en fait, l'entretien et le développement du matériel d'une entreprise industrielle et apparaissent susceptibles d'engendrer pour l'avenir un accroissement de trafic et une amélioration de rendement.

Nous ne saurions enfin passer sous silence la réforme heureuse que le budget de 1923 a introduite dans le fonctionnement du monopole. Répondant à des désirs depuis longtemps formulés, il s'est efforcé de constituer l'Administration des P. T. T. en service autonome pourvu d'un budget spécial annexé au budget général, et permettant de dégager chaque année le résultat exact de sa gestion, en distinguant d'une part les charges d'exploitation proprement dites couvertes par des recettes normales, d'autre part les dépenses de premier établissement, prélevées sur les produits de l'émission de bons ou d'obligations ou sur des avances du Trésor public. Cette mesure constitue une nouvelle étape vers l'industrialisation de toutes les exploitations commerciales de l'État : nous nous efforcerons, en assurant les plus larges garanties au contrôle parlementaire, de l'étendre aux services qui n'en bénéficient pas et qui, comme le monopole des tabacs ou des allumettes, souffrent de leur maintien strict sous le régime des règles étroites de la comptabilité budgétaire.

DEUXIÈME PARTIE.

ACTIF DE L'ÉTAT.

Les ressources dont un État peut disposer, se répartissent sous deux rubriques principales.

D'une part, elles sont constituées par les prélèvements que son régime fiscal lui permet d'opérer sur les biens de ses ressortissants.

D'autre part, elles comprennent les entreprises ou les domaines que l'État s'est réservés et qui composent sa fortune propre.

Nous examinerons successivement chacun de ces deux groupes en passant rapidement en revue les divers éléments qu'il renferme.

Nous consacrerons, en outre, une étude spéciale aux comptes débiteurs envers l'État et à ses créances sur des pays étrangers.

TITRE I.

Organisation générale du régime fiscal.

Les souffrances endurées pendant la guerre, le besoin de repos et de calme que ressentait le pays tout entier après les longues épreuves qu'il venait de traverser, auraient pu engendrer, au lendemain de la cessation des hostilités, quelque défaillance chez le contribuable et déterminer quelque hésitation devant les sacrifices qu'allait comporter une élévation générale des contributions.

L'évènement a prouvé que ceux-là avaient tort qui redoutaient de voir la France céder à un mouvement de faiblesse ou de lassitude. Elle eût au contraire trouvé en elle l'énergie nécessaire pour fournir, dès le lendemain de la guerre, toutes les ressources budgétaires que demandait le redressement de ses finances publiques, à la seule condition de ne pas être placée sous un dangereux narcotique par l'illusion que l'Allemagne payerait tout et de connaître, en toute clarté sa situation financière.

Certes des efforts furent faits par les Gouvernements, mais ils eussent dû aller jusqu'à demander au pays de fournir les moyens d'obtenir le complet et réel assainissement de nos finances. Les chiffres des recouvrements montrent en effet de quels sentiments d'abnégation patriotique la nation a fait preuve et de quels sacrifices elle eût été capable.

NATURE DES RECETTES.	1913.	1914.	1915.	1916.	1917.	1918.	1919.	1920.	1921.	1922.	1923.	COEFFICIENT D'AUGMENTATION.
					millions de francs.							p. 100.
Contributions directes taxes assimilées et impôts sur les revenus..	634	611	547	550	730	696	1,069	1,929	3,195	3,377	4,530	714
Produits de l'enregistrement.....	834	611	464	525	720	924	1,874	2,718	2,705	2,960	3,392	406
Produits du timbre...........	241	198	145	158	173	216	314	517	565	617	698	289
Impôt sur les opérations de bourse.	10	6	1	2	3	3	7	25	19	26	53	530
Taxe sur le revenu des valeurs mobilières..................	138	153	157	181	242	253	290	568	926	1,018	1,166	844
Taxe spéciale sur les payements...	"	"	"	"	"	112	269	314	"	"	"	"
Taxe de luxe et taxe sur le chiffre d'affaires.	"	"	"	"	"	"	"	942	1,911	2,301	3,041	"
Produits des douanes..........	756	579	764	1,400	1,511	1,186	1,477	1,596	1,197	1,615	1,610	213
Produits des contributions indirectes (y compris les produits recouvrés par le service des douanes au titre des denrées coloniales, succédanés du café et vanilline, sels, essences et pétroles benzols).............	720	604	517	530	752	954	1,779	2,612	2,919	3,198	3,522	489
Sucre et saccharine...........	191	159	213	183	266	184	377	144	365	564	544	284
Produits des monopoles fiscaux...	611	571	549	616	712	740	1,652	1,582	1,711	1,803	2,035	333
Total............	4,135	3,492	3,357	4,145	5,109	5,238	8,508	13,247	15,813	17,479	20,591	"

Ainsi le montant de nos recouvrements était passé de 4,135 millions en 1913 à 20,552 millions en 1923, les rentrées actuelles représentant 497 p. 100 des chiffres qui avaient été obtenus avant les hostilités.

L'année 1924 marque un nouvel effort, certes trop simpliste et accompli sans un suffisant souci de ménager la consommation et de répartir les charges selon les facultés des contribuables. Le développement normal de nos perceptions et l'élévation des tarifs fixés par la loi du 22 mars 1924, porteront nos encaissements globaux en 1924 à un taux voisin de 25 milliards soit 600 p. 100 environ des résultats atteints en 1913.

Ces chiffres mesurent globalement le sacrifice déjà consenti par le contribuable français pour le redressement financier du pays. Une étude détaillée en fera plus nettement ressortir l'importance.

.
. .

1° *Charge par tête d'habitant.*

La stagnation de notre population maintient une analogie étroite entre les variations de la charge fiscale par tête d'habitant et la proportion que vient de dégager un rapprochement brutal entre les encaissements totaux de nos diverses contributions.

La population de la France s'élevait en effet, en 1913, à 39,600,000 habitants; le recensement effectué en 1921, la limite (Alsace et Lorraine comprise) en raison des pertes cruelles subies pendant la guerre à 39,200,000 habitants.

La charge d'impôt par tête d'habitant est ainsi passée de 104 francs en 1913 à 524 francs en 1923, progressant à plus de 500 p. 100 de son taux primitif. L'année 1924 portera ce chiffre à 637 francs environ, soit 612 p. 100 de son montant originaire.

Mais l'examen des variations qu'a subies la charge fiscale par tête d'habitant conserve un caractère doctrinal et théorique : l'impôt représente, en effet, un prélèvement sur les facultés de consommation des citoyens et son poids réel se mesure à l'importance des restrictions qu'il fait peser sur les possibilités de jouissance des redevables. L'étude de l'effort réalisé par le contribuable français exige donc un rapprochement entre le montant des taxes qu'il supporte et les ressources dont il dispose.

.
. .

2° *Charge fiscale par rapport aux revenus privés.*

L'évaluation de la charge fiscale, supportée en 1913 et en 1923, par rapport à l'importance des revenus privés, à ces deux époques se heurte a une double difficulté :

D'une part, la détermination de la richesse effective des redevables aux dates envisagées, soulève un problème très délicat ;

D'autre part, la dévalorisation de notre monnaie est venue modifier l'unité de mesure au cours de cette période et subordonner à des rectifications préalables une comparaison entre les valeurs nominales des facultés contributives du pays, calculées, soit avant les hostilités, soit après leur conclusion.

Un élément d'appréciation peut être, dès l'abord, recherché dans une conversion de nos recouvrements actuels en monnaie d'avant-guerre.

Cette opération sera effectuée soit d'après le cours annuel moyen du change qui représentera la transformation des francs en francs-or, soit d'après l'indice moyen du coût de la vie, qui permettra de mesurer l'importance des prélèvements sur la capacité de consommation du contribuable.

Le tableau ci-dessous fait ressortir les résultats obtenus par ce double procédé.

ANNÉES.	FRANCS.		CONVERSION EN MONNAIE D'AVANT-GUERRE			
			D'APRÈS LE COURS ANNUEL MOYEN du change.		D'APRÈS L'INDICE ANNUEL MOYEN du coût de la vie.	
	PRODUIT des impôts et monopoles fiscaux.	POUR-CENTAGE par rapport à 1913.	Produit des impôts et monopoles fiscaux.	Pour-centage par rapport à 1913.	Produit des impôts et monopoles fiscaux.	Pour-centage par rapport à 1913.
	(Millions de francs).	P. 100.	(Millions de francs).	P. 100.	(Millions de francs).	P. 100.
1913.....................	4,135	100	4,135	100	4,135	100
1922.....................	17,479	422	7,400	178	5,900	142
1923.....................	20,552	497	6,500	157	6,170	150
1924.....................	25,000 (1)	600	7,800 (1)	138	6,578 (1)	159

(1) Évaluation approximative.

Le prélèvement, opéré en 1923 par notre système fiscal, paraît ainsi se fixer suivant la méthode d'évaluation qui sera retenue à *190* ou *160 p. 100* du taux qu'il avait atteint en 1913, compte tenu de la dévalorisation de notre monnaie.

Mais le procédé qui vient d'être indiqué n'a d'autre objet que d'éliminer, dans la comparaison entre les années 1913 et 1923, le facteur constitué par la variation de l'étalon monétaire. Il néglige les mouvements effectifs que les revenus privés ont pu subir dans leur valeur-or même depuis 1913. Pour réparer cette lacune, il conviendrait de préciser à chaque époque, l'importance exacte des ressources imposables.

Des études sérieuses, contrôlées et rectifiées par le service financier français à la Commission des Réparations, ont fixé, pour 1913, à *35,870* millions environ le montant du revenu annuel des particuliers en France. Aucune statistique n'a été dressée depuis cette date, mais un examen rapide des situations individuelles permet d'adopter, pour l'année 1923, une évaluation qui, tout en restant précaire et incertaine, est susceptible de donner quelque indication au sujet de la richesse actuelle de nos nationaux.

Les revenus de l'agriculture, de l'industrie et du commerce semblent avoir subi une majoration qui correspond à la dévalorisation de notre monnaie, soit *320* à *330* p. 100.

Le doublement des produits des capitaux apparaît vraisemblable.

Les traitements et salaires ont été accrus selon une échelle dégressive qui, de *400* à *500* p. 100 à la base, n'excéderait pas *200* p. 100 pour les rémunérations les plus fortes.

Le montant global des revenus privés parait ainsi osciller actuellement aux abords de 35o p. 100 de son chiffre d'avant-guerre, soit *125,500* millions.

L'adoption des résultats de ce calcul rapide assignerait au poids réel de notre régime fiscal par rapport au revenu national les proportions suivantes :

1913	11.60 p. 100
1922	13.90 —
1923	16.40 —
1924	20,00 —

Dans l'étude qui précède, nous avons limité notre enquête aux contributions permanentes encaissées au profit de l'État. Elle n'offre, à ce titre, qu'un tableau incomplet de l'effort réel, qui au cours des années envisagées, a été imposé au contribuable français.

Deux éléments doivent être, en effet, ajoutés aux calculs précédents :

D'une part, les ressources temporaires, puisées par l'État dans la contribution extraordinaire sur les bénéfices de guerre;

D'autre part, les impositions perçues au profit des départements et des communes.

L'introduction de ces deux facteurs conduirait aux conclusions suivantes :

ANNÉES.	IMPÔTS PERMANENTS de l'État.	CONTRIBU-TION EXTRAORDINAIRE sur les bénéfices de guerre.	IMPOSITION des DÉPARTEMENTS et des communes.	CHARGE FISCALE totale.	REVENU ANNUEL des particuliers.	POUR-CENTAGE de l'impôt au revenu.
	millions de francs.	millions de francs.	millions de francs.	millions de francs.	millions de francs.	p. 100.
1913	4,135	"	1,059	5,194	35,870	14,48
1923	20,550	1,333	3,993	25,876	125,500	20,60
1924	(1) 25,000	(1) 1,300	(1) 3,993	(1) 30,293	125,500	24,10

(1) Évaluations approximatives.

Les prélèvements annuels que l'État, les départements et les communes effectuent actuellement sur la fortune privée des citoyens, viennent ainsi se fixer environ au quart du revenu national, marquant une augmentation supérieure à *60 p. 100* des taux atteints avant les hostilités.

Cet énorme accroissement de nos charges fiscales posait un problème délicat en vue de déterminer les conditions dans lesquelles il serait réalisé et la nature des contributions auxquelles il serait demandé.

Il apparut, dès l'abord, équitable d'imposer une taxe spéciale à ceux qui devaient à l'état de guerre un accroissement de leurs revenus et même des fortunes importantes, dont certaines vraiment illégitimes. Une stricte justice exigeait de tous des sacrifices égaux pour la défense du territoire, elle motivait donc pleinement le prélèvement sur ceux qui s'étaient enrichis des sommes nécessaires pour relever les ruines des victimes de la guerre. Aussi la contribution extraordinaire sur les bénéfices de guerre ne saurait-elle être présentée sous l'aspect d'un expédient financier; elle constitue en réalité, une mesure d'une haute portée morale, que l'opinion publique a énergiquement et légitimement réclamée.

Mais, par sa nature même, cet impôt conservait un caractère temporaire et était, dès lors impuissant à faire face aux charges permanentes que la guerre nous avait léguées. Augmentations de tarifs ou modifications d'assiette des contributions existantes, création de taxes nouvelles, devenaient indispensables.

Ces deux aspects du régime fiscal, créé au cours des hostilités, appellent un examen approfondi.

I. — Contribution extraordinaire sur les bénéfices de guerre.

Les rôles, émis au titre de la contribution extraordinaire sur les bénéfices de guerre atteignaient au 31 août 1924, un montant global de *17,687,750,200* francs.

La faculté d'imposition a pris fin au 30 juin 1922 pour les contribuables qui ont régulièrement souscrit leurs déclarations et n'est pas prolongée au delà du 30 juin 1925 pour la recherche des omissions. Le chiffre de 18 milliards paraît ainsi constituer le montant définitif de la contribution spéciale exigée de tous ceux qui ont pu trouver, dans la guerre, une occasion d'accroître leur richesse.

L'assiette de cette taxe s'est heurtée à de sérieuses difficultés.

L'établissement d'une contribution, basée sur le bénéfice net d'industriels ou de commerçants, constituait en effet une innovation dans notre régime fiscal et coincidait seulement avec les premiers essais d'assiette d'un impôt général sur le revenu. Le défaut d'expérience de notre administration, à laquelle une tâche nouvelle était dévolue, la défiance du contribuable vis à vis d'une taxe, qui, rompant avec la conception forfaitaire de notre système d'impôts, devait atteindre un revenu net, strictement défini par l'examen d'une comptabilité, sa résistance même devant les investigations que ce nouveau régime exigeait et qui venaient troubler ses habitudes anciennes, la nécessité d'improviser une interprétation approfondie de textes législatifs, opposaient les plus grands obstacles à l'assiette rapide du nouvel impôt.

La mobilisation avait enlevé d'ailleurs à l'Administration des Contributions directes une large part de ses cadres.

La fraude trouvait dans l'élévation des tarifs une prime trop large pour ne pas provoquer de nombreuses dissimulations

Ces circonstances ont engendré quelque retard soit dans la confection des rôles, soit dans leur recouvrement.

Au surplus, la rentrée même des sommes ainsi calculées, a imposé aux comptables une tâche particulièrement ardue.

La loi du 1er juillet 1916 avait en effet, prévu que le versement de la moitié des cotes serait différé en vue de permettre ultérieurement une compensation éventuelle entre la part qui restait due à l'État et le déficit de certaines années d'exploitation. Si cette disposition pouvait apparaître équitable, le retard qu'elle imposait à la rentrée de ces sommes allait en rendre l'encaissement difficile, la situation du redevable, prospère à l'époque où l'impôt fut calculé, pouvant avoir subi de lourdes atteintes du fait de l'instabilité des conditions économiques après la cessation des hostilités.

Enfin le dépôt d'instances nombreuses devant la Commission supérieure exigeait la suspension des poursuites, de même que l'immobilisation de bénéfices utilisés à l'extension des entreprises conduisait le législateur à octroyer des délais spéciaux aux industriels dont la trésorerie ne pouvait assumer la charge d'un versement immédiat.

Ces diverses considérations expliquent les retards constatés dans la rentrée de cette contribution. Au 31 août 1924, la situation du recouvrement se résumait comme suit :

Montant total des rôles émis.	17,687,750,200 fr
Portion exigible.	17,512,800,000
Total des recouvrements opérés.	12,059,169,800
Restes à recouvrer.	5,453,630,200

Si la décomposition de ce reliquat n'a donné lieu à aucune statistique récente, quelque analogie peut être recherchée avec la situation qui avait été établie à la date du 31 décembre 1923 et se résumait ainsi :

Sursis pour cause de pourvoi devant la Commission supérieure (loi du 31 décembre 1918, art. 15).. 2,596,014,200

Sursis pour cause de demandes de détaxe (loi du 7 mars 1921, art. 3)..... 543,852,900

Sursis pour cause de réinvestissement (loi du 25 juin 1920, art. 19)...... 327,228,400

Demandes d'imputation sur dommages de guerre (loi du 17 avril 1919, art. 46). Chiffre approximatif..................................... 300,000,000

Dégrèvements dus aux mobilisés (loi du 30 juin 1923, art. 61). Chiffre approximatif... 50,000,000

Cotes exigibles.. 1,647,118,600

Restes à recouvrer.................... 5,464,214,100

Une place spéciale devrait être réservée aux cotes dont, par suite des retards dans la perception, l'irrécouvrabilité apparaît dès maintenant probable et qui viendraient en déduction du chiffre inscrit au titre des articles exigibles. À l'abattement qu'il y a lieu de prévoir de ce chef doivent être jointes les réductions qui seront consenties par la Commission supérieure : il n'est donc pas possible de chiffrer exactement le montant des sommes qui seront recouvrées de ce chef.

Toutefois, soucieux de hâter l'apurement de cet arriéré, le Gouvernement a pris récemment les dispositions nécessaires pour assurer une liquidation rapide des instances pendantes devant la Commission supérieure : il a prévu à cet égard, d'une part le dédoublement des quatre sections actuelles, d'autre part la création d'une section permanente, qui serait elle-même subdivisée en deux sous-sections ; les organes de juridiction, actuellement au nombre de quatre, seront ainsi portés à dix ; le nombre des rapporteurs sera renforcé et des instructions ont été données pour accélérer dans les services départementaux la préparation et l'instruction des affaires. L'application de ces mesures permettra, nous le croyons, d'assurer avant le 31 décembre 1925 la liquidation définitive de ces impositions arriérées.

Le versement de la contribution extraordinaire sur les bénéfices de guerre posait une question complexe en raison de la faculté de son payement en titres de rentes. Cette mesure qui avait eu pour origine le désir de faciliter la souscription des emprunts d'État avait engendré progressivement des abus, à mesure que la baisse des titres de rente accentuait l'écart entre le taux de négociation sur le marché et la valeur de reprise par l'État, fixée au montant du cours d'émission.

La loi du 22 mars 1924 est venue mettre un terme à cette procédure en supprimant, pour l'avenir, la faculté du payement en rentes, sous réserve de dispositions destinées à sauvegarder les droits acquis par certains contribuables.

Le montant des payements en rentes s'est élevé aux chiffres suivants :

ANNÉES.	RECOUVREMENT TOTAL.		RENTES ADMISES EN PAYEMENT.	
	RECOUVREMENT annuel.	RECOUVREMENT total.	VALEURS de reprise annuelles.	VALEURS de reprise totales.
	francs.	francs.	francs.	francs.
1917..........................	192,463,400	192,463,400	"	"
1918..........................	521,543,000	714,006,400	167,662,200	167,662,200
1919..........................	614,357,200	1,328,363,600	123,296,700	290,958,900
1920..........................	2,937,073,700	4,265,437,300	1,861,223,500	2,152,182,400
1921..........................	3,312,946,200	7,578,383,500	2,506,676,900	4,658,859,300
1922..........................	2,066,064,400	9,644,447,900	1,398,082,200	6,056,941,500
1923..........................	1,333,520,200	10,977,968,100	865,392,000	6,922,333,500
1ᵉʳ trimestre 1924..........	464,656,600	11,442,623,700	331,935,700	7,254,270,200

Une somme supérieure à 7 milliards et représentant *63* p. 100 environ du montant total des recouvrements effectués au titre de la contribution extraordinaire sur les bénéfices de guerre a ainsi été consacrée à l'amortissement de la Dette publique.

Les titres qui sont actuellement déposés en garantie par application des articles 57 et 58 de la loi du 22 mars 1924 s'élèvent à *14,466,298* francs de rente, soit environ *300 millions* de capital nominal.

Dans les développements qui précèdent, nous nous sommes efforcés d'indiquer l'ordre de grandeur des ressources que le Trésor pouvait escompter de la contribution extraordinaire pour ses budgets futurs.

Il n'apparaît pas toutefois que toutes les fraudes aient été actuellement saisies et que de nouvelles recherches soient appelées à rester vaines; la date du 30 juin 1925 viendrait tarir une activité du fisc, qui serait encore susceptible de procurer certaines ressources au Trésor : aussi nous vous avons proposé , dans la présente loi de finances, d'en proroger le terme.

.·.

II. — Remaniement de notre système fiscal permanent.

Quel que soit le délai assigné à l'émission des rôles, la contribution extraordinaire sur les bénéfices de guerre conserve, par sa nature même, un caractère temporaire qui ne lui permettait pas de procurer au Trésor les recettes nécessaires pour faire face aux charges permanentes que la guerre nous a léguées. Un remaniement de notre système fiscal pouvait seul mettre à la disposition de l'État les ressources définitives qui lui étaient indispensables.

La détermination des impôts, auxquels il devait être fait appel, soulevait toutefois un problème très ardu. Convenait-il, dans les circonstances difficiles que le pays traversait, de demander aux classes possédantes le sacrifice d'un prélèvement sur le capital destiné à assurer un rapide assainissement de la situation financière ? Devait-on exiger seulement des contribuables aisés une cotisation plus lourde par l'institution d'impôts à tarifs progressifs et de taxes somptuaires ? Pouvait-on enfin considérer que le redressement de nos finances devait être demandé à tous par l'accroissement des impôts de consommation ?

Telles sont les diverses questions qui allaient se poser et ne pouvaient manquer de provoquer un ardent conflit d'idées et de doctrines sur l'orientation générale que devait recevoir notre politique financière.

L'étude de notre régime fiscal et des principes qui ont présidé à son organisation, comporte un classement préalable des impôts suivant leurs caractères propres.

La répartition administrative des diverses taxes entre les services des Contributions directes, de l'Enregistrement, des Contributions indirectes et des Douanes ne donne pas, à cet égard, un critérium certain. Elle répond exclusivement, en effet, à certaines nécessités d'application pratique et se trouve habituellement commandée, non par une appréciation judicieuse de la nature des impôts, mais par leurs formes extérieures d'assiette et de perception.

L'Administration des Contributions directes groupe ainsi toutes les taxes qui, reposant sur des faits périodiques, susceptibles de constatations effectuées à des dates fixes, peuvent être consignées sur des registres dont une mise à jour annuelle est assurée.

L'Administration de l'Enregistrement est particulièrement chargée des mutations ou mouvements de richesses, opérations accidentelles, échappant à toute répétition régulière et motivant habituellement la rédaction d'actes ou de conventions verbales.

La Direction générale des Contributions indirectes assure l'assiette d'impôts recouvrés sur des consommations ou des productions industrielles.

Aux services des Douanes, enfin, incombe la rentrée des taxes perçues aux frontières, quelle qu'en soit la nature.

La distribution des impôts entre ces différentes Régies dépend de la méthode la plus apte à en obtenir un encaissement simple et aisé, sans qu'aucune considération doctrinale sur leur incidence réelle ait été retenue dans ce choix. Quelques exemples illustreront cette observation.

La taxe sur le revenu des valeurs mobilières présente à tous égards, les caractères d'un impôt direct sur les produits tirés d'un capital mobilier. Mais son mode d'assiette comportant un prélèvement effectué par les sociétés mêmes lors du service des coupons, il a paru plus judicieux d'en confier le recouvrement à l'Administration de l'Enregistrement, déjà appelée, par la surveillance de certaines taxes, à entretenir des relations étroites avec ces organismes.

De même, l'impôt sur le chiffre d'affaires est réparti entre les administrations des Contributions indirectes, de l'Enregistrement et des Douanes, suivant la qualité ou le domicile des redevables, bien que son assiette présente une uniformité absolue.

Cette précarité de la répartition des contributions entre les Régies est mise d'ailleurs en lumière par les modifications qu'elle a pu recevoir suivant les époques, certaines taxes, telles que l'impôt sur les billards publics et privés étant successivement confiées à tel ou tel service sans qu'aucune altération soit apportée dans leurs caractères généraux.

Si l'organisation actuelle de nos Administrations a été conçue en vue d'assurer un fonctionnement régulier des services publics, on ne saurait trouver dans la dénomination actuelle de chaque impôt une base solide pour en effectuer une classification judicieuse.

Pour simplifier l'étude de notre régime fiscal et éviter des conclusions souvent erronées au sujet de la répartition actuelle du poids de nos impôts, nous nous proposons d'apporter dans la contexture des statistiques publiées mensuellement au *Journal Officiel* sur les rentrées de nos contributions, les modifications permettant d'en présenter une distribution qui réponde plus exactement à leur nature réelle.

Dès maintenant, nous entendons nous dégager, dans le présent exposé, des étiquettes officielles pour nous attacher exclusivement aux caractères propres de chaque taxe, en vue de déterminer la catégorie dans laquelle il serait judicieux de la ranger.

Il nous est apparu, à cet effet, que la base d'appréciation la plus sérieuse d'un système fiscal commandait une classification de ses impôts en cinq groupes principaux :

Impôts sur le revenu.

Impôts sur le capital.

Impôts somptuaires.

Impôts sur divers produits non indispensables à l'existence.

Impôts de consommation proprement dits.

L'adoption de ce plan pour l'étude respective des contributions perçues en 1913 et en 1923 dégagera l'orientation générale que notre politique financière a suivie depuis l'ouverture des hostilités.

Les recouvrements d'impôts qui ont été effectués au cours de l'exercice 1913 sont résumés dans le tableau ci-dessous :

NATURE DES IMPÔTS.	MONTANT des recouvrements.	POURCENTAGE
	millions de francs.	P. 100.
I. — *Taxes directes sur le revenu :*		
Contributions directes	634	
Taxe sur le revenu des valeurs mobilières	138	
Total	772	18,7
II. — *Taxes sur la fortune et droits de timbre :*		
Enregistrement	834	
Timbre	241	
Impôt sur les opérations de bourse	10	
Total	1,085	26,2
III. — *Taxes somptuaires :*		
Garantie des matières d'or et d'argent	9	0,2
IV. — *Impôts sur divers produits non indispensables à l'existence :*		
Alcool	399	
Tabac	542	
Poudres	25	
Total	966	23,4
V. — *Taxes de consommation proprement dites :*		
Douanes	756	
Boissons hygiéniques	82	
Bougies	4	
Vinaigres et acide acétique	3	
Transports par chemin de fer	91	
Transports autres que par voie ferrée	5	
Huiles minérales brutes	2	
Sels	35	
Sucres	191	
Contributions diverses	90	
Monopole des allumettes	44	
Total	1,303	31,5

Les impôts perçus en 1923, et répartis suivant une classification analogue, ont donné les résultats suivants :

NATURE DES IMPÔTS.	MONTANT des recouvrements.	POURCENTAGE.
	Millions de francs.	P. 100.
I. — Taxes directes sur le revenu :		
Impôt général sur le revenu..............................	1,924	
Impôts cédulaires sur les revenus........................	2,347	
Taxe sur le revenu des valeurs mobilières................	1,166	
Autres impôts directs....................................	259	
Total....................	5,696	27.7
II. — Taxes sur la fortune et droits de timbre :		
Enregistrement..	3,392	
Timbre..	698	
Impôt sur les opérations de bourse......................	53	
Total....................	4,143	20.1
III. — Taxes somptuaires :		
Taxe de luxe..	437	
Impôt sur les automobiles...............................	149	
Spectacles..	59	
Garantie des matières d'or et d'argent..................	12	
Total....................	657	3.2
IV. — Impôts sur divers produits non indispensables à l'existence :		
Alcool..	1,358	
Tabac...	1,849	
Poudres...	61	
Total....................	3,268	15.9
V. — Taxes de consommation proprement dites :		
Impôt sur le chiffre d'affaires.........................	2,604	
Boissons hygiéniques....................................	666	
Spécialités pharmaceutiques.............................	27	
Bougies...	4	
Vinaigres et acide acétique.............................	8	
Transports par chemins de fer...........................	589	
Transports autres que par voie ferrée...................	4	
Denrées coloniales, café et vanilline...................	184	
Sels..	35	
Sucres..	544	
Contributions diverses..................................	136	
Douanes...	1,610	
Essences et pétroles....................................	277	
Benzols...	13	
Monopole des allumettes et diverses exploitations.......	125	
Total....................	6,826	33.1

Le rapprochement de ces deux tableaux ne fait pas apparaître de modifications profondes dans l'agencement général de notre régime fiscal.

Les taxes sur le revenu et sur le capital, dont la proportion se fixait en 1913 à 45 p. 100 du chiffre total, ont été portées en 1923 à 47 p. 100. Une place prépondérante est donnée aujourd'hui aux impôts sur le revenu, qui bien que ne rendant pas encore les sommes qu'avec les tarifs actuels on pourrait légitimement espérer, dépassent le quart des recouvrements globaux.

Les impôts de luxe particulièrement réduits en 1913, s'élèvent en 1923 à 3 p. 100 du rendement général.

Aucun changement important n'était apportée à cette date ni dans les impôts sur divers produits non indispensables à l'existence, qui ont légèrement fléchi de 23.4 p. 100 à 15.9 p. 100, ni dans les taxes de consommation proprement dites, qui restent supérieures à 30 p. 100 des recouvrements totaux.

Le projet de Budget de 1925 apporte de légères modifications dans cette répartition des impôts. Les taxes sur le revenu et sur le capital s'élèvent, en effet, à 52 p. 100 environ des recouvrements globaux qu'il prévoit; cette augmentation de leur part dans le montant total des rentrées de l'Etat ramène les droits de consommation à un taux inférieur à 30 p. 100. Les taxes somptuaires et les impôts établis sur certains produits non indispensables à l'existence se maintiennent aux proportions qu'ils avaient précédemment atteintes.

Mais ces constatations restent trop sommaires pour dégager une impression exacte sur l'évolution générale que notre système d'impôts a effectivement subie. Une étude plus minutieuse en fera ressortir les caractères principaux qui se résument ainsi.

1° Introduction de la progressivité dans les impôts directs sur le revenu.

Notre système d'impôts directs reposait, en 1913, sur une taxation forfaitaire des revenus privés d'après certains signes extérieurs, qui semblaient constituer les indices des possibilités fiscales de chaque contribuables. L'impôt foncier frappait les revenus des terres et des immeubles chiffrés d'après des évaluations périodiques. La contribution des patentes atteignait les gains de l'industrie, du commerce et des professions libérales à l'aide d'un tarif complexe, qui s'était efforcé de retenir, pour chaque profession, les éléments susceptibles d'en révéler l'activité. L'impôt des portes et fenêtres devait à une grande ancienneté son maintien toujours précaire. La contribution personnelle-mobilière se flattait enfin de baser sur le loyer une évaluation approximative des revenus de chacun.

L'écart qui existait entre les calculs rigides retenus par l'Administration et le montant réel des ressources de chaque contribuable, imposait le maintien d'un tarif modéré et ne pouvait de ce chef autoriser d'autres taux qu'une stricte proportionnalité.

L'institution de taxes assises sur le revenu effectivement encaissé par les redevables et calculées d'après des déclarations vérifiées par les agents du Trésor allait enlever à l'assiette de nos contributions le caractère de présomptions qu'elle présentait, pour atteindre plus efficacement la matière imposable. Ces transformations dans l'assiette de l'impôt devaient faciliter l'introduction de tarifs plus précis et plus élevés.

Aussi notre régime d'impôts directs a-t-il reçu au cours des hostilités et depuis leur conclusion une nouvelle orientation.

Les besoins croissants de l'État ont exigé une élévation parallèle des taux qui avaient été primitivement fixés. Alors que la loi du 15 juillet 1914 limitait son tarif, pour l'impôt général sur le revenu à 2 p. 100, la loi du 25 juin 1920 a prévu, pour certaines tranches de bénéfices, un prélèvement de 50 p. 100, que l'addition du double décime, institué par la loi du 22 mars 1924, porte à 60 p. 100. La déduction des cotes payées l'année précédente du montant du revenu imposable, réduit toutefois ces taux théoriques respectivement à 33 et 40 p. 100 environ.

L'élévation de ces taux ne pouvait en autoriser l'extension à tous les revenus quel qu'en fût le montant sans courir le risque de dépouiller certains contribuables des sommes mêmes qui leur étaient nécessaires pour assurer leur existence. Elle exigeait, en outre, une équité rigoureuse dans son assiette.

Ce double objet fût atteint d'une part, grâce à de larges abattements à la base et à l'institution d'une progressivité rapide dans le tarif de l'impôt, d'autre part, à l'aide de réductions d'impositions accordées aux contribuables mariés et aux familles nombreuses et combinées avec des majorations pour les célibataires.

Cette nouvelle conception de nos impôts directs donnait satisfaction aux principes d'équité dont devait s'inspirer une fiscalité démocratique.

Nos quatre vieilles contributions, construites sur certains indices extérieurs dont la valeur de présomption allait chaque jour s'affaiblissant et se révélait impuissante à suivre les variations incessantes et rapides de la richesse, ne recherchaient en effet qu'une proportionnalité même lointaine, avec le revenu de chacun ; elles ne pouvaient donc aider à redresser les erreurs provenant de l'incidence souvent très injuste des impôts de consommation qui, dans toute la mesure où ils portent sur des denrées de première nécessité, frappent indifféremment pauvres et riches, sans tenir aucun compte des ressources effectives du contribuable qu'ils atteignent. Par la cotisation progressive qu'ils demandent aux redevables, à mesure que leurs ressources s'élèvent, nos impôts directs actuels tendent, en effet, à rétablir un équilibre qui assurera un jour dans notre pays la justice fiscale.

S'attachant, en outre, au revenu lui-même comme à une entité abstraite, sans se préoccuper des conditions d'existence du contribuable, sans pénétrer dans sa vie intime pour en étudier les ressources ou les charges, nos anciens impôts directs frappaient uniformément un même revenu, sans faire varier leur poids suivant les charges de famille. Ils venaient ajouter, de ce chef, une iniquité nouvelle à celle qu'engendrent les droits de consommation sur les denrées de première nécessité.

Les abattements consentis aux redevables mariés et les réductions accordées en proportion du nombre des enfants dont ils assument l'entretien ont donné à ces préoccupations une première satisfaction.

Exonération à la base, progressivité des tarifs, réductions pour charges de famille, tels sont les trois principaux éléments qui ont apporté dans notre législation un élément compensateur aux charges parfois trop lourdes des contributions indirectes, et ont introduit dans la répartition des charges fiscales une plus grande équité.

2° *Extension des taxes somptuaires et introduction des tarifs* ad valorem *pour l'assiette des Contributions indirectes.*

Le souci de rechercher une relation plus étroite entre les ressources de chaque contribuable et le chiffre des cotisations qui lui sont imposées ne pouvait être limité aux impôts directs; il a également pénétré dans le domaine des contributions indirectes par une double voie :

Extension des taxes somptuaires, d'une part,

Introduction de tarifs *ad valorem* dans l'assiette des droits de consommation, d'autre part.

Cette dernière réforme doit particulièrement retenir l'attention. Notre régime fiscal tel qu'il existait avant les hostilités, ne comprenait sous la réserve de quelques rares exceptions que des impôts indirects spécifiques : ces taxes visent exclusivement la quantité de marchandises employées par chaque redevable sans rechercher aucune corrélation avec leur valeur; quelles que soient la qualité du vin, du sucre, etc., aucune discrimination n'est faite dans le taux de l'impôt qui frappe ces denrées. Ainsi, la charge fiscale ne présentait aucun rapport avec les ressources effectives des consommateurs.

Si notre système actuel a maintenu les errements antérieurs pour les impôts qu'il a conservés, il a du moins introduit la notion de valeur dans les taxes nouvelles qu'il a créées. C'est ainsi que la taxe sur le chiffre d'affaires tient automatiquement compte de la valeur des produits qu'elle atteint.

Certes, cette contribution, dans ses modalités actuelles, a suscité de vives et légitimes critiques ; mais on ne saurait contester qu'elle représente un prélèvement plus équitable qu'une perception qui serait exclusivement basée sur le poids ou le volume des marchandises consommées. Elle a certes les défauts d'une taxe qui frappe tous les échanges, toutes les consommations, même de première nécessité; mais, en se proportionnant strictement à la dépense de chacun, elle peut être considérée comme constituant dans son ensemble un impôt indirect moins imparfait que les contributions qui ont négligé même cette tendance. Le Gouvernement estime néanmoins que de profondes transformations de la taxe sur le chiffre d'affaires s'imposent spécialement en vue de supprimer son caractère antiéconomique, provenant de la multiplication de la taxe par le nombre des intermédiaires. La perception de l'impôt à la production ou à l'importation, pour tous les produits auxquels ce mode d'assiette peut être étendu, constituerait notamment une réelle amélioration. La suppression même de la taxe peut être envisagée pour certaines catégories de redevables à la base; mais cette suppression, vu l'état de nos finances, ne peut être faite que très prudemment et contre des moyens d'équilibre certains au chapitre des recettes.

Dès maintenant, cependant, pour marquer sa volonté de s'orienter dans la voie des réformes qu'il juge nécessaires, le Gouvernement vous propose l'exonération de certaines denrées de première nécessité.

Au surplus l'iniquité des impôts indirects qu'il conviendrait, soit de supprimer, soit de diminuer, dans d'importantes proportions en tenant compte de la valeur des produits taxés, réside dans le fait que les taxes qui frappent les produits nécessaires à l'existence pèsent uniformément sur tous les redevables, sans qu'il leur soit possible d'en rechercher une atténuation dans une restriction de leur consommation.

Or les impôts, qui présentent actuellement ce caractère, sont les suivants :

Vins, cidres et hydromels	560 millions.
Bières	86 —
Eaux minérales	19 —
Spécialités pharmaceutiques	27 —
Bougies	4
Vinaigres et acides acétiques	8 —
Denrées coloniales, succédanés du café	186 —
Sels	35 —
Sucres	516 —
Total	1,441 —

A ce chiffre devrait être ajoutée la part de l'impôt sur le chiffre d'affaires et des droits de douane qui atteint les objets de première nécessité, notamment les produits alimentaires, et pour laquelle aucune évaluation ne peut être indiquée.

Les observations qui précèdent ne sauraient, à aucun titre, être considérées comme une justification du régime fiscal actuel, dont les imperfections ne sauraient nous échapper. Elles n'ont d'autre objet que de circonscrire le problème des réformes nécessaires et de tracer le cadre à l'intérieur duquel les modifications désirables doivent venir prendre place. Le remaniement et la mise au point de notre système d'impôts, hâtivement ébauchés au cours d'une période troublée, ne sauraient être que graduellement assurés, à mesure que notre situation financière nous laissera les disponibilités indispensables pour y procéder.

Le double décime, institué par la loi du 22 mars 1924, constituait en particulier une solution trop simpliste du problème que posait alors la nécessité de l'augmentation de nos ressources fiscales; il frappe en effet aveuglément tous les redevables et leur impose la même surcharge proportionnelle, égale à 20 p. 100 de leurs cotisations antérieures sans faire entre eux aucune discrimination, ni examiner si certaines catégories de contribuables, plus modestes, ne devaient pas bénéficier de quelque allégement et échapper à la charge nouvelle qui était ainsi créée. Une révision de cette élévation générale de tous les impôts apparaît particulièrement nécessaire et devra être entreprise en vue d'un adoucissement des impositions perçues sur les classes les plus humbles de la population. Mais, comme pour la taxe sur le chiffre d'affaires, tout abattement de quelque importance doit s'accompagner de ressources d'équilibre correspondantes.

Le présent projet de budget entend souligner, par des allègements qui ne conservent que la portée d'une indication, l'orientation générale des modifications plus profondes qu'il est désirable d'apporter à notre régime fiscal.

III. — Rendement de notre régime fiscal.

Sans préjuger des réformes qui seront apportées dans l'assiette de nos impôts, un inventaire général des ressources de l'État doit réserver une place spéciale à l'étude du rendement qu'ils paraissent, dès maintenant, susceptibles de produire, et à l'examen des mesures qui permettraient éventuellement de le développer.

L'extension ou la restriction du produit des contributions sont subordonnées à des circonstances générales qui intéressent toute l'activité du pays d'une part, à des causes propres à l'agencement de chacune d'elles d'autre part.

I. — *Circonstances générales favorables au développement du rendement de nos contributions.*

Parmi les circonstances générales favorables au développement du rendement de nos contributions vient s'inscrire dès l'abord le relèvement de notre agriculture, de notre industrie et de notre commerce.

L'activité de toutes nos branches de production élargit la matière imposable qui s'offre à la taxation et rend moins onéreux le fardeau qui pèse sur elle. Nous réservons des développements spéciaux à l'étude de notre situation économique et nous ne manquerons pas de souligner les brillantes perspectives qu'elle nous offre.

L'attention doit être, toutefois, attirée, dès maintenant, sur les espérances que justifie le développement économique de nos Régions libérées. Nos dix départements envahis représentaient, avant la guerre, la partie la plus riche de notre territoire et versaient au Trésor environ le cinquième du montant total de ses recouvrements. La destruction de leur industrie et de leurs mines ne pouvait leur permettre de conserver, depuis la guerre, le rang qu'ils avaient su acquérir dans le rendement de l'impôs. Mais leur relèvement graduel se traduit par une incessante progression dans le montant des contributions qu'ils versent chaque année :

NATURE DES CONTRIBUTIONS.	1920.	1921.	1922.	1923.	1924. (six mois)
Contributions directes (y compris la part des départements et communes)..........	293	551	584	1,036	806
Enregistrement (non compris les produits domaniaux......................	482	513	646	906	618
Contributions indirectes et monopoles.....	657	849	1,051	1,206	666
Total...........	1,432	1,913	2,245	3,148	2,090

Quelle que soit sa rapidité, cette progression n'a pas encore atteint son terme; une plus-value nouvelle peut être escomptée de ce chef dans le rendement annuel des impôts.

Notre volonté de complète sincérité nous oblige enfin à constater que le développement de nos recouvrements est loin d'être toujours la manifestation d'un réel assainissement de notre situation économique. L'introduction de la notion de valeur dans l'assiette de certains impôts indirects en proportionne le rendement au mouvement des prix. Cette constatation est particulièrement manifeste pour la taxe sur le chiffre d'affaires et pour de nombreux droits de douane. La dévalorisation de notre monnaie grossit d'ailleurs artificiellement le montant nominal de tous les impôts sur les revenus ou les droits d'enregistrement; certaines taxes indirectes spécifiques échappent seules à son action. Tant que, par une sérieuse opération d'assainissement, conduisant à une stabilisation, puis à une baisse lente, mais progressive du change, nous n'aurons pas donné une base solide à notre économie nationale, il est nécessaire qu'une élasticité parallèle soit maintenue entre les dépenses de l'État et les recettes, qui alimentent le Trésor public, afin d'en maintenir automatiquement le montant au niveau correspondant des besoins.

2° Circonstances propres à chaque impôt.

À côté des circonstances générales qui sont susceptibles d'exercer une influence sur l'ensemble de nos contributions, viennent se placer les facteurs propres à chaque impôt, et appelés à apporter dans son agencement et son fonctionnement des améliorations favorables au développement de ses recouvrements.

Notre système fiscal actuel a été trop rapidement construit pour que de minutieuses revisions ne soient pas nécessaires, avant qu'il ait atteint sa forme définitive et sa plus judicieuse réglementation. Nos impôts sur les revenus ont été établis pendant les hostilités dans des conditions particulièrement difficiles et leur législation, vieille de dix ans à peine, n'a pas encore une ancienneté suffisante pour avoir pu pénétrer profondément dans les mœurs des contribuables et dans les habitudes de l'Administration. La taxe sur le chiffre d'affaires ne compte que quatre années d'une existence précaire et sera, nous le répétons, l'objet de modifications qu'appellent les âpres critiques dont elle a été l'objet. Notre régime douanier, enfin, n'a fait l'objet que d'ajustements de fortune par le système des coefficients de majoration; la refonte générale que commandent les nouvelles conditions des relations économiques internationales est indispensable et urgente.

a. *Impôts sur les revenus.*

Le tableau ci-dessous résume les résultats que les impôts sur les revenus ont donné depuis leur institution.

TABLEAU PRÉSENTANT LE NOMBRE D'ARTICLES ET LE MONTANT DES RÔLES DES IMPÔTS SUR LES REVENUS ÉMIS DEPUIS LA MISE EN APPLICATION DE CES IMPÔTS JUSQU'AU 31 MAI 1924.

ANNÉES AU TITRE DESQUELLES les impôts ont été établis.	NATURE DES IMPÔTS.	NOMBRE D'ARTICLES ou de cotes.	PRODUIT GLOBAL DES RÔLES ÉMIS au 31 mai 1924.
1916. (Revenus de 1915.)	Impôt général..	270,691	fr. c. 51,367,980 71
1917. (Revenus de 1916.)	Impôt général..	486,815	270,295,526 86
1918. (Bénéfices et revenus de 1917.)	Bénéfices industriels, etc................................	1,048.313	285,783,107 87
	Bénéfices agricoles......................................	67,580	2,340,485 84
	Traitements, salaires, etc................................	1,639.066	65,606,110 42
	Bénéfices des professions non commerciales................	33.928	5,585,251 91
	Impôt général..	611,901	597,895,229 22
	TOTAUX..	3,400.788	957,210,185 26
1919. (Bénéfices et revenus de 1918.)	Bénéfices industriels, etc................................	1,059,975	297,010,660 49
	Bénéfices agricoles......................................	63.290	2,525,879 08
	Traitements, salaires, etc................................	411.169	64,539,473 91
	Bénéfices des professions non commerciales................	35.228	6,627,283 56
	Impôt général..	707,339	611,884,249 75
	TOTAUX..	2,277,001	982,587,546 79
1920. (Bénéfices et revenus de 1919.)	Bénéfices industriels, etc................................	1,283.890	744,869,339 66
	Bénéfices agricoles......................................	196.822	18,460,084 90
	Traitements, salaires, etc................................	1,119,919	129,902,228 49
	Bénéfices des professions non commerciales................	42,700	23,815,074 30
	Impôt général..	556,348	1,094,459,706 03
	Frais d'avertissement....................................	"	141,458 85
	(2,529,177 articles.) TOTAUX.........................	3,199,679	2,011,647,892 23

ANNÉES AU TITRE DESQUELLES les impôts ont été établis. 1	NATURE DES IMPÔTS. 2	NOMBRE D'ARTICLES ou de cotes. 3	PRODUIT GLOBAL DES RÔLES ÉMIS au 31 mai 1924. 4
1921. (Bénéfices et revenus de 1920.)	Bénéfices industriels, etc.............	1,394,155	986,327,698 12
	Bénéfices agricoles.................	255,679	28,551,956 35
	Traitements, salaires, etc............	2,422,834	296,580,667 54
	Bénéfices des professions non commerciales.....	65,716	45,730,244 65
	Impôt général.................	1,003,916	1,436,712,482 61
	Frais d'avertissement.............	//	217,992 40
	(4.359,848 articles.) TOTAUX..............	5,142,300	2.794,121,041 67
1922. (Bénéfices et revenus de 1921.)	Bénéfices industriels, etc.............	1,496,781	932,706,916 71
	Bénéfices agricoles.................	245,725	19,510,218 54
	Traitements, salaires, etc............	2,751,788	327,775,754 11
	Bénéfices des professions non commerciales.....	73,100	50,177,161 31
	Impôt général.................	1,121,407	1.211,218,953 58
	Frais d'avertissement.............	//	236,943 35
	(4,738,867 articles.) TOTAUX..............	5,688,801	2.541,025,947 60
1923. (Bénéfices et revenus de 1922.)	Bénéfices industriels, etc.............	1,563,245	1,094.308,409 46
	Bénéfices agricoles.................	272,065	24,413,525 45
	Traitements, salaires, etc............	670,908	155,359,640 55
	Bénéfices des professions non commerciales.....	67,998	54,204,117 67
	Impôt général.................	954,648	1,411,870,232 19
	Frais d'avertissement.............	//	138,679 80
	(2,773,596 articles.) TOTAUX..............	3,528,864	2,740,384,614 12

Une progression qu'on eût été cependant en droit d'espérer plus rapide, apparaît ainsi dans le rendement des impôts sur les revenus qui, de 950 millons en 1918, passe à plus de 2 milliards depuis 1920 et parvient en 1923 aux abords de 3 milliards, malgré une réduction de 170 millions environ sur l'impôt cédulaire des traitements et salaires. Six années d'application ont permis d'en tripler le montant.

Quel que soit l'intérêt de ces résultats, les chiffres qui les enregistrent appartiennent aux années passées et l'avenir pose devant nous une question plus importante pour nos finances publiques. Un rendement de 3 milliards constitue-t-il le dernier terme auquel puisse parvenir l'effort toujours accru des contribuables français ou de nouvelles espérances peuvent-elles être conçues vers un élargissement du produit de nos impôts sur les revenus? Des augmentations de tarifs, générales ou particlles, ou des améliorations d'assiette sont-elles susceptibles d'accroître encore l'importance des sommes qui viennent chaque année se déverser dans les caisses du Trésor?

L'exemple de pays voisins, chez lesquels les impôts sur les revenus sont construits, depuis longtemps sur des assises, que nos contributions ne peuvent encore connaître fournira de précieux éléments d'appréciation.

L'Angleterre avec ses 47 millions d'habitants a pu inscrire ainsi, parmi les recouvrements de l'année financière 1923-1924, une somme de *269,331,000* livres sterling au titre de la Property et Incom tax et un produit de *60,640,000* livres pour la supertax, soit un rendement global de *329,971,000* livres sterling. Au change moyen de *80* francs la livre, cette somme correspond à un encaissement de *26,400* millions environ.

Sans doute un rapprochement brutal ne saurait être envisagé entre les résultats qui sont respectivement enregistrés en Angleterre et en France. La matière imposable se présente, dans ces deux pays, sous des aspects très différents.

La masse des revenus individuels est, en effet, plus élevée en Grande-Bretagne. Alors que nous avons évalué aux abords de *125,500* millions le montant des bénéfices réalisés annuellement par nos nationaux, les études les plus récentes confèrent aux ressources privées des citoyens anglais une valeur moyenne de *4,000* millions de livres sterling, soit au change moyen de *80* francs la livre, *320* milliards de francs par an. La fortune des contribuables anglais apparaît ainsi égale à 2 fois 1/2 environ la masse que les revenus français offrent à l'action du fisc.

Supérieure dans son chiffre global, cette matière imposable comporte, en outre une répartition plus favorable à l'emprise des contributions d'État. Le tarif d'un impôt direct doit, en effet, réserver sa sévérité aux revenus importants qui procurent à leurs bénéficiaires des jouissances de confort et de luxe sur lesquelles de larges prélèvements peuvent être effectués et modérer sa rigueur par des exonérations soit totales soit partielles vis-à-vis de petits contribuables qui ne trouvent dans leurs ressources que les sommes nécessaires à une existence modeste. Or la diffusion de la fortune en France a donné à cette classe de la population une place prépondérante.

Une comparaison entre les deux pays, Angleterre et France fait ressortir les différences que présente, dans chacun d'eux, la répartition des fortunes privées :

Décomposition des revenus compris dans les rôles en Angleterre et en France.

FRANCE. ANNÉE 1921.			ANGLETERRE. INCOM TAX ET SUPER TAX. — ANNÉE 1919-1920.			
Catégories de revenus.	Nombre de contribuables.	Montant des revenus.	Catégories de revenus.	Nombre de contribuables.	Montant des revenus.	Montant des revenus au change de 80 francs la livre.
francs.		millions de francs.	livres sterling.		milliers de livres.	millions de francs.
20,000 à 30,000	100,514	2,533	400 à 600	288,700	137,586	11,006
30,000 à 50,000	65.628	2,534	600 à 1,000	221,810	169,205	13,536
50,000 à 100,000	36,340	2,603	1,000 à 2,000	142,870	193,642	15,491
100,000 à 500 000	19,120	3,431	2,000 à 10,000	70.350	209,601	23,968
500,000 à 1,000,000	756	511	10,000 à 20,000	76,893	93,655	7,492
Plus de 1,000,000	227	654	Plus de 20,000	3,377	147,115	11,795
Total	222,585	12.266		813,000	1,041,134	83.288

Quelle que soit la valeur des considérations qui viennent d'être développées, il ne semble pas qu'elles puissent apporter une justification suffisante à un écart aussi grand entre les rendements respectifs des impôts de même nature dans les deux pays. Aussi doit-on considérer que l'ancienneté des contributions anglaises leur a conféré des vertus auxquelles la jeunesse de notre régime fiscal ne permet pas encore de prétendre. Indépendamment de sa progressive acclimatation qui réalisera une amélioration automatique de son application, la législation de nos impôts directs présente, sur de nombreux points, de très sérieuses lacunes, auxquelles il convient de porter dès maintenant remède.

1° *Taxation des revenus fonciers.*

Les revenus fonciers font l'objet d'évaluations administratives, périodiquement revisées et maintenues immuables au cours de l'intervalle qui sépare deux séries d'opérations. Or les travaux les plus récents ont été effectués en 1907-1910 pour les propriétés bâties et non bâties. Achevés avant l'ouverture des hostilités, ils ne sauraient manifestement conserver aujourd'hui une relation sérieuse avec la situation réelle des propriétés foncières, en raison des répercussions qu'ont exercées sur elle des circonstances économiques anormales et une lourde dévalorisation de notre monnaie. Les chiffres qui figurent sur les documents cadastraux, ne semblent pas représenter une somme supérieure à la moitié des bénéfices que ferait ressortir une évaluation actuelle; une brèche est ouverte, de ce chef, dans le recouvrement de nos contributions, impôt foncier, impôt sur les bénéfices agricoles et impôt général sur le revenu, se trouvant également affectés par l'insuffisance manifeste des forfaits officiels.

La révision des évaluations foncières, prescrite par la loi du 22 mars 1924, viendra apporter à ces chiffres les corrections nécessaires; mais elle doit se faire avec méthode et sans une précipitation qui conduirait à des erreurs, et, par suite, à des injustices.

2° *Taxation des bénéfices de l'exploitation agricole.*

Le redressement des documents cadastraux ne limitera pas son action aux impôts fonciers; il exercera une influence parallèle sur la taxation des bénéfices de l'exploitation agricole, grâce au jeu des coefficients appliqués, pour leur calcul, à la valeur locative du sol.

Cette amélioration elle-même ne semble toutefois pas suffisante pour apporter dans l'assiette de ces impôts les améliorations nécessaires. Sans doute un régime fiscal doit varier ses méthodes d'imposition et les plier aux conditions dans lesquelles se présente à lui la matière imposable. L'exploitation du sol ne saurait, à ce titre, se prêter aux mêmes procédés de taxation que l'industrie et le commerce ; l'absence de comptabilité, les difficultés que soulèverait le calcul direct d'un revenu effectivement encaissé, la prépondérance des produits utilisés par le propriétaire sous la forme de consommations en nature par lui-même, sa famille et ses employés, et les obstacles auxquels s'en heurterait une évaluation précise recommandent, pour toute cette branche de notre activité nationale, le maintien de forfaits, dont l'assiette présente avec la fortune réelle des redevables des relations assez incertaines.

Mais, si cette solution du problème délicat, que pose la taxation des bénéfices de l'exploitation agricole, apparaît seule susceptible d'éviter les froissements que ne manquerait pas de soulever l'application de méthodes trop rigoureuses d'imposition et les difficultés presque insurmontables qu'elle rencontrerait, la situation de nos finances publiques ne nous permet pas d'écarter la recherche de quelque amélioration toutes les fois que des lacunes sérieuses nous sont révélées. Or il apparaît que le jeu des coefficients conduit, pour certains redevables, à la détermination de revenus insuffisants.

Tout en étant fermement décidés à maintenir à la grande masse paysanne le régime dont elle jouit aujourd'hui, nous avons considéré que, par ses caractères spéciaux, par la nature de son bénéfice qui découle, pour une large part, de la mise en valeur d'un capital engagé, la gestion d'une grande exploitation agricole présentait une analogie marquée avec celle d'un établissement industriel ; nous avons, de ce chef, proposé d'en soumettre les bénéfices au taux de 8 p. 100 actuellement appliqué aux bénéfices industriels et commerciaux, en remplacement du taux de 6 p. 100 qui lui était jusqu'à ce jour réservé. Des dispositions spéciales sont prévues, à cet effet, dans le projet de loi que nous avons soumis à votre examen.

3° *Taxation des bénéfices non commerciaux.*

Des imperfections plus sérieuses encore peuvent être relevées dans l'assiette des droits sur les bénéfices non commerciaux comprenant principalement les revenus des professions libérales.

Ce n'est pas la seule absence d'une comptabilité qu'est venue désarmer ici la surveillance des agents du Trésor. Le souci de respecter le secret professionnel du médecin, de l'avocat, du notaire a fait reculer jusqu'à ce jour le législateur devant l'attribution au fisc de droits d'investigation qui porteraient sur des documents susceptibles de révéler des faits ou des confidences intéressant la tranquillité ou l'honneur des familles.

Sans doute, le désir d'éviter des froissements ou des heurts toujours pénibles peut recommander la modération à l'Administration. Une réglementation excessive pourrait dresser contre un impôt dont la nécessité et l'équité sont, par ailleurs manifestes, une classe de la population qui entend entourer ses affaires d'un secret jaloux.

Mais en raison des abus, qu'autorise le défaut de surveillance du fisc sur cette branche de revenus, les pertes du Trésor atteignent aujourd'hui de tels chiffres que la justice et les besoins de l'État ne permettent pas de les tolérer. Il ne serait pas admissible que la haute respectabilité qui s'attache à certaines professions pût dégénérer, pour leurs titulaires, en une véritable exonération fiscale. Des améliorations importantes doivent être apportées, sur ce point, à notre législation actuelle.

4° *Taxation des revenus mobiliers.*

L'agencement de notre impôt sur le revenu des valeurs mobilières ne semble pas laisser place à des fraudes sérieuses, en raison du fait que le prélèvement en est opéré à l'origine même de la distribution des intérêts et dividendes. Mais le contrôle de la déclaration des sommes ainsi taxées pour l'assiette de l'impôt général, est loin d'être efficace.

Les documents statistiques limitent, en effet, à *3,700* millions le montant des revenus mobiliers compris dans les rôles émis au titre de l'impôt général pour l'exercice 1921.

Or les intérêts et dividendes annuels des valeurs dont le service est fait par l'État ou des collectivités françaises et les produits des valeurs étrangères taxées en France paraissaient osciller en 1923 aux abords de *23* milliards. De très larges abattements doivent être opérés sur ce chiffre pour atteindre le niveau des revenus soumis à l'impôt général. Portefeuille des banques et sociétés, valeurs détenues par des étrangers, titres possédés par la masse des petits porteurs exonérés de l'impôt général, tels sont les principaux chapitres, au titre desquels ces abattements doivent être faits.

Bien qu'il soit impossible de chiffrer exactement le montant des sommes correspondant à des revenus exonérés, personne ne saurait contester qu'une part très importante du revenu des valeurs mobilières échappe à l'impôt général. Il est hors de doute que l'évasion d'importants revenus mobiliers ouvre une brèche particulièrement grave dans l'assiette de nos impôts et soustrait au devoir fiscal une part importante de la richesse française. Les difficultés que nous traversons nous imposent le devoir de rechercher les solutions les plus rigoureuses pour mettre fin à cette situation.

La loi du 22 mars 1924 a prescrit l'établissement d'un bordereau pour tous les encaissements d'intérêts ou de dividendes et sa conservation par les personnes ou sociétés qui font le service des coupons, les agents du Trésor ayant toute latitude de procéder à leur examen et à leur dépouillement. Nous avons récemment publié un décret, destiné à prescrire les mesures les plus propres à en assurer une stricte application. Nous étudions, dès maintenant, les modifications et les compléments qu'il est nécessaire d'apporter à la législation du bordereau de coupons pour en rendre le contrôle pratique et efficace.

Mais, quelle que soit la rigueur d'une réglementation intérieure, son efficacité reste en partie subordonnée à la conclusion d'accords internationaux, en vue d'assurer dans chaque pays le contrôle des revenus mobiliers appartenant aux citoyens des nations voisines. Ces ententes se heurtent sans doute à des difficultés sérieuses, mais les résultats qu'elles pourraient procurer sont trop importants pour que leur poursuite patiente et méthodique ne soit pas l'un des objets principaux des préoccupations du Gouvernement.

Dès maintenant, un Comité d'experts gouvernementaux s'est réuni à plusieurs reprises à Genève, en vue d'étudier les recommandations qu'il conviendrait d'adresser aux divers Gouvernements pour la solution d'un triple problème :

D'une part, la double taxation, c'est-à-dire l'imposition des mêmes revenus par deux pays différents;

D'autre part, l'évasion fiscale concernant les biens des ressortissants d'un pays, qui, situés ou déposés à l'étranger, échappent au contrôle du fisc de la nation à laquelle ils appartiennent.

Enfin, l'assistance juridique, c'est-à-dire l'aide que peuvent se prêter mutuellement les différents pays pour le recouvrement de leurs créances.

La quatrième session de ce Comité s'est tenue du 20 au 27 octobre 1924. La question de l'évasion fiscale a donné lieu à des discussions approfondies au cours desquelles le délégué de la France s'est efforcé d'obtenir l'adhésion du Comité à l'adoption de mesures générales, destinées à combattre efficacement l'évasion des fonds et des valeurs mobilières. La dernière session que tiendra le Comité avant la fin de l'année permettra d'arrêter définitivement les textes qu'il soumettra aux Gouvernements intéressés. Sans doute, les propositions qui pourront être acceptées par l'ensemble des délégués, seront encore loin de nous donner satisfaction. Elles constitueront cependant un premier pas dans la voie de la défense des États adhérents à la Société des Nations contre l'évasion fiscale.

Nous estimons que le travail des experts terminé et les gouvernements saisis de leurs recommandations, la question devra être évoquée devant l'Assemblée même de la Société des Nations qui consacrerait utilement à son étude un grand débat public au cours d'une prochaine session.

L'esquisse rapide qui vient d'être tracée, ne saurait constituer à aucun titre une étude complète des réformes que réclame notre système d'impôts directs. Elle ne s'est proposée d'autre objet que d'en souligner les parties les plus défectueuses et appellent de promptes améliorations. Nous avons incorporé dans la loi de finances la première partie des mesures dont l'opportunité nous est apparue.

Mais le fonctionnement d'un régime fiscal exerce sur l'économie générale d'un pays des répercussions trop profondes pour ne pas recommander la prudence dans son remaniement. La lente adaptation des habitudes de tous aux nouvelles méthodes de taxation et l'amélioration graduelle du fonctionnement de nos administrations assureront des progrès constants dans l'assiette de nos impôts directs dont le rendement est encore susceptible de recevoir de très larges développements.

b. *Impôt sur le chiffre d'affaires.*

Sans rappeler de nouveau les critiques dont la conception même de cet impôt a été l'objet, on ne saurait contester que la taxe sur le chiffre d'affaires constitue un impôt général de consommation qui atteint indifféremment les produits du luxe le plus raffiné comme les marchandises les plus nécessaires à l'existence des contribuables les plus pauvres.

Sans doute, le jeu de son tarif, basé sur la valeur des objets, est moins imparfait que l'application d'un taux qui reposerait exclusivement sur la quantité des denrées utilisées par chaque redevable, en inscrivant la notion de qualité à côté du simple élément de volume ou de poids.

Mais sa répercussion sur les cours des denrées de toute nature le place au nombre des facteurs qui concourent à l'élévation des prix, et, si la conséquence n'en est pas critiquable vis-à-vis des produits de luxe, pour lesquels elle joue le rôle d'un impôt somptuaire, l'influence qu'elle peut exercer sur la valeur des marchandises de première nécessité, accentue les difficultés auxquelles la partie peuaisée de notre population vient se heurter. Le souci d'adoucir, pour les déshérités ou les contribuables les plus modestes, les conditions actuelles de l'existence, commandera des réductions ou des exonérations d'impôts pour les produits dont la consommation est indispensable à la vie de tous.

Au surplus il importe de souligner la progression constante du rendement de cet impôt, qui, de 1,897 millions en 1921, s'est élevé à 2,280 millions en 1922, dépasse 3 milliards en 1923 et oscillera sans doute entre 3 milliards 1/2 et 4 milliards en 1924.

D'autre part, étant encaissé mois par mois ou trimestre par trimestre, il donne à la trésorerie des versements échelonnés qui lui sont très précieux. Aussi, dans les aménagements d'impôts à inscrire dans le prochain budget, ce caractère devra-t-il être maintenu; les réformes resteront limitées, soit à des modifications dans les mé-

thodes de perception, en particulier par le prélèvement exclusif de l'impôt à l'extraction, la fabrication ou l'importation des produits, soit à des exonérations ou des atténuations en faveur de certaines catégories restreintes de marchandises ou de certaines
classes très limitées de contribuables.

c. *Douanes.*

Un régime douanier est trop intimement lié à toute la vie économique d'un pays, pour
que le trouble profond, engendré par la guerre dans notre production et notre commerce n'ait pas exercé sur lui de larges répercussions, et n'en ait pas imposé le remaniement. L'histoire des réformes successives dont il a été l'objet et des mesures par
lesquelles on s'est efforcée de satisfaire aux besoins généraux de la Nation, comporterait de précieux enseignements : mais elle appellerait des développements excessifs
qui la feraient sortir du cadre de la présente étude, aussi limiterons-nous notre exposé
à l'indication sommaire des étapes de l'évolution de nos tarifs depuis 1914.

La guerre imposait à notre politique douanière un double objet.

D'une part, le ravitaillement du pays devait être assuré aussi largement que le permettaient nos ressources financières et les entraves apportées à la navigation maritime,
soit en denrées nécessaires à la consommation de la population et des armées, soit en
matières indispensables à la défense nationale.

D'autre part, la paralysie de notre production, conséquence de la mobilisation de
la main d'œuvre, de l'envahissement d'une partie de notre territoire, de l'occupation
de nos mines de houilles et de fer, exigeant de larges appels à l'étranger pour les marchandises destinées à la satisfaction des besoins les plus élémentaires et les plus
impérieux, il importait de réserver à leur achat nos disponibilités de change et
d'éviter un déséquilibre plus accentué de notre balance commerciale par l'importation de denrées d'un caractère somptuaire ou dont l'utilité ne fut pas manifeste.

Ce programme ne s'inspirait d'aucune doctrine théorique; il ne réveillait pas les
vieilles querelles, assoupies, mais non éteintes entre les partisans du libre échange et
les adeptes du protectionnisme; il entendait tenir compte seulement des nécessités
pratiques du moment et plier à leurs exigences notre régime douanier. Ces préoccupations se retrouvent dans les multiples décrets intervenus en la matière; elles en
justifient les dispositions souvent complexes et rigoureuses.

L'approvisionnement du pays fut demandé à une série de mesures destinées à
réserver à sa consommation tous les fruits de sa propre production et à ouvrir largement ses frontières à l'importation des denrées étrangères, que rendait nécessaire le
déficit de son agriculture et de son industrie.

A cet effet, des prohibitions de sortie vinrent interdire l'exportation de toutes les marchandises dont le maintien à l'intérieur du territoire national apparaissait utile à la vie du pays et aux besoins de la défense nationale. Sans prétendre en dresser ici une liste détaillée, nous citerons les produits nécessaires à l'armement de nos troupes tels que les aéroplanes et aérostats, armes de guerre de toute sorte, bois de fusils, dynamites et explosifs, effets d'habillement et de campement, coton et déchets de coton, huile de ricin, nickel, chrome et les marchandises indispensables à l'alimentation et telles que lait et sucre, graines oléagineuses, betteraves destinées à la fabrication du sucre, œufs, volailles et gibier, fruits frais, secs ou tapés, volailles mortes, etc.

Corrélativement à ces mesures qui maintenaient à la disposition du pays les denrées qu'il avait produites, un abaissement des tarifs ou la suppression même des droits favorisaient l'importation des marchandises qui, répondant aux mêmes besoins, ne trouvaient pas dans les productio ns de notre industrie ou de notre agriculture un approvisionnement suffisant. Ainsi furent supprimés les droits d'entrée sur le froment, l'épeautre, le méteil et leurs farines, sur les viandes conservées par un procédé frigorifique, sur les divers légumes secs et les viandes salées, sur le maïs en grain, sur les bestiaux, sur les œufs, les volailles et le beurre, denrées utiles à la nourriture de la population, ou sur les chevaux, mules et mulets, ânes ou ânesses, sacs neufs en tissus de jute, ponts et pièces de ponts métalliques, coton hydrophile, iode, tissus de coton en bandes coupés pour pansements, animaux ou produits destinés aux besoins de nos armées.

Par contre, le Gouvernement n'ayant pas trouvé dans un appel à la bonne volonté des concours assez efficaces pour diminuer le montant des achats qui étaient effectués sur les marchés étrangers et portaient sur des denrées inutiles ou des marchandises somptuaires, il résolut d'intervenir directement dans le commerce d'importation pour réserver nos disponibilités de change et notre fret réduit aux produits pour lesquels aucune restriction ne devait être envisagée. En vue d'exercer le contrôle étroit que ce programme comportait, le décret du 22 mars 1917 vint fixer le principe d'une prohibition absolue d'entrée de toutes les marchandises étrangères sous réserve de dérogations générales pour les produits utiles à la vie du pays, et de contingentements pour certaines marchandises. Ces dérogations étaient accordées d'après un plan de répartition entre les divers groupements industriels ou commerciaux au prorata de leurs besoins réels. Des textes ultérieurs supprimèrent la procédure du contingentement pour lui substituer un régime de dérogations spéciales accordées par certains Comités constitués à cet effet.

Cette surveillance de l'État sur les mouvements du commerce fût d'ailleurs accompagnée de la création d'organes destinés à contrôler l'approvisionnement du pays pour certaines denrées particulièrement indispensables et à veiller à leur répartition judicieuse, soit par la création de Commissariats généraux, comme pour les essences, soit par l'organisation de bureaux, tels que le bureau national des charbons, soit par l'institution de Comités, comme ceux de la laine, du chanvre {du lin, du jute, du coton ou d'Offices comme celui du papier.

Certes ceux qui ont connu les difficultés des heures tragiques de 1916 et 1917 savent quelles raisons profondes ont justifié l'institution d'une politique économique aussi rigoureuse; mais il n'est pas contestable que les lourdes entraves qu'elle faisait peser sur le commerce ne pouvaient en permettre le maintien après la cessation des hostilités, alors que les circonstances anormales qui l'avaient inspirée avaient elles-mêmes disparu.

Le retour à l'état de paix marque l'adoucissement des mesures exceptionnelles que la guerre avait engendrées. Il est permis de regretter que ces modifications aient été parfois trop rapides; il eût fallu procéder par lentes étapes, ne pas briser, sans mesurer les périls qu'un trop prompt retour à la liberté du commerce faisaient courir au pays, les organismes péniblement constitués durant la guerre. Il eût été préférable également que, comprenant mieux leur propre intérêt, les alliés maintiennent pendant quelques années au moins leur coopération.

D'ailleurs, les événements conduisirent, bientôt après, le Gouvernement au rétablissement de prohibitions de sorties et à la création de droits élevés à l'exportation.

Ces prohibitions intéressèrent principalement soit les produits alimentaires, tels que viandes fraîches ou frigorifiées, bestiaux, chevaux destinés à la boucherie, œufs, lait, beurre, froment, semoule, légumes secs, soit certaines matières premières comme les peaux, la laine, les bois de noyer, les ferrailles (sauf pour l'Italie); soit diverses marchandises qui semblaient particulièrement utiles à la reconstruction des régions libérées, notamment les ardoises pour toitures et les tuiles.

Les droits à l'exportation ont été principalement créés par le décret du 7 avril 1924; le taux en varie de 5 à 15 p. o/o et frappe spécialement des produits alimentaires comme les viandes salées, les conserves de viandes, les graisses animales, les graisses alimentaires et substances similaires, le lait concentré, les fromages, les légumes frais, les fruits de table ou quelques matières premières telles que les os, certains bois ou des déchets de zinc.

Le régime des importations présentait de plus sérieuses difficultés.

La loi du 6 mai 1916 avait conféré au Gouvernement les pouvoirs les plus étendus soit pour prohiber l'entrée des marchandises étrangères, soit pour relever par voie de simples décrets le tarif des droits de douane.

La faculté de prohibition générale a pris fin à la date du 1ᵉʳ janvier 1921, et les interdictions qui subsistent actuellement restent fort peu nombreuses. En dehors de celles qui intéressent le fonctionnement de nos monopoles (tabacs, allumettes, poudres à tirer) ou l'assiette de certains impôts (cartes à jouer) ou qui répondent à diverses préoccupations d'ordre sanitaire, ces mesures conservent un caractère provisoire à l'égard de quelques marchandises telles que raisin, vendanges, figues pour la distillation, fleurs coupées, vins de raisins secs, alcools et liqueurs (sauf pour l'Espagne) horlogerie de petit volume, etc.

Les réformes apportées dans le jeu de nos tarifs ont porté sur deux séries principales :

D'une part, les droits du tarif général ont été relevés par le décret du 28 mars 1921, en vue d'étendre à 300 p. 100 l'écart qu'ils présentaient avec les taux inscrits au tarif minimum.

D'autre part, on se préoccupa de restituer aux droits de douane la valeur de protection qu'ils offraient avant la guerre aux industries nationales et que la hausse générale des prix, combinée avec le maintien des mêmes taux spécifiques, avait progressivement réduite. A cet effet, sans porter atteinte à la base même du tarif un système de coefficients appliqués à chaque nature de droits vint en majorer le montant dans une proportion égale au rapport entre le prix de la marchandise en 1913 et ses cours actuels. Cette réforme conservait un caractère temporaire : l'instabilité des prix ne paraissait pas favorable à une révision définitive de l'échelle même des droits et le régime qui était prévu offrait une plus grande souplesse en permettant la modification des coefficients, chaque fois que l'opportunité en serait constatée.

Les coefficients étaient fixés sur les propositions d'une commission spéciale dans laquelle industriels et commerçants étaient représentés. La limite supérieure de ces élévations de taux fut fixée en 1919 à 300 p. 100, mais ce chiffre fut dépassé au cours des années ultérieures et porté pour certaines rubriques à 900 p. 100. La substitution de droits *ad valorem* au tarif spécifique, antérieurement existant, fut également prévue pour divers produits.

Les remaniements fréquents dont ces coefficients ont été l'objet et le caractère fragmentaire qui est resté attaché à ces réformes successives, a pu porter atteinte à l'agencement harmonieux de notre tarif.

Le strict respect de sa structure et sa simple adaptation aux cours actuels des marchandises, peuvent au surplus ne pas répondre aux nécessités nouvelles de nos relations économiques avec les pays étrangers ni aux conditions de fonctionnement de notre industrie et de notre commerce.

D'autre part la facilité avec laquelle les coefficients furent parfois accordés sur la seule demande des syndicats intéressés, sans que les consommateurs eussent été entendus entraîna dans certains cas à un protectionnisme excessif qui ne fût pas étranger à la hausse du prix de la vie.

Aussi l'assiette et le tarif de nos droits de douane appellent-ils une révision générale qui assure la mise au point et même le remaniement du régime provisoire qui a été maintenu jusqu'à ce jour. Une enquête est actuellement poursuivie à ce sujet par les soins du Département du Commerce, ses conclusions serviront de base à la réforme dont la nécessité est évidente.

MONOPOLES FISCAUX.

(Tabacs et allumettes.)

A l'examen de notre régime fiscal, se rattache l'étude du fonctionnement des monopoles des tabacs et des allumettes.

Voici tout d'abord le tableau des ressources que ces monopoles apportent au Trésor public; leur importance et leur constante progression répondront mieux que nous ne saurions le faire aux critiques passionnées autant qu'injustes dont ils ont été l'objet.

Monopole des tabacs.

ANNÉES.	PRODUITS BRUTS.	DÉPENSES.	PRODUIT NET.
	francs.	francs.	francs.
1913	545,076,000	108,736,000	436,340,000
1914	529,507,000	111,015,000	418,492,000
1915	534,566,000	133,277,000	401,289,000
1916	593,634,000	163,286,000	430,348,000
1917	695,466,000	230,818,000	464,648,000
1918	683,574,000	310,051,000	373,523,000
1919	951,838,000	411,480,000	540,358,000
1920	1,451,595,000	637,625,000	813,970,000
1921	1,600,000,000	564,516,000	1,035,484,000
1922	1,664,460,000	466.108.000	1,198,352,000
1923	1,806,745,000	524,246,000	1,282,499,000

Monopoles des allumettes.

ANNÉES.	PRODUIT BRUT.	DÉPENSES.	PRODUIT NET.
	francs.	francs.	francs.
1913	44,589,000	12,600,000	31,989,000
1914	4 0,961,000	11,469,000	29,492,000
1915	44,812,000	18,235,000	26,577.000
1916	49,561,000	21,188,000	28,373,000
1917	54,780,000	22,268,000	32,512,000
1918	64,529,000	28,096,000	36,433,000
1919	86,921,000	41,876,000	45,045,000
1920	105,215,000	48,649,000	56,566,000
1921	109,702,000	51,367,000	58,335,000
1922	120,337,000	51,148,000	69,189,000
1923	127,332,000	55,625,000	71,707,000

Le produit net des monopoles fiscaux est ainsi passé de *468* millions en 1913 à *1,353* millions en 1923, progressant au cours de cette période de dix années à *289 p. 100* de son rendement primitif.

L'importance de ces chiffres écarte, dès l'abord, le reproche d'improductivité qu'on a souvent adressé aux exploitations industrielles de l'État. L'élévation de leur produit net apporte un témoignage précieux en faveur de la bonne marche de ces établissements. De nouvelles améliorations peuvent-elles être apportées aux méthodes grâce auxquelles ces résultats très satisfaisants ont été déjà obtenus? C'est à cette question que se limite le problème de la réorganisation de nos monopoles.

Les principales critiques, qui sont actuellement formulées à leur égard, concernent, soit les procédés d'achat des matières premières, soit les frais d'exploitation et le rendement de la fabrication, soit les conditions dans lesquelles est assurée la vente des produits.

Les méthodes suivies pour l'acquisition des produits exotiques semblent offrir des garanties : l'achat direct sur les marchés étrangers par des missions d'ingénieurs, opérant suivant les usages adoptés par le commerce libre ou la passation de contrats dont l'exécution est minutieusement surveillée à l'aide d'expertises approfondies, sont susceptibles d'assurer à l'Administration les conditions les plus avantageuses pour l'approvisionnement de ses manufactures. Néanmoins des améliorations sont désirables et certainement possibles dans le sens des méthodes appliquées par l'industrie privée.

Des critiques ont été élevées également contre les achats effectués sur notre propre territoire.

Sans doute, le jeu des commissions paritaires chargées soit de la fixation des prix, soit de l'expertise des tabacs livrés à l'Administration, peut entraîner parfois certaines difficultés entre l'administration des monopoles et les planteurs.

Mais, au reproche d'instaurer un régime de faveur pour nos planteurs, nous opposerons la nécessité de maintenir, à l'intérieur de nos frontières, grâce à des prix rémunérateurs une culture qui, répartie entre un très grand nombre de petits cultivateurs utilisant largement la main-d'œuvre familiale, retient une population traditionnellement attachée à ces procédés culturaux et garantit l'indépendance de notre fabrication nationale, assurée de trouver sur place une matière première homogène et très appréciée, dont la qualité reste constante.

La situation de notre change et l'impérieux souci d'apporter chaque jour à notre balance commerciale de nouveaux éléments de redressement nous imposent au surplus aujourd'hui la préoccupation de poursuivre, dans tous les domaines, le large développement de la production de notre sol et de limiter nos achats extérieurs aux produits que notre territoire ou nos possessions coloniales ne nous permettent pas de recueillir : tout en évitant des excès nuisibles à nos monopoles le maintien des cours d'achat nécessaires au développement de la culture nationale présente, pour le pays entier, l'intérêt le plus sérieux.

L'élévation des frais d'exploitation est l'objet principal des reproches adressés à l'organisation de nos monopoles. L'origine en est attribuée d'abord à l'exagération des salaires et à l'insuffisance du travail dans les ateliers. Il est aisé d'observer qu'alors même qu'elle serait exactement établie — ce qui n'est pas — cette critique n'est pas susceptible d'affecter profondément le produit net de cette industrie : dans la masse des dépenses qui ont atteint environ 580 millions en 1923, la part intéressant les salaires n'a pas dépassé 95 millions, soit 16 p. 100 des charges globales ; cette proportion limite la portée possible des réformes destinées à obtenir, par un meilleur rendement du travail, une diminution des frais généraux.

Les retards apportés à l'amélioration de l'outillage représentent des inconvénients plus graves : la cause doit en être imputée à la rigidité des crédits budgétaires pour l'achat de matériel neuf, qui ne permet pas de réaliser rapidement les transformations qu'un industriel n'hésiterait pas à effectuer dès qu'une invention nouvelle apparaît comme susceptible de réduire le prix de revient. Le souci de respecter les limites budgétaires impose à l'Administration l'obligation de procéder par étapes successives, elle perd ainsi pendant plusieurs années les bénéfices qu'eût produit l'application immédiate des procédés découverts.

Quant à la vente, l'absence de tout esprit commercial, le défaut de toute publicité, l'inertie des entreposeurs et débitants préposés à l'écoulement des produits sont le thème habituel des critiques adressées à nos industries d'État. Sans en méconnaître la valeur et tout en soulignant la nécessité d'une organisation plus souple et d'un souci plus marqué de rencontrer ou même de provoquer les désirs du public, on ne saurait manquer de signaler que le régime actuel assure la diffusion des produits du monopole avec une dépense vraiment infime; aucun organisme commercial ne pourrait limiter au taux de 8% les remises faites aux détaillants et si des critiques peuvent lui être adressées, des félicitations doivent être accordées à une administration qui parvient à faire entrer dans les caisses de l'État, moyennant des commissions aussi réduites aux intermédiaires, les sommes que versent les acheteurs français de tabacs et d'allumettes.

Les critiques, à notre sens le plus fondées, visent l'insuffisance, presque l'absence d'exportation. Nos envois à l'étranger n'ont pas excédé en effet 530,000 kilogs de tabac pour l'année 1923. Notre production est appréciée à l'extérieur et une impulsion vigoureuse nous permettra d'accroître considérablement de ce côté le rendement de notre monopole des tabacs.

Au surplus, fermement résolus à maintenir nos monopoles fiscaux, en raison des recettes sans cesse croissantes qu'ils apportent à nos budgets, nous sommes également décidés à retenir la part d'exactitude qu'il convient de reconnaître aux critiques dont ils ont été l'objet et à nous efforcer d'apporter un remède aux imperfections qui sont signalées dans leur fonctionnement.

Nous nous proposons d'utiliser à cet égard les études bientôt arrivées à leur terme d'une commission constituée au Ministère des Finances et composée principalement d'industriels éminents et de représentants qualifiés du Commerce et de l'Agriculture. Cette commission a procédé à une enquête détaillée sur le monopole des tabacs : culture, fabrication, vente, administration, ont successivement fait l'objet de ses investigations et de ses critiques. Ses conclusions ne se sont pas montrées en général, défavorables aux méthodes qui sont actuellement suivies et le programme de réformes qu'elle préconise est assez restreint.

Elle envisage néanmoins un remaniement profond en soulignant la nécessité de l'industrialisation de nos monopoles.

L'application stricte des règles de notre comptabilité publique et de notre droit budgétaire à la gestion d'une entreprise industrielle apparaît en effet singulièrement onéreuse. Malgré la procédure des reports, l'annualité de crédits budgétaires peut compromettre ou, du moins, retarder l'exécution des travaux indispensables; elle s'oppose à l'exécution de ces grands programmes de réalisation qui caractérisent toute industrie vivante et prospère.

La fiction qui fait du Ministre des Finances le directeur suprême d'une industrie dont il ne peut suivre au jour le jour le développement et les besoins, engendre au surplus de graves inconvénients; elle entraine un contrôle minutieux des propositions techniques du service qui doit consacrer une large part de son temps à expliquer sous la forme de rapports écrits ses projets les plus simples et n'obtient qu'après de longs délais les approbations prévues par les lois et règlements.

Un formalisme désuet, la transmission de correspondances volumineuses provenant des multiples échelons de la hiérarchie diluent les responsabilités, et accusent les défauts d'une gestion purement administrative, caractérisée par le souci prédominant d'une étroite économie pratiquée dans les lignes de la comptabilité administrative. Ils soulignent la nécessité de l'impulsion vigoureuse d'un directeur général libre de son initiative et responsable de ses actes.

Aussi avons-nous recherché une formule qui conciliàt la réalisation de ces réformes avec le maintien du contrôle nécessaire du Parlement. Les conclusions auxquelles nous avons été conduit ont été soumises à l'examen de la Commission chargée de l'étude des questions concernant l'organisation et le fonctionnement de nos monopoles et les principes de la réorganisation que nous avons envisagée, ont recueilli son assentiment. Le Parlement sera prochainement saisi des textes nécessaires pour la réalisation de cette réforme.

Voici quelles seront les grandes lignes du projet.

Les monopoles seraient constitués en offices nationaux, établissements publics rattachés au Ministère des Finances et jouissant de la personnalité civile et de l'autonomie financière.

Ces offices recevraient comme capital la valeur des biens, meubles et immeubles, matériels d'exploitation et approvisionnements actuellement détenus par les Administrations des monopoles et la rembourseraient à l'État par le versement d'annuités. Ils se procureraient les sommes nécessaires à l'augmentation éventuelle de ce capital ou de leurs fonds de roulement par l'émission d'obligations garanties par l'État.

L'état de prévisions des recettes et des dépenses serait dressé chaque année par l'Office, serait soumis à l'approbation du Ministre des Finances et communiqué au Parlement. La tenue des écritures échapperait aux règles de la comptabilité publique et serait assurée suivant les usages de l'industrie et du commerce, tout en restant soumise au contrôle parlementaire.

Aucune modification ne serait apportée au régime actuel de culture; les prix de vente des tabacs ordinaires seraient fixés par décrets dans la limite de maxima arrêtés par le législateur.

Les recettes de l'Office seraient versées au Trésor par voie d'avances provisionnelles au cours de l'année, sous réserve d'un règlement définitif en fin d'exercice.

L'administration de ces offices serait confiée à des Conseils d'administration composés de représentants du Ministre des Finances et de membres choisis parmi les personnalités de l'Agriculture, du Commerce et de l'Industrie, et investis des pouvoirs les plus étendus pour la gestion de ces offices ; ces conseils seraient assistés de Comités consultatifs comprenant des membres du Parlement, du Conseil d'État, de la Cour des Comptes et des représentants de tous les intérêts engagés, entreposeurs, débitants, planteurs et personnels, et appelés à donner leur avis sur toutes les questions qui leur seraient adressées par le Conseil d'administration.

Nous sommes persuadés que cette organisation plus souple permettra de donner à nos monopoles fiscaux ce caractère d'exploitation industrielle et commerciale qui leur a fait jusqu'à ce jour défaut, et nous sommes en droit d'espérer que les résultats s'en traduiront par une large amélioration de leur rendement.

TITRE II.

Domaine de l'État.

Le produit des impôts mesure les prélèvements, qui sont effectués sur les fortunes privées des citoyens pour satisfaire aux besoins généraux du pays, et notamment au service des dettes qu'il a contractées. L'État vient ajouter, à la garantie que représente pour ses prêteurs la contribution de ses nationaux, un gage qui lui est propre et est constitué par les biens qu'il possède personnellement.

Sans doute, en comparaison du montant total des recettes de l'État, ce domaine ne fournit, pour l'équilibre de ses charges, qu'un appoint peu important. Dans les 32 à 33 milliards de francs auxquels s'élève environ aujourd'hui le chiffre de nos rentrées annuelles, les produits du domaine proprement dit ne dépassent pas 300 millions.

Mais il importe de souligner que la faiblesse de cette productivité découle de la nature même du domaine de l'État et ne permet de préjuger en rien de sa valeur réelle. Les biens qui le composent comprennent, en effet, pour la plus large part, soit l'outillage général de la Nation, ports, routes, canaux, immeubles affectés à des services publics, soit les ouvrages destinés à la protection du territoire, soit le domaine national, rivages de la mer, fleuves et rivières, qui échappe à toute appropriation effective; ils représentent la mise en commun d'un capital et d'un patrimoine, dont l'entretien est assuré à l'aide de prélèvements sur les ressources de la Nation et dont l'usage, laissé à la disposition de tous, reste en général gratuit. L'utilisation des routes, des canaux, après le rachat d'ailleurs récent des ponts à péage, ne motive la perception d'aucune redevance; le domaine militaire ne peut, de par son affectation même, engendrer quelque bénéfice pour le Trésor; les rivages de la mer, les fleuves, étangs et rivières sont utilisés librement par tous sans encaissement d'aucune taxe ni d'aucun droit de passage. Aussi, ne saurait-on tirer de la faible élévation des produits du Domaine de l'État quelque conclusion relative à sa valeur en capital, qui reste considérable.

Or, les récents travaux des experts de la Commission des Réparations ont montré que, si les biens détenus par l'État étaient, en fait, inaliénables, certains d'entre eux, tels que forêts, mines ou chemins de fer, pouvaient, du moins, être en quelque sorte hypothéqués et servir de gage à la conclusion de larges opérations de crédit; par l'affectation spéciale des produits qu'ils procurent au service de certains emprunts, ils peuvent, si la signature seule de l'État a perdu sa valeur, ce qui ne saurait être heureusement envisagé pour la France, offrir une garantie effective à l'égard des dettes souscrites par un pays.

Un inventaire de l'actif de l'État ne saurait, donc, omettre de ses rubriques son domaine propre; il doit s'efforcer d'en déterminer la composition exacte et d'en préciser, autant que possible, la valeur.

Les documents statistiques les plus récents, présentant la liste des divers éléments du Domaine et l'évaluation de chacun d'eux, sont constitués par le Tableau général, dressé en exécution de la loi du 20 décembre 1873 et tenu régulièrement à jour, d'après les acquisitions ou les aliénations, jusqu'à l'année 1879.

La situation qu'il faisait apparaître à cette époque se résumait ainsi :

Propriétés affectées à des services publics.

En France...	2,115,881,150^f
En Algérie...	176,552,900
Aux Colonies..	42,527,100
A l'étranger...	13,094,470
Total.................	2,348,055,620^f

Propriétés non affectées à des services publics.

En France : Administration des Domaines......................	277,889,840^f
— Bois et forêts...................................	1,263,031,654
En Algérie : Immeubles...................................	35,613,490
— Bois et forêts...................................	67,540,931
Total.................	1,644,075,915^f
Total général du Domaine de l'État......	3,992,131,535^f

Ces chiffres appellent aujourd'hui une sérieuse revision.

D'une part, les modifications, intervenues depuis quarante-cinq ans dans la consistance du Domaine de l'État, exigent la mise à jour de ce Tableau et de la liste des biens qu'il renferme.

D'autre part son ancienneté même enlève aux chiffres indiqués toute valeur actuelle, la dépréciation de notre monnaie ayant modifié profondément l'étalon réel d'après lequel ont été établies les évaluations.

Au surplus le Tableau ne présente pas une énumération complète de tous les éléments du Domaine de l'État; les biens du Domaine privé et une part du domaine public y figurent seuls, mais les routes, les canaux, les chemins de fer, les lignes télégraphiques et téléphoniques n'ont pas été compris dans ses évaluations; or ces richesses constituent la part la plus importante du patrimoine collectif géré par l'État; il importe donc que ce document soit complété sur ce point.

Cette révision exige de minutieuses enquêtes et des travaux longs et approfondis. Une Commission extra-parlementaire a été instituée, par décret du 1ᵉʳ février 1922, sous la présidence de M. Milliès-Lacroix, président de la Commission des finances du Sénat, en vue d'examiner les conditions dans lesquelles cette étude pourrait être effectuée.

Cette Commission a commencé immédiatement ses travaux. Mais elle a estimé qu'elle n'accomplirait qu'une œuvre stérile, si, à l'occasion de la réfection matérielle du tableau général, elle ne se préoccupait pas d'assurer une révision minutieuse des conditions dans lesquelles sont utilisées et occupées les propriétés doma-niales.

De nombreux abus avaient en effet été signalés : extension excessive de certains services dont le resserrement rendrait des locaux disponibles; octroi de logements, soit gratuits, soit moyennant un loyer insuffisant, sans qu'aucun titre puisse être invoqué en faveur des bénéficiaires. Il importait qu'un terme fût mis à ces abus. La situation de nos finances exige que l'on retire du domaine, par voie d'aliénation, de location ou de concession, toutes les ressources qu'il est susceptible de produire; elle ne permet pas la plus légère négligence dans la gestion d'une part quelconque du patrimoine national. La crise actuelle du logement commande, au surplus, la remise, dans le commerce de tous les immeubles, abusivement occupés ou utilisés en vue d'apporter quelque atténuation aux difficultés que soulève aujourd'hui l'insuffisance des locaux d'habitation.

Pour répondre à cette double préoccupation, la Commission a préconisé diverses réformes qui se résument ainsi :

D'une part, unification de notre législation domaniale, en soumettant au droit commun le domaine militaire, dont la gestion et l'administration se trouvaient exceptionnellement attribuées au Département de la Guerre, par le décret-loi du 8-10 juillet 1790;

D'autre part, renforcement du contrôle qui est actuellement exercé sur l'utilisation des immeubles de l'État. A cet effet, les agents de l'Administration des Domaines devaient recevoir un droit de regard qui les autorisât à se rendre compte, tant par des visites sur place que par l'examen des documents détenus dans les divers services publics, de l'emploi, de l'utilisation et de l'état de tous les immeubles domaniaux. La Commission jugeait, en outre, opportun d'étayer leur autorité par l'institution d'une juridiction locale, chargée d'examiner, de contrôler et de sanctionner les propositions et les décisions de l'Administration des Domaines, d'exercer elle-même une surveillance constante de chaque immeuble domanial affecté à un service public et de se prononcer sur la conformité de son emploi réel avec sa destination normale.

Le programme, qui était ainsi tracé fût adopté et mis à exécution.

L'article 131 de la loi de finances du 30 juin 1923 réalisa l'unification de notre législation domaniale, en abrogeant les dispositions exceptionnelles du décret-loi de 1790.

Un décret du 20 septembre 1923 créa, dans chaque département, sous la présidence du préfet, la juridiction locale, dont l'institution avait été envisagée, sous le nom de « Commission permanente spéciale du Domaine national ».

La mission qui fut confiée à ces nouveaux organismes est particulièrement étendue.

Leur premier objectif vise la révision complète de toutes les affectations des immeubles de l'État : à cet effet, chaque commission doit faire un rapprochement minutieux entre la destination à laquelle est normalement réservé chaque immeuble et l'emploi réel qui en est fait, afin d'examiner si l'utilisation en est régulièrement assurée. Son attention doit se porter principalement sur la vérification des concessions de logement, en vue de contrôler les titres en vertu desquels elles sont octroyées et de formuler telles observations et critiques, qu'elle jugerait convenables, tant sur leur opportunité que sur le taux des loyers moyennant lesquels elles sont consenties,

Ces commissions doivent, de plus, procéder à une étude d'ensemble sur les moyens propres à obtenir, par des remaniements d'installation des services publics, un resserrement susceptible de rendre des locaux disponibles en vue d'aliénations ou de locations au profit du Trésor.

Ces diverses opérations forment la préface nécessaire de la refonte du tableau général des propriétés de l'État. Il importait qu'elles fussent menées avec la plus grande activité.

Les commissions permanentes furent immédiatement constituées dans les départements; mais des difficultés s'élevèrent au sujet de leur fonctionnement par suite de divergences d'interprétation sur les textes qui les avaient instituées et sur l'étendue réelle de leurs attributions. Ces obstacles viennent d'être aplanis et le Gouvernement actuel a donné toutes instructions utiles pour que leurs travaux soient activement poussés; si la solution des diverses questions qui seront soulevées, notamment le remaniement des installations des services publics, peut exiger quelque délai, nous avons du moins l'intention d'arrêter, avant la fin de l'année 1925, le nouveau tableau général des propriétés de l'État.

En attendant les conclusions de ces travaux, le présent inventaire ne peut mentionner une évaluation définitive du Domaine; le Parlement trouvera, à brève échéance, dans les résultats de l'enquête actuelle qui lui seront immédiatement soumis, les renseignements nécessaires pour compléter, sur ce point, l'état que nous dressons aujourd'hui.

Toutefois, en l'absence de toute statistique rigoureuse, nous entendons, dès maintenant, trouver dans une revue rapide des principaux chapitres, une preuve de l'importance que présente la valeur de ce domaine, et souligner notamment les éléments qui, tels que chemins de fer, forêts et mines, en constituent la part la plus productive.

Domaine public.

1° DOMAINE PUBLIC NATUREL.

Le domaine public naturel englobe les rivages de la mer, baies, golfes et détroits jusqu'à la limite des eaux territoriales, les havres et rades, les étangs salés, les fleuves et rivières navigables ou flottables, les lacs et étangs d'eau douce propres à la navigation.

Aucune évaluation ne saurait être établie au sujet de ces richesses qui ne sont pas en fait, l'objet d'une appropriation effective et représentent un patrimoine national, dont la valeur, quelle qu'en soit l'importance, échappe à toute mesure.

Mais une mention spéciale doit être réservée aux dépendances de ce domaine, qui sont susceptibles de produire certaines redevances telles que location de plages, amodiation des droits de pêche et de chasse sur certains cours d'eau, autorisation de prises d'eau ou d'amarrage de bateaux, etc.; ces produits peuvent être considérés comme le revenu d'un véritable capital, dont la valeur serait, dès lors, susceptible d'être chiffrée.

2° DOMAINE PUBLIC ARTIFICIEL.

Le domaine public artificiel comprend principalement, soit les moyens généraux de communication, soit les ouvrages destinés à la défense du territoire.

a. *Domaine non militaire.*

Le domaine terrestre englobe :

Pour la voirie, les routes et les rues, maisons de cantonnier et de refuge, ponts et ouvrages d'art;

Pour les voies ferrées, les lignes et leurs dépendances, appareils de manœuvre, gares, ateliers, buffets, maisons de gardes-barrière, bâtiments d'administration;

Enfin les lignes télégraphiques et téléphoniques.

Le domaine fluvial se compose des canaux de navigation, écluses, barrages, digues, chemins de halage, réservoirs d'alimentation, maisons éclusières, ports fluviaux avec leurs quais, cales, chaussées, terre-pleins, ainsi que les divers outillages et engins nécessaires tant à la manutention des marchandises qu'à l'amarrage des bateaux.

Le domaine maritime enfin s'étend aux ports de commerce avec leurs dépendances, telles que digues, môles, brise-lames, jetées, quais et terre-pleins, bassins, formes de radoub et autres outillages publics, balises et bouées, phares, fanaux et sémaphores.

Routes, voies ferrées, canaux de navigation, lignes télégraphiques et téléphoniques, ports maritimes et fluviaux, tous ces biens constituent l'outillage général de la Nation, utilisé en commun par tous et représentent un capital collectif d'une valeur considérable. Une mention spéciale doit être réservée aux réseaux de chemins de fer et à notre exploitation télégraphique et téléphonique.

Les conditions actuelles de l'exploitation de nos voies ferrées ont fait l'objet de développements antérieurs ; l'exposé de leur rôle économique et de l'extension de leur trafic trouvera place dans l'étude qui sera consacrée à la situation générale de l'agriculture, de l'industrie et du commerce. Nous ne nous proposons ici d'autre recherche que la détermination de la richesse réelle qu'elles sont appelées à présenter pour l'État, soit actuellement pour les réseaux dont il assure directement la gestion, soit à l'expiration des concessions pour les voies ferrées, dont il a concédé l'exploitation.

Nous rappellerons qu'en fin de concession, l'ensemble des réseaux fait retour à l'État, sous réserve, d'une part du rachat du matériel, des objets mobiliers et approvisionnements selon des règles complexes précisées par la Convention de 1921, et d'autre part de la prise à sa charge du service des obligations émises pour la construction de lignes nouvelles ou l'exécution de travaux complémentaires, l'augmentation et le renouvellement du matériel, l'outillage de la voie et des ateliers, etc., et non amortis à la date de reprise du réseau.

La détermination de la valeur actuelle du capital, qui serait ainsi appelé à faire retour à l'État en fin de concession, est particulièrement délicate et ne peut conduire à des chiffres définitifs. Une étude rapide faite à ce sujet, permet de fixer à 19,630 millions environ le montant des dépenses de premier établissement, qui peuvent être considérées, à ce jour, comme correspondant au capital investi par les Compagnies de chemins de fer, abstraction faite des éléments dont l'État payera la reprise.

Sur cette somme, les dépenses qui avaient été effectuées au 31 décembre 1913, atteignaient environ 16 milliards de francs, qui correspondant à des francs-or, représentent au 31 juillet 1924 une valeur de *60,450* millions de francs environ, au cours du jour.

L'addition, à ce chiffre, des dépenses nouvelles, faites depuis 1913, soit 3,600 millions porte le montant global du capital d'établissement tel qu'il reviendrait à l'État, si les concessions devaient prendre fin actuellement, à 64 *milliards* environ.

À ce chiffre, doit s'ajouter la valeur du capital investi dans le réseau d'Alsace et de Lorraine qui semble se fixer aux abords de *4* milliards *1/2* à *5* milliards de francs.

L'actif que l'État est appelé à récupérer à une échéance qui n'excède pas l'année 1960, soit dans un délai maximum de 36 ans oscille, dès maintenant, aux environs de 70 milliards de francs.

L'exploitation des P. T. T. représente également, par ses installations, son outillage, ses lignes télégraphiques et téléphoniques, une valeur considérable qu'il serait intéressant de chiffrer.

Une évaluation du capital engagé avait été faite à l'occasion de l'établissement du compte d'exploitation pour l'exercice 1918; les résultats auxquels elle avait abouti faisaient ressortir un chiffre de 1,215 millions.

À cette somme il convient d'ajouter les dépenses de premier établissement qui ont été payées depuis cette date et qui peuvent être évaluées comme suit :

Exercice 1919	93 millions.
— 1920	149 —
— 1921	155 —
— 1922	148 —
— 1923	164 —
— 1924	250 —
Total	959 —

L'addition de ces divers éléments porte la valeur du capital investi à une somme de 2,200 millions environ.

Sur ce chiffre, nous pouvons considérer qu'une part, égale à 1,200 millions, a été dépensée avant la dévalorisation de notre monnaie et représente une valeur en francs-or, correspondant à *4,500* millions de francs environ, au cours moyen du change pendant le mois de juillet 1924, pris comme base du présent inventaire.

La valeur totale du capital immobilisé dans l'exploitation du monopole des P. T. T., s'élève ainsi à 5 milliards 1/2 environ.

Réseaux de chemins de fer et monopole des P. T. T. inscrivent ainsi à l'actif de l'État un capital qui atteint 75 milliards de francs. L'élévation de ce chiffre fait ressortir l'importance des richesses que représentent routes, canaux, ports et outillages divers; toutefois, aucune évaluation ne pouvant être actuellement fournie à leur sujet, nous n'engloberons pas ces éléments du patrimoine national dans la valeur que nous porterons à l'actif de l'État, au titre de son Domaine, et nous ne réserverons de mention spéciale qu'aux voies ferrées et au réseau télégraphique et téléphonique pour lesquels des calculs plus certains peuvent être effectués.

b. *Domaine militaire.*

Le domaine public militaire comprend les ouvrages de défense, utilisés pour la protection du territoire, les portes, murs, fossés et remparts des places de guerre et des forteresses; les routes et chemins de fer stratégiques, les batteries et ouvrages de défense des côtes et ports maritimes.

A ce domaine immobilier devraient être ajoutés l'immense outillage qu'exige l'équipement d'une armée moderne, canons, fusils, avions, automobiles, engins de tous ordres, les approvisionnements qui sont constitués pour elle, en vivres, munitions et matériel de toutes sortes, les animaux mis à sa disposition, enfin notre flotte de guerre.

Un capital considérable se trouve déposé, de ce chef, entre les mains de l'État; la nature des biens, qui le composent ne s'oppose pas par elle-même, à leur réalisation effective, et, en fait, par le déclassement de certaines fortifications, par la mise en vente de matériel usagé ou d'animaux réformés, par la démolition de navires démodés, l'État retire quelque produit des biens qu'il a ainsi immobilisés.

Mais leur affectation spéciale leur enlève tout caractère productif; ils représentent en réalité, un capital investi pour l'assurance générale des richesses du pays; ils ne sont susceptibles, à ce titre, ni d'une liquidation éventuelle, ni d'une hypothèque, quelles qu'en soient l'origine et la nature. Aussi, sans méconnaître leur importance, n'estimerions-nous pas judicieux d'en inscrire la valeur à l'actif de notre bilan, et sans l'exclure de ses rubriques n'entendons-nous lui réserver qu'un chapitre pour mémoire dans la longue énumération des richesses du pays.

Domaine privé.

Le domaine privé est composé d'immeubles que l'État possède au même titre que des sociétés ou des particuliers, et qui sont théoriquement assujettis aux charges et obligations du droit commun.

La plus large part de ces biens est répartie entre les départements ministériels, pour être affectée aux logements des services publics: la valeur s'en élevait en 1879 à 2,350 millions, alors que les biens non affectés n'excédaient pas 300 millions; le Département de la Guerre figure au premier rang parmi les détenteurs de ces immeubles, par ses casernes et ses nombreux bâtiments.

La conservation de certains palais nationaux et musées est confiée à l'Administration des Beaux-arts; leur valeur échappe à toute mesure.

La surveillance des immeubles non affectés incombe à l'Administration des

Domaines; les chiffres que nous venons de rappeler en indiquent la faible importance.

La liste des immeubles, qui composent le domaine de l'État, serait particulièrement longue; elle engloberait, soit des palais nationaux, tels que le Louvre, le Palais-Royal, les châteaux de Versailles, Fontainebleau, Rambouillet, Saint-Germain, soit les immeubles dans lesquels ont été installés les pouvoirs publics, le Parlement et les Administrations, tels que le Palais de l'Élysée, Sénat, Chambre des Députés, hôtels des divers ministères, soit de véritables établissements industriels, tels que la manufacture de porcelaine de Sèvres, les manufactures nationales de Beauvais et des Gobelins, les poudreries et manufactures d'armes, les arsenaux et forges de la Marine, l'Imprimerie nationale, l'Hôtel des Monnaies, soit enfin les haras et dépôts d'étalon, les établissements thermaux de Vichy, de Bourbon-l'Archambault et d'Aix-les-Bains. Nous ne pouvions, dans le présent exposé, dresser un tableau complet de tous les domaines que l'État détient; mais nous avons estimé qu'une place spéciale devait être réservée aux bois et forêts qu'il possède et aux mines qu'il exploite dans le territoire de la Sarre.

1° Domaine forestier.

La possession d'un domaine forestier par l'État répond principalement soit à des soucis d'ordre climatérique, soit à la préoccupation de sauvegarder une part importante de la richesse nationale, qui pourrait se trouver compromise par des déboisements inspirés par le désir de réalisations hâtives de capitaux ou la recherche d'un rendement plus élevé des terrains occupés.

La valeur du domaine forestier avait été évaluée en 1879, à 1,263 millions pour la métropole et 67 millions pour l'Algérie, soit *1,330* millions au total. Il ne paraît pas excessif d'envisager que malgré les dommages que les forêts domaniales ont subis pendant la guerre, le capital, ainsi immobilisé, ait quadruplé, depuis 45 ans, tant en raison de la dévalorisation de notre monnaie que du chef des extensions que le domaine a reçues dans nos provinces recouvrées; sa valeur actuelle s'en fixerait ainsi à *5,300* millions environ.

Le revenu brut de ce capital s'est élevé, pour l'exercice 1923, à 140,061,000 francs et figure au projet de budget de 1925, pour *155,070,000* francs, en hausse de 15 millions, hausse résultant de l'augmentation du prix du bois et du développement de l'exploitation en régie dans les départements du Haut-Rhin, du Bas-Rhin et de la Moselle.

Les frais d'exploitation figurent au budget du Ministère de l'Agriculture pour une somme de 66,895,000 francs, laissant apparaître un bénéfice net de *88* millions de francs environ, soit *1,66* p. 100 de la valeur du capital engagé, telle que nous l'avons évaluée ci-dessus.

2° Mines de la Sarre.

Le Traité de Versailles donne à la France la propriété des mines de charbon situées dans le territoire du bassin de la Sarre et règle, dans ses articles 45 à 50 complétés par leur annexe, les conditions d'exercice de ce droit. En exécution de ces dispositions, l'exploitation des mines a été faite au compte de la France à partir du 10 janvier 1920, date de la mise en vigueur du Traité de Paix, et l'Administration française en a pris effectivement la direction à dater du 18 janvier 1920.

L'État exploite, par lui-même toutes les mines qui lui ont été ainsi cédées, à la seule exception de celles qui appartenaient à la Société Frankenholz, qui, en raison de la prédominance des intérêts français dans la constitution de son capital a été maintenue en possession de ses terrains sous réserve de la conclusion d'un contrat d'amodiation déterminant la redevance, la participation aux bénéfices et le contrôle de l'État français sur ses opérations.

L'Administration allemande avait laissé les mines dans un assez mauvais état, tant au point de vue des stocks d'approvisionnement et de l'entretien du matériel que de l'utilisation du personnel.

Un programme important de travaux neufs fut étudié pour augmenter la production et améliorer la qualité du charbon. Les premiers efforts ont visé en dehors de la construction de maisons ouvrières, sur le remplacement du matériel usagé, le renforcement de certaines installations et l'achèvement des travaux entrepris. Les améliorations ont porté notamment sur la production d'air comprimé, les centrales électriques, la ventilation, le forage de puits nouveaux d'extraction, de circulation ou d'aérage, l'installation de nouveaux lavoirs, enfin l'organisation d'ateliers de réparations. Des sondages ont été entrepris pour étudier les raccords de certains gisements; les dépenses engagées pour travaux neufs ont atteint les chiffres suivants :

1920	30,224,849 fr. 87
1921	52,264,177 fr. 65
1922	45,942,913 fr. 75
1923	66,696,731 fr. 95

Ces diverses mesures ont rapidement amélioré l'extraction de la houille qui a suivi la progression indiquée dans le tableau ci-dessous :

1919	8,970,848 tonnes.
1920	9,410,433 —
1921	9,574,602 —
1922	11,240,003 —
1923	9,192,275 —

L'année 1923 présente des résultats moins favorables, en raison d'une longue grève, qui a ramené le nombre de jours de travail de 302 en 1920 ou 295 en 1922, à *212* en 1923.

Mais les progrès de l'exploitation ressortent plus nettement encore du taux de l'extraction journalière, savoir :

1919..	30,828 tonnes par jour de travail.	
1920..	31,160	—
1921..	34,404	—
1922..	38,054	—
1923..	43,190	—

Pour faire face à cet accroissement de la production, l'embauchage d'un nombre croissant d'ouvriers est devenu nécessaire, et l'effectif du personnel est passé de 61,121 pour les ouvriers et 1,450 pour les ingénieurs et employés en 1919, à 74,138 pour les ouvriers et 3,045 pour les ingénieurs et employés en 1923. Malgré cet accroissement le rendement effectif par ouvrier n'a cessé de s'élever :

1920..	481 kilogr. par journée d'ouvrier.		
1921..	515 —	—	—
1922..	606 —	—	—
1923..	639 —	—	—

Le développement de cette exploitation ne pouvait manquer d'exercer sur la situation financière de l'entreprise la plus heureuse influence; les résultats des exercices 1920, 1921, 1922 et 1923 se résument, en effet, comme suit :

	1920	1921	1922	1923
Bénéfices bruts...	136,633,875 32	101,292,408 68	154.053,789 76	115,987,975 28
A déduire :				
Travaux neufs....	30,224,849 87	52,264,177 65	45,942,913 75	64,696,731 95
Reste...........	106,409,025 45	49,028,231 03	108,110,876 01	51,291,243 33
Bénéfice net.....	72,049,246 76	70,895,813 29	99,919,364 06	35,119,311 33

Les résultats moins favorables de l'exercice 1923 découlent des causes qui ont été précédemment indiquées et ont ramené l'excédent des produits de l'exploitation de 200 millions en 1922 à 112 millions en 1923.

La valeur des mines de la Sarre a été portée au compte de la France pour une somme de 300 millions de marks-or en vertu de l'arrangement du 11 mars 1922; sans donner à ce chiffre, qui n'a pas encore été d'ailleurs homologué par la Commission des Réparations, un caractère définitif, nous l'accepterons comme base de calcul pour la détermination de la somme que nous inscrivons à l'actif de l'État sous cette rubrique.

3° Mines de potasse d'Alsace.

Le gisement de potasse d'Alsace s'étend sur une superficie de 21,000 hectares dont la plus large part englobant 17,900 hectares, appartenait à trois groupes allemands. Ces mines furent mises sous séquestre à l'armistice.

L'importation de leur extraction résulte des chiffres suivants :

1913	346,105 tonnes.
1914	271,027 —
1915	114,358 —
1916	204,174 —
1917	316,345 —
1918	294,185 —

L'Administration des séquestres, dont la gestion commence en 1919 s'efforça d'assurer la reconstitution du bassin, partiellement endommagé pendant les hostilités et la transformation de son exploitation d'après les méthodes plus rationnelles que les procédés admis par les sociétés allemandes qui étaient susceptibles à la fois de compromettre l'avenir du gisement et la situation des ouvriers. Les résultats de ces efforts se traduisirent rapidement par de larges progrès dans la production des mines.

1919	502,338 tonnes.
1920	1,067,279 —
1921	739,600 —
1922	944,600 —
1923	1,133,200 —

La loi du 1er avril 1921 vint donner au Gouvernement l'autorisation de procéder au rachat de ces mines, opération que justifiaient au point de vue technique la nécessité de conduire l'exploitation avec des vues d'avenir que ne permettait pas l'administration d'un séquestre et au point de vue financier, la prospérité croissante de ces entreprises.

Ce rachat fut réalisé à la date du 24 mai 1924 moyennant un prix de 195 millions de francs, payables en 16 versements annuels. En attendant la promulgation de la loi qui fixera les conditions définitives de leur exploitation, la gestion en est provisoirement assurée par un directeur placé sous l'autorité du Ministre des Travaux Publics, dont les décisions sont éclairées par l'avis du Conseil, composé de membres des Ministères intéressés et représentants des associations agricoles et chambres de commerce.

Cette organisation est encore trop récente pour qu'aucune appréciation puisse être formulée sur son fonctionnement. La richesse du bassin dont l'État est ainsi devenu détenteur, autorise les plus belles perspectives.

TITRE III.

Comptes débiteurs envers l'État.

Le bilan de toute entreprise inscrit, sous une rubrique de son actif, les comptes débiteurs de ses correspondants, qui représentent pour elle des disponibilités futures, dont la réalisation variera suivant les clauses des contrats et selon la solidité de la situation de ses débiteurs. L'examen de la position réelle d'un établissement industriel ou commercial comporte ainsi l'étude minutieuse et la discussion approfondie de la valeur qu'il convient d'attribuer à ses créances et qui reste subordonnée à la probabilité et à l'échéance de leur rentrée.

L'inventaire des différents éléments de la richesse d'un État embrasse des postes de même nature.

D'une part, la réparation des dommages causés au cours des hostilités est venue inscrire à l'actif des pays éprouvés une créance, dont le recouvrement intéresse profondément leur économie générale et tout leur avenir financier. Pour la France, notamment, une large part de sa dette est née de l'obligation de substituer, vis-à-vis de ses nationaux, atteints dans leurs biens ou leurs personnes, des versements tirés de ses propres ressources aux fonds que l'Allemagne, reconnue leur débitrice réelle, s'était engagée à mettre à leur disposition ; une balance exacte de notre situation ne saurait donc être établie, si, en contre-partie du lourd passif dont nous avons analysé les éléments, ne s'inscrivait pas le montant de la créance, que l'État français possède, à ce titre, sur son débiteur allemand.

D'autre part, les relations financières, qui se sont développées au cours de la guerre, soit par la nécessité d'une aide mutuelle entre belligérants, soit par un appel au secours des nations restées neutres, ont ouvert entre États des comptes dont le règlement est en cours ou devra être envisagé à la lumière des principes sur lesquels sera réglée, dans son ensemble la question des dettes interalliées.

Créance sur l'Allemagne, avances à des Gouvernements étrangers, constituent les deux paragraphes, entre lesquels se décompose la rubrique de l'actif qui englobe les créances de l'État français.

I. Créance sur l'Allemagne.

Traité de Versailles.

La créance des Gouvernements alliés sur l'Allemagne est née du Traité de Versailles, qui met, à la charge de nos anciens ennemis la réparation de tous les dommages aux biens et aux personnes, que la guerre a pu engendrer. Ce principe étant ainsi défini et précisé, le soin de déterminer le montant global de la dette de l'Allemagne fut confié à la Commission des Réparations.

Accessoirement, l'Allemagne assumait tous les frais d'exécution du Traité, et l'entretien des troupes d'occupation et des différentes commissions, dont la création était prévue.

En attendant la fixation définitive du chiffre de la créance des pays alliés, un acompte provisionnel de 20 milliards de marks-or devait être versé par l'Allemagne, avant le 1er mai 1921.

Si la Commission des Réparations recevait la mission d'évaluer le montant des dommages subis par les alliés et de déterminer ainsi la somme totale, dont le versement incomberait à l'Allemagne, ses attributions ne s'étendaient pas à l'étude de sa répartition entre les puissances créancières; chargée de fixer le chiffre d'une dette globale et d'en encaisser la valeur, elle devait donner aux sommes, qui lui seraient ainsi remises, la destination que, d'un commun accord, les alliés la prieraient de leur réserver. Une entente préalable entre les Gouvernements alliés était donc nécessaire, pour en régler la répartition.

Un accord du 16 juin 1919 vint d'abord reconnaître à la Belgique une priorité de 2 milliards 1 2 de francs sur les premiers acomptes, remis par l'Allemagne au titre des réparations.

Accords de Spa.

Ultérieurement, la Conférence de Spa, en date du 16 juillet 1920, arrêta, sur les bases suivantes, les pourcentages de répartition.

France... 52 p. 100
Angleterre... 22 —
Belgique... 8 —
Italie... 10 —
Serbie... 5 —
Autres alliés.. 3 —

La répartition des versements allemands fut ainsi réglée *in globo* pour une dette dont le montant n'était pas encore déterminé à l'époque où elle fût arrêtée. La fixation de ces taux ne pouvait, dès lors, que répondre à l'hypothèse d'un acquittement intégral de l'obligation, imposée à l'Allemagne, chaque pays étant appelé à recevoir les sommes nécessaires à l'extinction totale de sa créance.

Mais aucune disposition n'envisageait le problème que pourrait éventuellement poser le défaut de libération du débiteur commun : ce problème reste posé.

État de payement du 5 mai 1921.

Quelles que soient, d'ailleurs, les conditions ultérieures de sa répartition, le montant global de la dette de l'Allemagne et de ses alliés fut arrêté, à la date du 1er mai 1921, au chiffre de 132 milliards de marks-or. Cette somme était accrue de la dette de guerre de la Belgique, que le traité de Versailles a mise à la charge de l'Allemagne. Les acomptes dont nos débiteurs avaient pu, avant cette époque, effectuer le versement au titre des réparations, devaient être imputés sur leur dette totale.

A la même date, la Commission des réparations fixait «l'état des payements, prescrivant les époques et les modalités pour garantir et éteindre l'entière obligation de l'Allemagne au titre des réparations ».

L'économie générale de ce plan peut ainsi se résumer.

L'Allemagne émettait, en représentation de sa dette, trois séries d'obligations.

La série A, fixée à un montant de 12 milliards de marks-or, devait être remise avant le 1er juillet 1921.

La série B, correspondant à 38 milliards de marks-or, serait émise avant le 1er novembre 1921.

Le solde, représentant environ 82 milliards de marks-or, était constitué par des obligations de la série C, dont la création était reportée à la date que fixerait la Commission des réparations, d'après les facultés de payement de l'Allemagne.

Le service de ces diverses obligations comportait uniformément un intérêt de 5 % et un amortissement annuel de 1 % de leur capital nominal.

L'Allemagne se trouvait ainsi tenue, du chef de ces dispositions, à assurer, à partir du 1er novembre 1921, le versement régulier d'annuités correspondant à une dette de 50 milliards de marks-or et représentant sur la base des taux qui viennent d'être rappelés, une valeur annuelle de 3 milliards de marks-or.

Aux termes de l'article 4 de l'état des payements, la constitution de cette annuité, comprenant soit des prestations en nature, soit des devises étrangères, reposait sur une allocation fixe de 2 milliards de marks-or, à laquelle s'ajoutait une somme équivalant aux 26 centièmes de la valeur des exportations allemandes au cours de l'année envisagée.

Des fonds spéciaux étaient affectés à la garantie de ces payements et englobaient :

a) Le produit des droits à l'importation et des taxes à l'exportation ;

b) Un prélèvement en devises étrangères, égal aux 26 centièmes de la valeur des exportations allemandes ;

c) Le produit de tous autres impôts ou ressources jugés nécessaires pour parfaire les sommes ainsi réservées.

Mise en œuvre de l'état de payements.

La mise en œuvre de ce programme fut spécialement confiée à une sous-commission de la Commission des Réparations, dite « Comité des Garanties »

Ce Comité se rendit en Allemagne au mois de juin 1921. Il s'efforça d'organiser le service et le contrôle des ressources affectées à la garantie des obligations, désigna les impôts, dont le produit devait venir compléter les sommes fournies par les douanes et les prélèvements sur les exportations, précisa les modalités suivant lesquelles le versement de ces fonds serait effectué et jeta les bases d'une surveillance étroite tant sur les statistiques des exportations allemandes, que sur la perception des droits de douane et sur le fonctionnement du prélèvement opéré sur les sorties de marchandises.

Les mesures qu'il jugea ainsi utile d'édicter, reçurent l'assentiment exprès du Gouvernement allemand; elles autorisaient l'espoir d'une exécution normale et continue des obligations allemandes.

En fait, les contrôles organisés par le Comité des Garanties, jouèrent à peu près régulièrement jusqu'à l'occupation de la Ruhr. Le versement du produit des douanes fut même assuré d'octobre 1921 à janvier 1922. Mais le Gouvernement allemand se déclara impuissant à effectuer sur les exportations les prélèvements qui lui étaient imposés, et se refusa à répondre aux suggestions que le Comité lui avait adressées au sujet de la désignation des ressources dont le produit devait grossir le montant du fonds de garantie.

Au surplus, la situation monétaire déjà mauvaise du Reich ne tarda pas à empirer. Renonçant à l'établissement d'impôts, qui lui eussent fourni les sommes nécessaires pour l'achat des devises étrangères dont le versement lui était réclamé, le Gouvernement allemand eut recours à une émission de billets de la Reichsbank pour se les procurer. L'évasion des capitaux s'accélérait d'autre part sans rencontrer auprès des pouvoirs publics une résistance sérieuse.

Arguant de la dépréciation de son change, que ce double phénomène engendrait, le Gouvernement allemand demanda, dès le mois de novembre 1921, le bénéfice d'un moratoire.

Moratoire pour 1922.

Cette requête de l'Allemagne reçut une satisfaction partielle. Par décision du 21 mars 1922, les obligations du Reich étaient réduites, pour l'année 1922, à un versement de *2,170* millions de marks-or, dont *720* millions étaient payables en devises étrangères et *1,450* millions devaient être constitués par des prestations en nature. Les allocations en espèces assuraient le service exclusif de la priorité belge; les prestations se partageaient entre la France pour 950 millions de marks-or et les Alliés pour le surplus.

Toutefois, l'octroi et le maintien de ce moratoire restaient subordonnés à l'accomplissement de certaines réformes que le Gouvernement allemand s'engageait à apporter et qui visaient notamment l'augmentation des recettes, la réduction des dépenses, le remplacement de l'escompte des bons du Trésor présentés à la Reichsbank par l'émission d'emprunts intérieurs en attendant l'équilibre définitif du budget, enfin une lutte sérieuse contre l'évasion des capitaux.

La surveillance de l'exécution de ces conditions, que le Gouvernement allemand se résigna à accepter le 28 mai 1922, après une longue résistance et sous la menace de sanctions, fut confiée au Comité des Garanties, qui, à la suite de multiples négociations, obtint le 18 juillet 1922 l'acceptation d'un memorandum, réglant les modalités d'un contrôle étroit sur les recettes et les dépenses et contenant les principales dispositions d'un projet de loi tendant à réprimer les évasions de capitaux.

Mais, en fait, les dispositions qui furent ainsi arrêtées ne reçurent aucune application sérieuse. Si quelque effort, d'ailleurs très insuffisant, fut constaté pour l'amélioration de l'assiette et du rendement des impôts, aucune réforme ne fût apportée dans le régime des dépenses, alors que la chute rapide du mark vers la fin de l'année 1922 en imposait une rapide adoption. La loi réprimant les évasions de capitaux ne fut elle-même promulguée que le 22 décembre 1922 et l'occupation de la Ruhr vint en suspendre le contrôle.

Au cours même de cette période, par lettre du 18 juillet 1922, le Gouvernement allemand, auquel était imposé le versement de 720 millions de marks-or en espèces en 1922 par mensualités sensiblement égales, demandait la remise du reliquat des payements en devises, auxquels il était astreint jusqu'à la fin de l'année et annonçait que la situation financière ne lui permettait aucun versement en espèces pendant les années 1923 et 1924.

Ainsi l'Allemagne manquait aux engagements qu'elle avait formellement contractés pour 1922.

La Belgique qui, en raison de sa priorité, se trouvait la puissance la plus directement intéressée proposa d'accepter les payements sous la forme de traites à 6 mois échelonnées, et entourées de garanties suffisantes pour être susceptibles d'escompte. Cette suggestion fut unanimement adoptée.

Quant aux prestations en nature, si les alliés reçurent à peu près intégralement les allocations qui leur avaient été attribuées, la France n'absorba que *509* millions de marks-or sur le chiffre de *950* millions qui lui était réservé. Sans méconnaître les difficultés auxquelles le Gouvernement se heurtait, pour assurer le prélèvement intégral de cette somme, on est en droit de regretter qu'en faisant litière de toutes les objections et de toutes les obstructions, il n'ait pas imposé l'absorption de l'intégralité des réparations en nature qui nous furent accordées pour l'année 1922.

Au surplus la somme de *509* millions dont nous fûmes crédités ne correspondait pas, en fait, pour son montant total à des réparations en nature. Sur ce chiffre, en effet, fut décomptée une somme de *300* millions correspondant à la valeur des mines de la Sarre : sur les *209* millions de marks-or, auxquels se réduisirent les prestations dont elle bénéficia, *167* millions furent représentés par des livraisons de combustibles. Voici, au surplus, le tableau des livraisons effectuées en 1922.

LIVRAISONS DE L'ALLEMAGNE À LA FRANCE EN 1922.

DÉSIGNATION.	QUANTITÉS.	VALEUR.	
	tonnes.	marks-or.	
Navires	//	2,000	
Batellerie fluviale	//	5,110,000	
Cheptel	//	5,450,000	
Matériaux de reconstruction. — Livraisons diverses	//	12,036,000	
Charbon	9,249,000	167,019,000	
Benzol	23,000	7,094,000	
Sulfate d'ammoniaque	29,970	3,432,000	181,199,000
Crosote-goudron	29,150	2,427,000	
Naphte	4,084	1,227,000	
Matières colorantes	761	2,145,000	
Produits pharmaceutiques	22.2	157,000	
Locomotives, wagons, matériel fixe	//	341,000	
Matériel agricole	//	253,000	
Accords Gillet-Ruppel	//	2,370,000	
Total des livraisons en nature		209,063,000	
Espèces		1,086,000	
Réquisition de marks-papier		54,449,000	
Livraisons à l'armée (art. 7)		9,265,000	
Total général		273,863,000	

Demande de moratoire. 11 novembre 1922.

Mais, si la question se trouvait ainsi réglée pour l'année 1922, le problème conservait toute son ampleur pour les années 1923 et 1924 ; il se trouvait même étendu par une nouvelle demande de moratoire qui fut formulée le 14 novembre 1922 et comportait la suspension de tout payement pendant une période de 3 à 4 années, à l'exception des prestations en nature, qui pourraient être effectuées sans provoquer une augmentation de la dette flottante.

Le chancelier Cuno, qui remplaça le docteur Wirth, confirma, le 27 novembre 1922, la lettre de son prédécesseur.

Les discussions interalliées qui suivirent l'envoi de ces demandes mirent en lumière des divergences entre les conceptions respectives de la France et de la Grande-Bretagne.

La France se refusa à l'octroi d'un moratoire sans garanties et en subordonna expressément le bénéfice à la concession de gages précis et certains. Ses vues d'abord exposées à la conférence interalliée de Londres les 10 et 11 août 1922, furent renouvelées dans ses déclarations ultérieures et reçurent leur expression définitive dans le plan qui fut déposé par le Gouvernement français à la Conférence de Paris, le 3 janvier 1923.

Le Gouvernement britannique se montrait, par contre, favorable à un moratoire de longue durée, sans demander, en compensation, l'affectation de gages spéciaux. Le programme qu'il soumit à la Conférence de Paris reposait sur l'octroi d'un moratoire complet de 4 années, comportant seulement des prestations en nature conciliables avec la sauvegarde de l'économie allemande. La reprise des payements en espèces serait assurée à l'expiration de ces délais et comporterait l'allocation de 4 annuités de 2 milliards de marks-or, 2 annuités de 2 milliards 1/2 et 22 annuités variant entre 2 milliards 1/2 et 3 milliards 1/2 de marks-or suivant les décisions d'un tribunal composé de neutres, d'Allemands et de représentants des puissances créancières.

Le Gouvernement anglais offrait, au surplus, en compensation de l'acceptation de ce plan, l'octroi de concessions sur le payement des créances de guerre qu'il détenait sur les autres nations alliées.

Un accord ne pût être établi entre ces deux conceptions ni à la Conférence de Londres (9-11 décembre 1922) ni à la Conférence de Paris (2-4 janvier 1923).

La Commission des Réparations ayant, au cours de cette période, constaté, le 26 décembre 1922 pour le bois et, le 9 janvier 1923 pour le charbon, le manquement de l'Allemagne, au sens du paragraphe 18 de l'Annexe II à la partie VIII du Traité de Versailles, les Gouvernements français et belge estimèrent qu'ils trouvaient, dans cette déclaration, la base juridique nécessaire à l'exercice de sanctions, et décidèrent de procéder, par l'occupation de la Ruhr, à la saisie des gages qu'ils jugeaient indispensables.

Occupation de la Ruhr.

Le but que se proposaient les Gouvernements français et belge, auxquels s'était joint théoriquement le Gouvernement italien, en pénétrant dans le bassin de la Ruhr, était précisé par eux : ils entendaient saisir, dans toute l'étendue des territoires que les troupes occuperaient, les gages nécessaires pour assurer les versements que l'Allemagne avait déclaré ne pouvoir exécuter.

Ces gages avaient été définis dans le programme que le Gouvernement français avait soumis le 2 janvier 1923 à la Conférence de Paris; ils devaient répondre, les uns à la livraison de prestations en nature, les autres à des payements en numéraire.

Dans la première catégorie, devaient se ranger l'extraction de la houille et la fabrication de ses dérivés, l'exploitation des forêts domaniales et communales, développée par l'exécution de coupes supplémentaires, enfin la production de certaines matières telles que l'azote, les matériaux de construction, les matières colorantes.

La seconde série englobait les prélèvements en devises étrangères effectués sur les exportations provenant soit des territoires anciennement occupés, soit du bassin de la Ruhr, la perception des droits de douane et le recouvrement du Kohlensteuer, qui comprenait un impôt sur le charbon proprement dit, une taxe intérieure et un droit d'exportation sur ses sous-produits.

La liste des ressources auxquelles les Gouvernements alliés entendaient faire appel ne subit aucune modification sérieuse pendant toute la durée de l'occupation et les articles qui viennent d'être énumérés ne cessèrent pas de constituer les éléments du rendement financier de cette opération.

Mais les méthodes qui présidèrent à leur recouvrement durent évoluer pour s'adapter aux attitudes successives que le Gouvernement du Reich adopta à l'égard des autorités alliées.

Le rôle qui avait été primitivement assigné aux missions d'ingénieurs et de techniciens envoyés dans la Ruhr se limitait à un contrôle étroit de la perception des recettes qui étaient saisies, l'activité industrielle et commerciale des territoires occupés devant se développer librement à l'intérieur du cadre de surveillance qui était créé.

L'institution de la politique, dite « de résistance passive », qui comportait le refus absolu et systématique de toute livraison de la part du Reich aux autorités occupantes, vint modifier cette conception originaire et conduisit à une intervention plus active des techniciens alliés dans l'exploitation des ressources locales : le destockage des combustibles saisis sur le carreau des mines, l'exploitation directe de certaines mines ou cokeries, la réquisition, soit de marchandises, soit des marks-papier nécessaires au payement des dépenses, substituaient une direction effective des ingénieurs franco-belges au rôle de contrôle qui leur avait été précédemment confié.

Ces mesures de contrainte furent de nouveau abandonnées lorsque la cessation de la résistance permit la conclusion d'accords entre les autorités occupantes et les groupements industriels pour la reprise régulière des livraisons.

La nécessité d'assurer le fonctionnement des services, que le Gouvernement du Reich abandonnait, et la préoccupation d'éviter l'arrêt des transports indispensables aux besoins de l'armée et à l'enlèvement des matières saisies, au titre des réparations, conduisirent à pourvoir au remplacement des cheminots allemands et à placer toute l'exploitation des voies ferrées en territoires occupés sous la direction des autorités alliées.

La régie franco-belge des chemins de fer eut d'abord à faire face à un trafic restreint, répondant spécialement au but que s'était proposé sa création, transports militaires et chargements des livraisons destinées aux pays alliés. Mais son rôle s'étendit progressivement et sa gestion financière fit ressortir des bénéfices, dont le versement vint s'inscrire à côté des diverses recettes précédemment énumérées.

Le contrôle d'abord, l'exploitation ensuite des ressources qui avaient été saisies, entraîna la création de multiples organismes, appropriés aux missions spéciales qui allaient leur être dévolues. Nous les diviserons en trois groupes principaux, selon qu'ils étaient chargés soit du recouvrement des perceptions en numéraire, soit de la livraison des prestations en nature, soit de la centralisation générale des diverses recettes ainsi encaissées.

Les services auxquels incombait l'encaissement des versements en espèces englobèrent les éléments suivants :

La mission interalliée de contrôle des usines et des mines perçut l'impôt sur le charbon et, dans les régions récemment occupées, les licences accordées pour les transactions avec l'étranger ou les dérogations octroyées pour le commerce avec les territoires non occupés ;

Le Comité directeur des Douanes dirigea la marche des services douaniers et la perception des droits de douane ;

Le Comité directeur des licences d'importation et d'exportation régla l'encaissement des licences et dérogations dans les territoires d'occupation ancienne ;

Le Comité directeur des forêts surveilla l'exploitation rationnelle des coupes de bois et leur mise en adjudication ;

Les délégués de cercles et les services douaniers, enfin, perçurent la taxe sur la circulation et les sauf-conduits.

La réception des prestations en nature fut confiée soit aux organismes mêmes qui viennent d'être énumérés, soit à des services spécialisés à cet effet.

La mission interalliée de contrôle des usines et des mines étendit sa compétence à la surveillance des livraisons en charbon et en sous-produits, présidant au déstockage et à l'exploitation directe des usines et des mines et acheminant les matières ainsi récupérées sur la France, le Luxembourg, la Belgique et l'Italie.

Le contrôle des produits étrangers au charbon et à ses dérivés fut confié aux services français et belge de restitution, dont le fonctionnement était d'ailleurs antérieur à notre entrée dans les territoires occupés.

Le service de la batellerie fluviale veilla sur l'exécution des réparations prévues par l'Annexe III de la Partie VIII du Traité de Versailles et visant la livraison de navires, bateaux et chalutiers.

Le Comité directeur des forêts assura l'envoi de matériaux de construction aux régions libérées.

Le centralisation des résultats qui furent obtenus au cours de ces opérations fut enfin confiée au Comité spécial de la comptabilité générale des gages, siégeant à Coblence et auquel incomba la mission de grouper les recettes encaissées par les divers organismes, d'en assurer le versement dans les caisses qu'il désignait, et de payer, sur ces ressources, les dépenses qu'imposait le fonctionnement de ces multiples services : traitements et indemnités au personnel allié et allemand, frais de déstockage et d'exploitation directe des mines et cokeries, frais de coupes et d'enlèvement des bois, avances provisionnelles aux armées d'occupation, etc.

Telle est, rapidement esquissée, l'organisation complexe qui se proposa d'assurer, par l'exploitation des gages saisis, les livraisons et les payements auxquels l'Allemagne se refusait. L'histoire complète de son fonctionnement entraînerait à des développements qui dépasseraient le cadre auquel nous entendons limiter notre exposé ; la conception même de l'inventaire auquel nous procédons nous commande de restreindre notre examen aux résultats effectifs qui ont été obtenus et à la situation qui avait été acquise au mois de juillet 1924.

Le bilan général de l'exploitation des gages saisis dans l'Allemagne occupée du

1ᵉʳ janvier 1923 au 31 août 1924 s'établit, d'après les documents établis par le Comité spécial de la Comptabilité générale des gages, sur les bases suivantes :

RECETTES.

	FRANCS FRANÇAIS. (millions)	MARKS-OR. (millions)
I. — LIVRAISONS EN NATURE.		
a. Chiffres connus de la Commission des Réparations.		
Livraisons en nature du 1ᵉʳ janvier 1923 au 31 août 1924	605	153
Marks-papier versés, réquisitionnés ou reconnus par le Reich	185	44
b. Chiffres non connus de la Commission des Réparations (Ruhr).		
Marks versés ou saisis par les communes	72	20
Amendes et taxes diverses	6	1,5
Prestations. — Article 6	99	24
Charbons (transport déduit)	1,483	334
Livraisons diverses	358	91
Batellerie fluviale	50	11
Fonds commun et spécial	46	10,4
TOTAL des livraisons en nature	2,904	688,9
II. — PAYEMENTS EN ESPÈCES.		
a. Chiffres connus de la Commission des Réparations.		
Versements en espèces à la Belgique	50	7
b. Chiffres non connus de la Commission des Réparations (Ruhr).		
Kohlensteuer	590	129
Douanes	737	163
Licences et dérogations	461	101
Forêts	125	27
Circulation, sauf-conduits et divers	16	3
Bénéfices de la Régie des chemins de fer, diminution faite des frais de transports remboursés ou à rembourser à la Régie	297	67
Recettes à recouvrer	Mémoire.	Mémoire.
TOTAL des payements en espèces	2,256	497
TOTAL GÉNÉRAL des recettes	5,160	1,185,9

DÉPENSES.

	FRANCS FRANÇAIS.	MARKS-OR.
I. — DÉPENSES NORMALES D'OCCUPATION.		
Frais forfaitaires résultant de l'accord du 11 mars 1922	914	219
Remplacement des troupes américaines à partir du 1ᵉʳ février 1923	52	13
Frais de Commission de contrôle	6	1
TOTAL des dépenses normales	972	233
II. — DÉPENSES SUPPLÉMENTAIRES D'OCCUPATION.		
Frais de perception d'impôts, indemnités aux fonctionnaires, dépenses d'administration, remboursements d'appointements aux gouvernements	72	16
Frais de déstockages et d'exploitation directe	235	54
Frais supplémentaires d'occupation de la France et de la Belgique	581	113,6
TOTAL des dépenses supplémentaires	888	183,6
TOTAL GÉNÉRAL des dépenses	1,860	416,6
Pour balance :		
EXCÉDENT des recettes	3,300	769,3
TOTAL ÉGAL aux recettes	5,160	1,185,9

Les chiffres qui figurent dans ce bilan résument les résultats généraux qui se dégagent des documents statistiques actuellement parvenus aux mains du Gouvernement. Mais il nous est impossible de donner une garantie quelconque de leur exactitude.

Le mode de passation des écritures appelle certaines réserves : l'organisation de nos services s'est, en effet, réalisée lentement après de multiples incertitudes et a souffert d'une longue période de tâtonnements, qui a pu laisser place à des lacunes et à des erreurs.

Le recrutement des agents, qui ont participé à leur fonctionnement, a été fait hâtivement, une part du personnel ayant été enrôlée sur place ou dans les pays alliés sans être soumise à un examen sérieux; l'indépendance des fonctionnaires, détachés de leur corps, les enlevait à l'habituelle surveillance de leurs supérieurs hiérarchiques.

Le contrôle ne pouvait, en raison de l'insuffisance de son organisation, donner toutes les garanties utiles.

S'il est nécessaire de contrôler les écritures, les revisions ne sauraient rester limitées à la stricte vérification de la comptabilité : elles doivent s'étendre à la mise en œuvre des méthodes d'exploitation et des règles qui ont présidé soit à la prise en charge des recettes, soit à l'engagement des dépenses. Évaluation des livraisons en nature, mode de décompte des marks-papier saisis, remboursement des frais de transport à la Régie des chemins de fer, légitimité des dépenses civiles et militaires, toutes ces questions devront faire l'objet d'un minutieux examen avant qu'un certificat d'exactitude soit apposé au bas du bilan général qui a été provisoirement dressé.

Aussi M. le Président du Conseil a-t-il décidé de confier à une Commission présidée par M. Lamoureux, rapporteur général adjoint de la Commission des Finances de la Chambre, et composée de représentants du Ministère des affaires étrangères et du Ministère des finances, le soin de procéder à la vérification générale des opérations concernant l'occupation de la Ruhr et d'en dresser un inventaire exact et irréfutable. Une appréciation définitive sur les conséquences financières de l'exploitation des gages que nous avons saisis en Allemagne serait prématurée avant le dépôt des conclusions de l'enquête impartiale qui est actuellement poursuivie.

Quels que soient les redressements ultérieurs dont les chiffres ci-dessus indiqués seront l'objet, il est nécessaire de mentionner la répartition provisoire qui a été adoptée au sujet des recettes encaissées au cours de l'occupation et la couverture qui a été admise pour les dépenses civiles et militaires.

Un arrangement a été conclu, à cet effet, le 12 mai 1924 entre les Gouvernements français et belge sur les bases suivantes.

Les recettes réalisées dans les territoires occupés sont divisées en trois groupes :

Prestations en nature saisies ou livrées en vertu d'accords passés avec les industriels, fonds commun constitué après entente avec certaines industries, pour le financement des livraisons mises à leur charge, caisse des gages.

Chaque Puissance conserve, dès l'abord, la valeur des prestations en nature obtenues par elle, ainsi que les marks saisis et les prestations prévues par l'article 6 de l'arrangement des territoires rhénans et comportant diverses réquisitions nécessaires aux besoins des armées. Sur la somme globale ainsi encaissée, sont imputés par priorité les frais des armées normales d'occupation correspondant au forfait de l'article 1 de l'accord du 11 mars 1922 et les dépenses des commissions régulières de contrôle. L'excédent s'il y a lieu, est débité au compte des réparations de chaque Puissance et, pour la Belgique, au compte de sa priorité.

Le fonds commun, divisé en trois parts, est mis respectivement à la disposition de la France, la Belgique et l'Italie pour des acquisitions de prestations en nature. La part qui n'aura pas été utilisée au payement des commandes effectivement passées, sera versée à la caisse des gages.

La caisse des gages, enfin, rembourse les dépenses supplémentaires, civiles et militaires, nécessitées par l'occupation de la Ruhr, les frais de transport des troupes et des frais généraux de saisie des prestations, de stockage et exploitation directe des usines et des mines.

La répartition du solde bénéficiaire de l'opération, selon les règles qui viennent d'être résumées, est consignée dans les deux tableaux suivants.

TABLEAU A. — LIVRAISONS EN NATURE ET COUVERTURE DES FRAIS D'OCCUPATION.

RECETTES.	FRANCS FRANÇAIS.	MARKS-OR.	DÉPENSES.	FRANCS FRANÇAIS.	MARKS-OR.
	millions.	millions.		millions.	millions.
FRANCE.					
a. *Chiffres connus de la Commission des Réparations.*			Frais forfaitaires des armées d'occupation (accord du 11 mars 1922)....	766	184
Livraisons en nature..................	100	25	Remplacement des troupes américaines.	52	13
Marks réquisitionnés ou reconnus par le Reich..................	176	42	Commissions de contrôle.	5	1
b. *Chiffres non connus de la Commission des Réparations.*					
Marks saisis ou versés par les communes.	64	18	Total..............	823	198
Amendes et taxes diverses...........	4	1			
Prestations. — Article 6...........	86	21	Pour balance :		
Livraisons en nature :					
Charbons (transport déduit).........	835	190	Excédent de recettes.......	795	187
Livraisons diverses................	267	69			
Batellerie fluviale................	50	11			
Fonds commun et spécial...........	36	8	Total égal aux recettes....	1618	385
Total..............	1.618	385			
BELGIQUE.					
a. *Chiffres connus de la Commission des Réparations.*			Frais forfaitaires prévus par l'accord du 11 mars 1922.....................	148	35
Versements en espèces.............	50	7	Frais de commissions de contrôle.....	1	//
Livraisons en nature	46	11			
Marks versés ou reconnus par le Reich.	9	2	Total..............	149	35
b. *Chiffres non connus de la Commission des Réparations.*					
Marks saisis ou versés par les communes.	8	2	Pour balance :		
Amendes et taxes diverses...........	2	0,5			
Prestations. — Article 6...........	13	3	Excédent de recettes.......	431	99,1
Livraisons en nature :					
Charbon (transport déduit).........	371	85			
Livraisons diverses................	91	22			
Fonds commun et spécial...........	7	1,6	Total égal aux recettes....	580	134,1
Total..............	580	134,1			
ITALIE.					
a. *Chiffres connus de la Commission des Réparations.*					
Livraisons en nature.............	459	117			
b. *Chiffres non connus de la Commission des Réparations (Ruhr).*					
Charbon................................	274	59			
Fonds commun...................	3	0,8			
Total..............	736	176,8			

TABLEAU B. — PAYEMENTS EN ESPÈCES ET COUVERTURE DES FRAIS SUPPLÉMENTAIRES RÉSULTANT DE L'OCCUPATION DE LA RUHR.

RECETTES.	FRANCS FRANÇAIS.	MARKS-OR.	DÉPENSES.	FRANCS FRANÇAIS.	MARKS-OR.
	millions.	millions.		millions.	millions.
Recettes franco-belges centralisées à Coblence.			*Dépenses franco-belges centralisées à Coblence.*		
Koblensteuer	590	129	Frais de perception d'impôts, indemnités aux fonctionnaires, dépenses d'administration, remboursement d'appointements aux Gouvernements.	72	16
Douanes	737	163	Frais de destockage et d'exploitation directe	235	54
Licences et dérogations	461	101		307	70
Forêts	125	27			
Circulation, sauf-conduits, recettes diverses et non classées	16	3	*Dépenses de la France.*		
	1,929	423	Frais d'occupation (supplément total).	486	95
Bénéfice de la Régie au 31 août 1924.			*Dépenses de la Belgique.*		
Diminution faite des frais de transport remboursés ou à rembourser à la Régie).	297	67	Frais d'occupation (supplément total).	95	18,6
Recettes à recouvrer pour mémoire	P. M.	P. M.	*Pour balance*	888	183,6
			Excédent de recettes	1,339	306,4
Total général	2,226	490	Total égal aux recettes	2,226	490

	EN MILLIONS.	
	francs.	marks-or.
Nota. — Sur cet excédent de recettes, la Belgique a déjà reçu	185	826
Il a été consigné aux Trésors belge et français pour variations de change sur conversions de marks saisis	28	128
Solde en caisse indiqué par la H. C. I. T. R.	63 5	288
Reste à recouvrer sur frais de transports militaires et autres (chiffres à reviser)	29,9	96
Total	306,4	1,338

La destination qui a été donnée aux recettes tirées de l'exploitation des gages conserve un caractère provisoire et doit recevoir la sanction d'un arrangement définitif entre les Gouvernements alliés. Une commission d'experts financiers est actuellement réunie à Paris pour préparer les bases de l'accord, qui pourrait être conclu à ce sujet. Dès que cette Commission aura terminé ses travaux, une conférence des Ministres des finances alliés sera réunie à Paris en vue de la conclusion définitive de cet accord.

Sans préjuger de ses décisions et en adoptant provisoirement les bases de la répartition actuelle, le montant des versements de l'Allemagne et leur distribution entre les pays bénéficiaires s'établiraient au 31 août 1924, conformément aux indications consignées dans le tableau ci-dessous.

SITUATION AU 31 AOÛT 1924 DES VERSEMENTS DE L'ALLEMAGNE.

Milliers de marks-or.

	TOTAL.	ÉTATS-UNIS. (Pour mémoire.)	ANGLETERRE.	FRANCE.	BELGIQUE.	ITALIE.	AUTRES PUISSANCES.	NON RÉPARTIS ou COMPTES SPÉCIAUX.
I. — COMPTE AU 1ᵉʳ MAI 1921.								
A. Avoirs liquides :								
a. Livraisons en nature........	2,263,240	23,375	222,696	901,702	534,892	84,042	41,156	(1) 478,752
b. Versements en espèces.......	787,529	//	637,925	142,649	508	21	15	6,411
A déduire :	3,050,769	//	860,621	1,044,351	535,400	84,063	41,171	485,163
Frais des armées d'occupation et des Commissions de contrôle. Avances sur charbon................	2,509,667	//	1,003,897	1,263,415	202,649	39,437	269	//
Soldes créditeurs.............	362,340	//	— 143,276	— 219,064	//	//	//	//
Soldes débiteurs.............	418,279	//	//	//	+ 332,751	+ 44,626	+ 40,902	//
Solde débiteur net.............	55,939	//	//	//	—	//	//	//
B. Avoirs non liquides............	2,393,701	//	538	2,042	635	//	//	2,390,486
II. — COMPTE POSTÉRIEUR AU 1ᵉʳ MAI 1921.								
Avoirs liquides : 1ᵉʳ mai 1921–31 août 1924 :								
Livraisons en nature...........	1,557,139	//	440,095	383,938	98,315	276,855	331,786	6,150
Mines de la Sarre.............	300,000	//	//	300,000	//	//	//	//
Versements en espèces.........	1,117,897	//	//	844	1,083,297	32,775	747	234
A déduire :	2,955,036	//	440,095	684,782	1,181,612	309,630	332,533	6,384
Frais des armées d'occupation et des Commissions de contrôle........	515,315	//	82,104	(2) 345,118	87,103	470	520	//
Solde débiteur : 1ᵉʳ mai 1921–31 août 1924................	2,439,721	//	357,991	339,664	1,094,509	309,160	332,013	6,384
Report 1ʳᵉ période..............	55,939	//	— 143,276	— 219,064	+ 332,751	+ 44,626	+ 40,902	//
Total des recettes liquides nettes connues à la C. R. (A)......	2,495,660	//	214,715	120,600	1,427,260	353,786	372,915	6,384
III. — RECETTES PROVENANT DE L'OPÉRATION DE PRISE DE GAGE ET NON COMMUNIQUÉES À LA C. R.								
Marks saisis versés par les communes..	23,000	//	//	18,000	(3) 5,000	//	//	//
Amendes, taxes diverses.............	1,500	//	//	1,000	500	//	//	//
Charbon.............	334,000	//	//	190,000	85,000	59,000	//	//
Livraisons diverses............	112,400	//	//	(4) 88,000	(4) 23,600	— 800	//	//
Produit net de la caisse des gages....	185,000	//	//	//	185,000	//	//	//
Total des recettes non connues de la C. R. (B)............	655,000	//	//	297,000	299,100	59,800	//	//
Total général : A + B...	3,151,560	//	214,715	417,600	1,726,360	413,586	372,915	6,384
Somme non encore attribuée à la Belgique, mais paraissant devoir lui revenir après règlement définitif....	//	//	//	//	(5) 121,400	//	//	//

(1) Se décomposent comme suit :

    a. Les sous-marins ;

    Navires. Différence entre le crédit de l'Allemagne et le débit aux puissances ;

    Gard s. Différence entre le prix intérieur allemand et le prix f. o. b. Italie.

Compte tenu en remplacement de l'armée américaine d'occupation (1ᵉʳ février 1923) et des livraisons de l'article 6 en 1923 et 1924.

(2) Ce chiffre comprend les marks saisis et les livraisons de l'article 6 pendant les années 1923 et 1924, les renseignements manquant pour pouvoir établir la discrimination.

(3) Déduction faite des livraisons effectuées en vertu du forfait de restitution (4 millions M. O.) et sous réserve de certains doubles emplois pouvant provenir de l'intégration de livraisons de la Ruhr dans les chiffres de la Commission des Réparations et pouvant s'élever sur l'ensemble des alliés à 15 millions de marks-or.

(5) Somme consignée pour variation de change sur conversion marks saisis.. 28,000

    Encaisse actuelle H. C. I. T. B.. 63,500

    Recouvrement en suspens sur frais de transport et divers.......................... 29,900

                           121,400

*⁎⁎

Nomination d'un Comité d'Experts.

Les difficultés que soulevait la question des réparations, les discussions qu'elle engendrait entre les Gouvernements, suscitèrent au cours de l'année 1923, l'idée de la nomination d'un Comité d'Experts, indépendants de toute influence politique, auxquels serait confié le soin de rechercher et de suggérer aux Puissances intéressées une solution pratique de ce problème.

Cette proposition fit l'objet d'un échange de vues entre les États-Unis, les Gouvernements alliés et le Gouvernement allemand. Mais d'importantes divergences apparurent immédiatement entre les conceptions des différentes Puissances.

La France exigeait, dès l'abord, avant tout examen, que la résistance passive organisée dans la Rhur, prit fin et se refusait à toute étude avant que cette satisfaction lui fut donnée par le Gouvernement allemand. L'arrivée du Cabinet Stresemann au pouvoir, le 14 octobre 1923, fut suivie d'une déclaration qui proclamait la cessation officielle des mesures de résistance adoptées par le Reich et levait ainsi le premier obstacle qui s'opposait à une discussion du projet.

Le Gouvernement français entendait, au surplus, maintenir la nouvelle enquête dans le cadre tracé par le Traité de Versailles : l'article 234 de ce texte habilite, en effet, la Commission des Réparations à procéder, toutes les fois qu'elle le juge utile, soit par elle-même, soit à l'aide d'experts nommés par ses soins, à un examen des capacités de payement de l'Allemagne. Le Gouvernement français estimait, dès lors, que la désignation du Comité d'Experts incombait à la Commission, sans qu'il lui fut possible d'y comprendre des représentants allemands et que son rôle devait conserver un caractère strictement consultatif, écartant toute proposition de remise ou de modification des obligations de l'Allemagne.

Aucun accord ne put être réalisé sur ces bases et les négociations, qui avaient été engagées, ne furent pas poursuivies.

La Commission des Réparations avait été saisie, par ailleurs, dès le 14 octobre 1923, d'une demande, formulée par l'Allemagne et tendant à l'application de l'article 234 du Traité de paix. Sur la proposition du délégué français, elle adopta, le 30 novembre 1923, une résolution qui décidait la nomination de deux Comités d'Experts appartenant aux Pays alliés et associés et leur confiait la mission d'examiner, le premier les moyens d'assurer l'équilibre budgétaire et la stabilité monétaire en Allemagne, le second les mesures qu'il convenait de prendre à l'égard des évasions de capitaux.

Ces deux Comités furent réunis et installés le 15 janvier 1924. Leurs rapports furent déposés trois mois plus tard, le 9 avril 1924.

Leurs conclusions et leurs méthodes furent approuvées par la Commission des Réparations dans les limites de ses attributions et la transmission en fut faite officiellement aux Gouvernements intéressés, en leur recommandant les suggestions qui relevaient de leur compétence.

Le programme qui était ainsi tracé pour la solution du problème des réparations avait au surplus reçu l'adhésion expresse des diverses Puissances. Une entente précise restait nécessaire soit entre les Gouvernements alliés, soit avec l'Allemagne pour en assurer la mise en œuvre effective; ce fut l'objet que se proposèrent les récents accords de Londres.

Plan des experts et accords de Londres.

Le plan des experts échappe à toute visée politique; le point de vue qu'il a adopté est d'ordre purement pratique et consiste dans la recherche d'une solution positive, permettant à l'Allemagne de mettre à la disposition de ses créanciers les sommes les plus élevées qu'elle puisse leur transférer, sans porter atteinte à l'équilibre de son économie générale.

De cette conception, découlent deux conséquences.

D'une part, les experts ne se sont pas préoccupés de déterminer le montant même de la dette allemande; ils se sont efforcés de fixer le mécanisme propre à assurer de larges sorties de fonds, par le versement régulier d'annuités; mais ils n'ont pas fixé le nombre des échéances qu'il convenait de prévoir, le régime qu'ils ont institué pouvant être étendu à telle période qui paraîtrait convenable.

D'autre part, les versements, calculés par le Comité, concernent non seulement les réparations proprement dites, mais encore toutes les obligations, entretien des troupes d'occupation, restitutions, que le Traité de paix a mises à la charge de l'Allemagne; la répartition de ces sommes entre les divers chapitres devant être réglée par des accords entre les Gouvernements alliés.

Ces principes étant définis, le plan des experts a prévu une distinction très nette entre le versement des sommes par l'Allemagne entre les mains d'un organisme de contrôle, d'une part, et leur transfert effectif aux Gouvernements alliés d'autre part.

Il est apparu, en effet, que, s'il était assez aisé d'estimer la charge que peut supporter l'économie de l'Allemagne, il était, par contre, plus délicat de préciser la part qui était susceptible d'être transférée à l'étranger sans faire courir à la tenue de son change, et, partant à l'équilibre de ses finances, un risque, qui enlèverait pour ses créanciers eux-mêmes, toute valeur aux versements qu'ils encaisseraient, et compromettrait définitivement le service des obligations contractées. Aussi la préoccupation constante du Comité a-t-elle consisté dans l'étude minutieuse de toutes les garanties nécessaires pour éviter que la remise des sommes correspondant aux réparations ne portât atteinte à la stabilité de la monnaie allemande.

Les annuités, dont le versement doit assurer la libération de l'Allemagne, seront prélevées sur trois catégories de ressources : impôts, chemins de fer et obligations industrielles.

Les experts ont dès l'abord estimé indispensable que l'équilibre budgétaire fût rétabli et ils ont préconisé les mesures qui leur paraissaient opportunes à cet égard, en recommandant, soit une atténuation de dépenses souvent trop libérales, soit un développement des recettes fiscales actuellement insuffisantes et inférieures aux charges que supportent certains pays alliés. Une rigoureuse politique d'assainissement permettra non seulement de balancer les dépenses par des ressources normales, mais encore de créer un excédent budgétaire, susceptible d'apporter un appoint substantiel au service des annuités.

Les réseaux de chemins de fer allemands présentaient, depuis l'armistice, des déficits importants d'exploitation, découlant, pour la plus large part, d'une administration défectueuse qui entretenait un énorme excédent de personnel et multipliait les dépenses de premier établissement. L'amélioration incontestable de cette situation laisse encore place à de larges progrès, et les experts ont été convaincus que, sous une sage direction et moyennant une politique de tarifs convenables, les chemins de fer pouvaient aisément réaliser, sur la base d'une valeur en capital de 26 milliards de marks-or, d'importants bénéfices. Le Comité a prévu, en conséquence, la remise aux gouvernements alliés, à titre de payements, de 11 milliards de marks-or, représentés par des obligations hypothécaires de premier rang, portant intérêt à 5 % et bénéficiant d'un amortissement annuel de 1 %.

Enfin le Comité a estimé que la dépréciation monétaire avait pratiquement éteint la dette obligataire des industries allemandes, et qu'il était dès lors, possible et équitable d'exiger de ces industries à titre de participation au payement des réparations, une somme de 5 milliards de marks-or, représentée par des obligations hypothécaires de premier rang comportant un service annuel de 5 % d'intérêt et de 1 % d'amortissement.

Les obligations ainsi imposées à l'Allemagne devaient être entourées de garanties tangibles et productives, constituées par l'assignation de certains revenus spéciaux et leur contrôle par les Alliés; les ressources ainsi prévues comme gages comprennent les douanes, les impôts sur l'alcool, le tabac, la bière et le sucre. Ces contributions doivent être directement versées entre les mains d'un organisme de surveillance qui en affecte le produit par priorité aux payements prévus par le Traité, en remettant le solde à la disposition de l'Allemagne.

Les diverses obligations qui viennent d'être énumérées représentent la charge qui incombera, en année normale, aux finances allemandes. Mais, pour permettre de rétablir et l'équilibre budgétaire et la stabilité monétaire, un moratorium partiel a été concédé pendant quatre années, le rendement des diverses ressources prévues dans le plan des experts étant progressivement porté de 1 milliard de marks-or pour la première annuité à 2,500 millions de marks-or pour la cinquième année, considérée comme année-type.

Les experts ont, par ailleurs, estimé qu'après cette courte période de rétablissement, la situation financière et économique de l'Allemagne retrouverait rapidement sa prospérité et il leur est apparu équitable d'assurer aux alliés une participation dans le développement des richesses allemandes. Dans ce but, un indice, basé sur six groupes de statistiques représentatives (trafic des chemins de fer, population, commerce extérieur, consommation du tabac, dépenses budgétaires et consommation de charbon) permettra de mesurer cet accroissement et réglera la majoration que seraient susceptibles de recevoir les annuités fixes prévues par le plan, sans risquer de porter atteinte à l'économie générale de l'Allemagne.

Toutes les sommes, ainsi fixées, seront versées à une banque nouvelle, dont le comité a réglé l'organisation, au crédit de l'agent des payements de réparation. Cette remise constitue libération définitive du Gouvernement allemand à l'égard des obligations financières qui lui sont imposées.

Il appartiendra dès lors à un comité spécial d'assurer le transfert des sommes encaissées aux Alliés sans compromettre la stabilité de la monnaie allemande; il réglera, à cet effet, l'exécution du programme des livraisons en nature, les payements prévus par le Reparation Recovery-Act, et même le versement direct aux intéressés par remise de devises étrangères.

Si les versements effectués par l'Allemagne dépassent le montant des transferts qui peuvent être effectués, le dépôt en sera fait à la Banque, puis utilisé en divers placements en Allemagne; mais l'accumulation de ces fonds ne devra pas excéder un chiffre maximum de 5 milliards de marks-or. Si cette limite était atteinte, la contribution du budget allemand serait réduite au montant des emplois possibles de fonds, afin de suspendre toute accumulation de sommes nouvelles.

Ainsi peut être sommairement esquissé le programme qui constitue la nouvelle Charte des réparations. Il appartenait aux récents accords de Londres d'en assurer une mise en œuvre rapide, en réglant la transition entre le régime qu'il prévoyait et la situation provisoire qu'avait engendrée l'occupation de la Ruhr, en précisant les conditions dans lesquelles s'effectuerait l'échange des gages partiels que nous détenions contre les garanties nouvelles qui étaient concédées à tous les Alliés, en fixant enfin toutes les mesures nécessaires pour son exécution.

Les accords de Londres ne se sont pas, au surplus, contentés de régler ces modalités pratiques d'application. Grâce à la ténacité et à la clairvoyance de M. le Président du Conseil, une entente est intervenue en vue de préciser et améliorer certains points du plan primitif.

Ces accords ont prévu notamment que les différends auxquels donnerait lieu l'exécution du plan feraient l'objet d'arbitrages qui donneraient à toutes les parties des garanties égales d'indépendance et d'impartialité.

Nous avons enfin obtenu de l'Allemagne la signature d'engagements qui prolongent, au delà des limites prévues par le Traité lui-même, la fourniture de certains produits indispensables à notre industrie et comprenant, en particulier, le charbon et le coke.

Ainsi amélioré, le plan des Experts marque une étape importante dans la voie du règlement de la question des réparations. A une action coërcitive isolée, il substitue la formule nouvelle et heureuse de la commercialisation de la dette politique, née pour l'Allemagne du Traité de Paix, et intéresse le monde entier à la tenue des engagements contractés; il nous offre, de ce chef, des garanties sérieuses et efficaces et nous permet d'escompter, dès maintenant, le service régulier des annuités qu'il a prévues. Si le défaut de règlement de certaines questions, qui font actuellement l'objet de négociations, telles que les modalités de répartition des versements, n'autorise pas un calcul rigoureux des encaissements que nous pouvons prévoir au cours des années prochaines, le budget de 1925 a pu néanmoins inscrire parmi les ressources normales de l'État une somme de 1 milliard de francs qui représente des prévisions particulièrement modérées et semble appelée à être largement dépassée. Ce résultat immédiat et tangible constitue le meilleur témoignage en faveur du plan Dawes que nous avons accepté, ainsi d'ailleurs que le Gouvernement précédent, et dont nous avons organisé la mise en œuvre.

L'application du programme des Experts a soulevé à nouveau une question qu'il importe de signaler.

La loi du 21 avril 1921 avait prescrit que tout importateur de marchandises allemandes, quels que soient le pays de provenance et la nationalité du vendeur, verserait au Trésor français une fraction de la valeur de ces marchandises, qui ne pourrait excéder 50 p. 100, ce prélèvement libérant l'acheteur jusqu'à due concurrence vis-à-vis de son vendeur étranger; les sommes, ainsi encaissées, devaient être affectées à l'acquittement des obligations contractées par l'Allemagne.

En fait, ce régime ne reçut aucune application. On estima que la loi de 1921 était susceptible d'entraîner des répercussions dangereuses tant sur notre industrie et notre commerce que sur le jeu des livraisons en nature, et le règlement d'administration publique, destiné à en régler les modalités d'exécution, ne fût pas publié.

L'Angleterre, par contre, soit pour assurer la rentrée de ses créances, soit pour protéger son industrie nationale, n'avait cessé d'appliquer strictement le « Reparation Recovery Act », prélevant d'abord 26 p. 100, puis 8 p. 100, puis de nouveau 26 p. 100 du montant global des importations allemandes. Or le Comité des Experts a donné à cette procédure son adhésion expresse. Le Gouvernement actuel a estimé qu'il importait d'établir sur notre territoire un régime analogue, qui présentait sur les prestations en nature l'avantage d'opérer un transfert de valeurs sans exposer le Trésor français à quelque perte résultant de l'écart entre la somme dont il était débité et le prix de vente qu'il pouvait effectivement encaisser, et réalisait un procédé heureux de payement des sommes qui nous sont réservées. Usant de la faculté qui nous était concédée par la loi du 21 avril 1921, nous avons en conséquence décidé d'effectuer au profit du Trésor un prélèvement de 26 p. 100 de la valeur des marchandises allemandes importées en France à partir du 1er octobre 1924.

Ainsi que nous l'avons déjà exposé, le plan des Experts ne s'est pas proposé de déterminer à nouveau le montant de la dette de l'Allemagne; il n'a eu d'autre objet que de fixer le mécanisme pratique suivant lequel de larges sorties de fonds pouvaient être assurées, il a prévu seulement des modalités de payement, dont l'application peut être étendue à telle période qui sera fixée, soit en prolongeant les versement des annuités prélevées sur les ressources budgétaires, soit en renouvelant les obligations contractées par les chemins de fer ou les industries allemandes.

Il laisse ainsi intact pour les Alliés le droit de réclamer à leur débiteur le montant intégral des 132 milliards de marks-or, auxquels a été fixée leur créance. La France n'a abandonné aucune part de ses droits : les conditions, dans lesquels sera définitivement réglée la question des dettes interalliées, commanderont l'attitude qu'elle gardera à l'égard de sa propre débitrice et dicteront les abattements qu'elle pourra éventuellement lui consentir.

<h3 align="center">II. — Créances sur les États étrangers autres que l'Allemagne.</h3>

La guerre ne nous a pas seulement légué le droit de récupérer sur l'Allemagne les sommes nécessaires à la réparation des dommages que nous avons subis. L'appui financier que nous avons dû prêter à nos Alliés, soit au cours des hostilités, soit après leur conclusion, les secours que nous avons accordés à certaines Nations dont la situation difficile ou malheureuse appelait l'aide des grandes Puissances ont inscrit, à notre crédit, des sommes importantes, qui viennent partiellement balancer les lourdes charges de notre passif.

La valeur exacte de ces créances ne peut être toutefois actuellement déterminée : ces avances figurent, en effet, pour la plus large part, sur la liste des dettes inter-alliées, dont le règlement, tant en capital qu'en intérêts, est jusqu'à nouvel ordre suspendu. L'évaluation précise des sommes, qu'elles seront susceptibles de mettre réellement à notre disposition, reste ainsi subordonnée à l'engagement préalable de pourparlers avec les Puissances intéressées, en vue de fixer le montant du capital de la dette, par un pointage réciproque des écritures de chaque pays. Bien entendu le Gouvernement français est prêt, dès maintenant, à consentir aux pays sur lesquels il possède des créances, des conditions de règlement strictement identiques à celles qui lui seront consenties. Il serait disposé, le cas échéant, à leur annulation totale. Si cette annulation lui était, à lui-même accordée.

Le tableau que nous donnons ci-dessous n'a d'autre objet que de définir l'importance générale de ces créances, sans qu'aucune valeur définitive puisse ête attribuée à ces indications.

Tableau des créances de l'État français sur les nations étrangères.

(Situation au 30 juin 1924.)

Russie (ancien régime)	6,023,300,000ᶠ (1)
Russie (divers gouvernements)	490,000,000
Belgique	3,067,295,000
Yougo-Slavie	1,738,066,000 (2)
Roumanie	1,132,000,000
Grèce	537,514,000 (3)
Pologne	895,400,000
Tchéco Slovaquie	542,200,000
Italie	350,273,000 (4)
Portugal	9,000,000
Esthonie	3,500,000
Lettonie	9,000,000
Lithuanie	2,300,000
Hongrie	800,000
Autriche	331,926,000 (5)
Total	**15,133,074,000 (6)**

(1) Y compris 1,174,000,000 de francs d'escompte de bons de la Banque de France.

(2) Y compris : 1° 399,380,000 francs de crédits en écritures; 2° 13,300,000 francs d'avances au Monténégro et déduction faite des contre-créances serbes.

(3) Y compris 330,000,000 de francs de crédits en écritures et déduction faite des avances en drachmes consenties par le Gouvernement hellénique aux troupes françaises en Grèce pendant les hostilités, soit au pair : 278,092,000.

(4) Ce chiffre représente la différence entre les créances et les dettes de l'État français envers l'Italie, créances et dettes dont certaines parties sont encore en discussion.

(5) Ce chiffre comprend notamment une créance en livres dont le montant est encore en discussion.

(6) Sur ce total, une somme de 1,518,000,000 de francs est couverte par les crédits budgétaires.

Les créances en monnaies étrangères ont été converties en francs au cours du 30 juin 1924.

Les réserves mêmes que nous venons de formuler au sujet de la valeur des chiffres portés dans le tableau ci-dessus, rendraient illusoire et vaine une décomposition détaillée de leurs éléments, alors que le montant global lui-même échappe à toute certitude. L'origine de ces créances réside, pour la plus large part, soit dans des cessions de matériel, soit dans l'entretien de troupes alliées sur notre sol ou même sur des territoires étrangers, soit dans l'avance de frais de transport, soit dans l'allocation de crédits de relèvement. Nous consacrerons une étude plus détaillée aux deux principales rubriques de ce compte.

Russie.

La Russie occupe le premier rang parmi nos débiteurs en s'inscrivant à notre actif pour une créance, dont le montant excède 6 milliards du chef des Gouvernements de l'ancien régime. Ce chiffre se décompose en trois éléments distincts.

Compte du Trésor de Russie à la Banque de France	4,731,000,000^f
Dépenses diverses couvertes par la Trésorerie	1,286,800,000
Dépenses imputées sur crédits budgétaires	161,500,000
Total	6,179,300,000^f

Un compte a été ouvert au Trésor de Russie par la Banque de France qui solda certaines dépenses incombant en France au Gouvernement russe et fut couverte de ces avances par la remise de bons du Trésor français. La balance s'en établissait au 30 juin 1924 sur les bases suivantes :

DÉBIT.		CRÉDIT.	
Dépenses effectives	3,240,504,737 68	Reversements effectués soit sur instruction de la Commission de liquidation russe, soit par les établissements accrédités pour le payement des coupons pour trop-perçus	155,421,861 85
se décomposant approximativement comme suit :			
Payement de coupons.. 1,580,000,0000			
Matériel de guerre .. 1,640,0000,000		Montant des bons remis par la Caisse centrale pour escompte.	4,731,000,000 00
Mensualités de l'Ambassade.... 20,000,000			
Agios perçus par la Banque à l'occasion des escomptes pour renouvellements de bons	1,645,917,124 17		
	4,886,421,861 85		4,886,421,861 85

Les dépenses, assumées par notre Trésorerie, concernent, soit des cessions de matériel, soit l'admission de coupons de valeurs russes à la souscription d'emprunts français, savoir :

Cession de matériel. 1,043,800,000
Coupons de valeurs admises en souscription d'emprunts. 241,900,000
Frais de télégrammes. 1,100,000

Les dépenses, imputées sur crédits budgétaires, correspondent aux frais d'entretien des troupes russes restées en France et en Orient après la Révolution russe, des prisonniers russes en Russie du Nord, savoir :

Entretien des troupes russes restées en France et en Orient après la Révolu-
    tion russe. 80,800,000
Entretien des prisonniers russes trouvés après l'armistice. 45,700,000
Entretien des troupes russes en Russie du Nord. 35,000,000

En déduction de ces dettes de la Russie, s'inscrit la valeur d'un dépôt d'or, cédé par la Russie à l'Allemagne lors de la conclusion du traité de Brest-Litowsk et versé par l'Allemagne aux Puissances alliées en exécution du Traité de Versailles. Notre part en a été fixée à 156 millions de francs environ. Cette somme est actuellement déposée dans les caves de la Banque de France.

Les avances, inscrites au passif des divers gouvernements de la Russie représentent les cessions de matériel faites aux troupes de l'amiral Koltchack, des généraux Wrangel et Denikine et les frais d'évacuation de leurs armées. Elles atteignaient, au 30 juin 1924, *490 millions.*

b. *Belgique.*

La créance de l'État français sur la Belgique se subdivise en deux rubriques principales :

D'une part les emprunts contractés jusqu'au 11 novembre 1918 constituent la dette de guerre qui, en exécution de l'article 232 du Traité de Versailles, est transférée à la charge de l'Allemagne ;

D'autre part, les avances consenties du 11 novembre 1918 au 31 mars 1919 figurent parmi les dettes interalliées dont le règlement n'a pas encore été abordé.

Depuis cette date, un compte de compensation a été ouvert entre les trésoreries française et belge et la couverture en est effectuée de part et d'autre par des règlements au comptant.

La dette de guerre de la Belgique s'élevait, au 1ᵉʳ mai 1921, à une somme de *2,575,843,176.30* marks-or, qui se décomposait comme suit :

CAPITAL.

	francs.	marks-or.
Avances en espèces	1,993,425,867 91	
Cessions	665,618,552 66	2,106,838,905 33
Transports	72,636,510 00	
Intérêts au 11 novembre 1918	270,434,296 92	208,575,572 96
Intérêts sur le capital seul du 11 novembre 1918 au 1ᵉʳ mai 1921		260,428,698 01
TOTAL		2,575,843,176 30

Les avances qui ont été faites au Gouvernement belge, depuis le 11 novembre 1918 jusqu'au 31 mars 1919, sont évaluées à *241,472,300* francs français savoir :

Avances en espèces	150,000,000
Transports	4,072,300
Cessions	87,400,000

Ce dernier chiffre ne présente aucun caractère définitif et fait l'objet de fréquentes revisions suivant la liquidation des opérations et la mise au point progressive des écritures.

Aucun règlement n'a été effectué jusqu'à ce jour ni sur le capital, ni sur les intérêts de ces avances.

Au surplus, il convient de signaler que certaines réductions seront opérées sur leur montant, du chef de cessions consenties par la Belgique aux armées françaises et de transports intéressant nos troupes. Le chiffre exact des compensations, qui s'effectueront à ce sujet, n'a pas encore été arrêté.

Enfin le compte de compensation, ouvert entre les trésoreries française et belge, faisait apparaître au 30 juin 1924 un solde débiteur de 94 millions de francs, dont la couverture doit être assurée par la Belgique.

L'étroite amitié, la véritable fraternité d'armes qui nous unissent au peuple belge nous font spécialement désirer que les conditions de règlement des dettes interalliées, qui nous seront consenties nous permettent de manifester une fois de plus à la Belgique les sentiments de la France.

TITRE IV.

1. — Agriculture.

Dans l'inventaire de la puissance économique de la France la première place doit être réservée à l'agriculture tant en raison du rôle primordial qu'elle joue dans la vie même du pays qu'en considération de l'importance du capital qu'elle fait fructifier et de la main d'œuvre qu'elle emploie.

L'objectif que doit se proposer une branche de production dépend des conditions dans lesquelles elle s'est organisée et des moyens matériels dont elle dispose.

Or la France est un pays de petite culture ; son territoire est divisé entre un nombre élevé de propriétaires généralement modestes, qui exploitent eux-mêmes leurs propres terres. Le caractère en quelque sorte familial qui reste attaché à l'agriculture commande le rôle qu'elle est appelée à jouer dans notre pays. L'étendue de notre sol, son morcellement, ses conditions d'exploitation, ne nous permettent pas en effet d'envisager une large conquête des marchés extérieurs pour les grandes productions, telles que le blé ou la viande. Nous ne pouvons nous flatter de vaincre, sur ce terrain, la concurrence de pays, tels que le Canada ou la République Argentine, auxquels l'existence de vastes superficies, favorisant l'emploi de la motoculture et de plus grandes facilités d'exploitation, concèdent des avantages certains.

En fait, l'objectif principal, qu'il convient d'assigner à notre production agricole, consiste dans la charge d'assurer seule, avec ses propres ressources, l'alimentation du pays. L'indépendance qui nous serait ainsi conférée vis-à-vis des Etats étrangers atteindrait un double but : d'une part, elle garantirait l'existence de la Nation, si de nouveaux conflits étaient susceptibles d'en compromettre le ravitaillement extérieur ; d'autre part, elle éviterait, en tout temps, le lourd tribut que représente, dans la situation actuelle des changes l'achat de denrées alimentaires sur les marchés étrangers.

C'est donc vers l'approvisionnement du marché intérieur que l'agriculture doit, avant toute autre préoccupation, orienter ses ambitions. L'abondance de sa production reste le remède le plus efficace contre la cherté de la vie et c'est vers le paysan que se tournent aujourd'hui les espérances de la Nation pour un retour à des conditions meilleures d'existence.

Si tel doit être le rôle principal qui lui est assigné, notre agriculture ne saurait néanmoins s'abstenir de jeter les regards vers l'extérieur.

Si la concurrence étrangère s'avère redoutable dans certains domaines, embrassant principalement les grands produits, qui n'exigent pas de soins minutieux, la richesse de notre sol, le travail méticuleux de nos paysans nous réservent une prédominance marquée dans le monde pour diverses denrées, telles que vins, fruits, beurre, œufs, primeurs, auxquelles la qualité et la finesse donnent tout leur prix. L'exportation de ces marchandises ouvre à l'agriculture un large champ d'action et lui réserve, une participation importante au redressement de notre balance commerciale.

Alimentation du pays, exportation de certains produits fins, tel est le double but que doit viser l'agriculture française; telle est la part qui lui est assignée dans la vie économique de la Nation.

Avant les hostilités, de très sérieux efforts avaient été tentés dans cette double voie et des résultats satisfaisants avaient été obtenus.

Au point de vue de l'alimentation nationale, la production des deux éléments principaux, blé et viande avait réalisé des progrès considérables.

La culture du blé marquait, depuis près d'un siècle, une augmentation continue, due tant à l'accroissement de la superficie des emblavements qu'à l'amélioration du rendement pour une même étendue.

Le tableau suivant met cette observation en lumière :

PÉRIODES.	SURFACES CULTIVÉES (MILLIERS D'HECTARES) moyenne annuelle.	PRODUCTION (MILLIERS DE QUINTAUX) moyenne annuelle.	RENDEMENT À L'HECTARE (QUINTAUX) moyenne annuelle.
1821-1830	4,892	43.716	8,93
1831-1840	5,362	51.099	9,53
1841-1850	5,853	58.692	10,28
1851-1860	6,404	65.555	10,23
1861-1870	6,923	74,243	10,72
1871-1880	6,650	73,282	10,69
1881-1890	6,802	85,988	12,64
1891-1900	6,802	85,066	12,50
1901-1910	6,568	89,127	13,57
1913	6,542	86,919	13,28

Cette augmentation de la production nationale avait permis de réduire progressivement nos appels à l'étranger.

PÉRIODES.	PRODUCTION ANNUELLE (MILLIERS DE QUINTAUX).	EXCÉDENT des IMPORTATIONS ANNUELLES (milliers de quintaux).
1861–1870	74,243	2,505
1871–1880	73,282	7,741
1881–1890	83,922	10,491
1891–1900	85,066	9,576
1901–1910	89,127	2,618

Sans doute, les années qui ont précédé immédiatement la guerre, ont donné des résultats moins favorables. L'excédent des importations annuelles s'est, en effet, élevé à 21,379 milliers de quintaux en 1911, 6,864 en 1912 et 15,387 en 1913.

Dès cette époque, l'agriculture se heurtait à des difficultés qui n'ont cessé de s'accroître et découlent principalement de l'insuffisance de la main-d'œuvre; elle commençait l'évolution que l'examen de la période postérieure aux hostilités fera plus nettement ressortir.

Le second élément de l'alimentation nationale, constitué par la viande de boucherie, trouvait, sur notre territoire, des ressources plus abondantes.

Notre cheptel marquait, en effet, depuis plusieurs années, un développement à peu près continu, particulièrement pour les espèces chevaline, bovine et porcine.

ESPÈCES.	1910.	1911.	1912.	1913.
	(en milliers de têtes.)			
Chevaline	3,197	3,236	3,222	3,222
Mulassière	192	194	196	185
Asine	369	360	358	356
Bovine	14,530	14,550	14,703	14,788
Ovine	17,110	16,425	16,467	16,131
Porcine	6,900	6,719	6,903	7,036
Caprine	1,417	1,424	1,408	1,435

Cette progression constante de notre bétail n'assurait pas seulement notre propre consommation : elle permettait encore à notre pays l'exportation soit d'animaux destinés à la remonte, soit de certaines catégories de bêtes réservées à l'alimentation. Les résultats qui ont été obtenus en 1913 peuvent, en effet, ainsi se résumer :

ESPÈCES.	IMPORTATION.	EXPORTATION.	EXCÉDENT DES EXPORTATIONS.
	têtes.	têtes.	têtes.
Chevaline.	15,490	31,408	+ 15,918
Mulassière.	1.157	15,719	+ 14,562
Asine.	4,718	493	"
Bovine.	17,737	74,736	+ 56,999
Ovine.	1,290,904	56,556	"
Porcine.	59,461	50,509	"
Caprine.	1,957	2,422	+ 465

*
* *

L'ouverture des hostilités allait porter la plus rude atteinte à cette prospérité.

Dès le début, en effet, la mobilisation enlevait à la culture 60 à 80 p. 100 de son personnel, tant parmi les ouvriers agricoles que parmi les propriétaires et les exploitants qui en assumaient la direction. L'invasion rapide des départements du Nord et de l'Est nous privait d'une riche partie de notre territoire et le manque d'engrais diminuait la production sur toute l'étendue des terrains qui nous demeuraient.

Aussi les récoltes présentèrent-elles immédiatement les plus sérieux déficits par rapport aux années antérieures :

PÉRIODES.	FROMENT.	SEIGLE.	ORGE.	AVOINE.	POMMES DE TERRE.	VINS.
Moyenne.			milliers de quintaux.			milliers d'hectolitres.
1904-1913.	88,431	13,092	9,745	48,587	134,204	53,391
1914.	76,936	11,147	9,758	46,206	119,927	56,134
1915.	60,630	8,420	6,921	34,626	93,990	18,101
1916.	55,767	8,472	8,332	40,224	88,000	33,457
1917.	39,482	6,694	8,981	34,463	120,000	37,500

Cette situation présentait, pour le blé, une acuité particulière.

Non seulement, la superficie des emblavements se réduisait progressivement; mais le rendement même de la production diminuait, annihilant ainsi les efforts persévérants qui avaient été tentés depuis un siècle pour son développement.

PÉRIODES	SUPERFICIES CULTIVÉES.	RENDEMENT À L'HECTARE.
	milliers d'hectares.	quintaux.
1915.	5,489	11,04
1916.	7,030	11,08
1917.	4,191	8,73

La soudure des récoltes fut demandée à des importations de blés étrangers notamment des États-Unis, du Canada, des Indes anglaises, de l'Australie et de la République Argentine.

Les mesures les plus énergiques furent prises également, soit pour développer la production nationale par le renvoi de certaines classes anciennes, l'emploi de travailleurs étrangers ou coloniaux et l'introduction de la culture mécanique, soit pour réduire la consommation, soit pour assurer par l'augmentation du taux de blutage une utilisation plus complète de toutes les qualités nutritives du grain.

Enfin, soucieux d'éviter une élévation du prix du pain et de maintenir, à la disposition de tous, la denrée principale de l'alimentation nationale, les pouvoirs publics ne reculèrent pas devant la réquisition des céréales et la fixation des cours du blé et de la farine. Détenteur de toute la production, l'État déterminait le prix d'achat du blé à un taux assez rémunérateur pour encourager le paysan au maintien et à l'extension même de la culture et ces grains étaient cédés au meunier à un taux qui permettait après prélèvement des frais de l'industriel et du boulanger, de maintenir le prix du pain à un niveau modéré.

Le trésor public supporta la perte que représentait l'écart entre les cours d'achat du grain et son prix de cession à la minoterie.

Cette politique, dont les circonstances justifiaient la nécessité, allait imposer à l'État des dépenses particulièrement lourdes.

La loi du 16 octobre 1915 écarta les opérations de ravitaillement du budget général et créa un compte spécial, destiné à les retracer et à les centraliser.

Les lois des 20 avril 1916, 30 octobre 1916 et 4 avril 1918 adjoignirent au contrôle du blé et de la farine celui d'autres produits et substances tels que sucre, café, pétrole, essence, engrais chimiques, beurres, fromages, graines oléagineuses, riz, pâtes alimentaires, viandes et poissons conservés, boissons alimentaires, fourrages.

Au débit du compte, furent inscrits le montant des achats effectués et les frais accessoires de transport ou de manutention. À son crédit figurèrent une dotation initiale de 120 millions constituée sur crédits budgétaires à titre de fonds de roulement et les payements reçus pour la cession de ces denrées.

La clôture de ce compte a été prononcée par la loi du 8 août 1920, sous réserve du maintien d'une période complémentaire de règlement. La gestion en est actuellement assurée par le service d'apurement des comptes spéciaux du Trésor. La situation, à la date du 30 juin 1924 s'en résumait ainsi :

Montant des dépenses...............................		27,969,416,229ᶠ 63ᶜ
Montant des recettes :		
a. Crédits budgétaires............	120,000,000ᶠ 00ᶜ	
b. Payements encaissés...........	24,635,055,581 40	
	24,755,055,581ᶠ 40ᶜ	24,755,055,581ᶠ 40ᶜ

L'intervention de l'État dans le ravitaillement du pays a ainsi à son passif une somme globale de 3,334,360,648 fr. 23 dont 3,214,360,648 fr. 23 constituent aujourd'hui encore des découverts du Trésor.

Après la cessation des hostilités, la guerre nous laissait dix départements dévastés, un sol dont par suite d'un entretien insuffisant la valeur productive avait dépéri un cheptel que des prélèvements abondants avaient progressivement réduit.

La comparaison de nos récoltes et de notre troupeau de bétail, à la veille et au lendemain des hostilités, marque le recul que notre richesse agricole avait subi :

NATURE DES PRODUCTIONS.	SUPERFICIES CULTIVÉES MILLIERS D'HECTARES.		PRODUCTIONS. MILLIERS DE QUINTAUX.	
	1913.	1919.	1913.	1919.
RÉSULTATS DES RÉCOLTES.				
Blé	6,542	4,604	86,919	49,653
Seigle	1,176	771	12,715	7,299
Orge	760	561	10,438	5,000
Avoine	3,979	2,855	51,826	24,936
Maïs	458	297	5,431	2,534
Pommes de terre	1,548	1,256	135,860	77,306
CHEPTEL.			1913. (En milliers de têtes.)	1919. (En milliers de têtes.)
ESPÈCES.				
Chevaline			3,222	2,413
Mulassière			188	167
Asine			356	303
Bovine			14,788	12,374
Ovine			16,131	8,991
Porcine			7,036	4,080
Caprine			1,435	1,168

Trois tâches appelaient d'urgence les efforts de tous :

Amélioration des cultures sur tout le territoire;

Reconstitution des régions dévastées ;

Développement du cheptel.

Nous examinerons successivement les résultats qui ont été obtenus dans ces différentes voies.

1° *Amélioration des cultures sur tout le territoire.*

Le renvoi dans ses foyers de la main-d'œuvre mobilisée, la disparition des réquisitions, la libération des moyens de transport, la suppression des entraves apportées aux approvisionnements en engrais ou en semences devaient amener un rétablissement rapide de notre situation agricole.

La réalisation et l'importance de ce redressement ressortent de l'examen des chiffres qui résument la superficie des emblavements et leur production annuelle.

NATURE DES PRODUCTIONS.	SUPERFICIES CULTIVÉES. (EN MILLIERS D'HECTARES.)					
	1913.	1919.	1920.	1921.	1922.	1923.
Blé	6,542	4,604	5,094	5,382	5,290	5.527
Seigle	1,176	771	869	901	888	879
Orge	760	561	664	680	693	706
Avoine	3,979	2,855	3,350	3,408	3,436	3,458
Maïs	458	297	336	330	320	308
Pommes de terre	1,548	1,256	1,441	1,455	1,464	1,434

NATURE DES PRODUCTIONS.	QUANTITÉS PRODUITES. (EN MILLIERS DE QUINTAUX MÉTRIQUES.)					
	1913.	1919.	1920.	1921.	1922.	1923.
Blé	96,919	49,653	64,482	88,034	66,220	79,055
Seigle	12,715	7,299	8,761	11,276	9,757	9,377
Orge	10,438	5,000	8,357	8,343	8,907	10,232
Avoine	51,826	24,936	42,298	35,483	41,842	54,700
Maïs	5,431	2,534	3,872	2,640	3,220	3,012
Pommes de terre	135,860	77,306	116,378	83,097	126,101	95,341

La situation acquise en 1913, ne doit toutefois pas servir seule de terme de comparaison pour apprécier les améliorations qui ont été réalisées depuis la cessation des hostilités. L'agriculture française semble, en effet, poursuivre actuellement une évolution générale qui en modifie le caractère et en oriente l'activité vers des buts nouveaux.

La population agricole a subi une forte diminution, que ne suffit pas à compenser l'extension de la motoculture. L'insuffisance de la main-d'œuvre impose l'adaptation du mode d'exploitation de la terre aux disponibilités qui lui sont offertes. Aussi, les statistiques les plus récentes permettent-elles de constater une réduction de la superficie consacrée à la grande culture, contre un gain proportionnel des étendues de terrain réservées à l'élevage.

NATURE DES PRODUCTIONS.	SUPERFICIES CULTIVÉES.	
	MOYENNE 1904-1913.	MOYENNE 1922.
	(En milliers d'hectares.)	
Céréales	13,526	11,108
Cultures fourragères	5,176	4,906
Prés naturels	4,811	5,075
Herbages et pacages	4,974	5,813

Pour le blé, notamment, la situation actuelle ne semble pas permettre d'espérer des emblavements supérieurs à 5 millions et demi ou 6 millions d'hectares, dont la production annuelle ne saurait excéder 80 à 85 millions de quintaux. Notre consommation nationale se fixant aux abords de 100 millions de quintaux, le tribut qui nous est imposé à l'égard des importations étrangères ne peut être guère évalué au-dessous de 15 millions de quintaux chaque année. Cette situation nous impose le devoir de poursuivre énergiquement une politique du blé, qui assure, par des encouragements appropriés, par l'emploi de méthodes culturales nouvelles par le développement de l'emploi des engrais, un accroissement des surfaces emblavées et une augmentation du rendement à l'hectare.

2° *Reconstitution des régions dévastées.*

Si, sur tout le territoire, le redressement de notre production agricole et le retour à une situation voisine de celle que nous avions acquise en 1913 devaient exiger des efforts et un labeur persévérants, la reconstruction de nos régions dévastées posait un problème encore plus ardu. Il suffit, pour en mesurer les difficultés de rappeler l'étendue des dommages agricoles que nous avions subis.

Reconstitution du sol . . . . 3,306,550 hectares.
Comblement de tranchées . . . . 333,000,000 mètres cubes.
Enlèvement des fils de fer barbelés . . . . 375,000,000 mètres carrés.
Reconstitution des terrains de culture . . . . 1,923,479 hectares.

Reconstitution du cheptel :
Bœufs 834,933
Chevaux, ânes, mulets 375,393
Moutons, chèvres 890,794
Porcs 331,656

Cette œuvre de réparation fut immédiatement entreprise et la plus large part en est dès maintenant achevée, grâce aux sacrifices financiers que l'État a consentis et à l'attachement à sa terre du paysan que n'ont rebuté ni les conditions d'existence trop longtemps précaires dans les régions libérées ni le spectacle des désolations et la perspective du labour nécessaire pour en effacer la trace. Le tableau ci-dessous permet de chiffrer l'effort qui a été accompli et de préciser la tache qui s'impose encore à nous :

NATURE DES RECONSTITUTIONS.	ÉTENDUE des DOMMAGES.	SITUATION au 1er JANVIER 1921.	SITUATION au 1er JANVIER 1922.	SITUATION au 1er JANVIER 1923.	SITUATION au 1er JUILLET 1924.	TRAVAIL RESTANT à accomplir.
Reconstitution du sol (en hectares)......	3,306,550	2,813,982	2,900,503	2,900,590	2,963,862	342,688
Comblement des tranchées (en mètres cubes)........................	333,000,000	218,934,793	259,793,437	280,102,300	289,220,069	43,779,931
Enlèvement de fils de fer barbelés (en mètres carrés)...................	375,000,000	249,014,302	275,544,612	287,200,815	294,706,796	80,293,204
Reconstitution des terrains de culture (en hectares)......................	1,923,479	1,007,240	1,474,796	1,698,200	1,790,910	132,569
Reconstitution du cheptel (bétail introduit par l'administration et par les particuliers). .... — Bœufs (nombre)...	834,933	129,975	473,118	523,848	562,376	272,557
Chevaux, ânes, mulets (nombre). . .	375,393	96,695	258,900	299,600	302,938	72,455
Moutons, chèvres (nombre)... ..	890,794	118,738	298,462	407,782	437,621	453,173
Porcs............	331,656	3,651	136,185	184,251	194,625	137,031

Au surplus, la renaissance agricole de nos régions dévastées ressort plus nettement encore des résultats des récoltes; certaines productions ont, dès maintenant, retrouvé leur prospérité d'avant guerre, comme l'avoine, ou s'approchent sensiblement des chiffres qui avaient été obtenus, comme le froment et les pommes de terre. Des déficits sérieux subsistent actuellement encore sur des cultures industrielles, telles que les betteraves; on peut espérer qu'à leur égard, des progrès rapides seront obtenus :

NATURE DES CULTURES.	1913.		1919.		1923.	
	SUPERFICIE (milliers d'hectares).	PRODUCTION (milliers de quintaux).	SUPERFICIE (milliers d'hectares).	PRODUCTION (milliers de quintaux).	SUPERFICIE (milliers d'hectares).	PRODUCTION (milliers de quintaux).
Froment..........................	1,005	17,730	452	5,955	856	16,314
Avoine	883	14,129	490	5,353	793	15,519
Pommes de terre....................	161	16,840	103	10,262	136	12,687
Betteraves à sucre....................	198	44,395	37	7,549	88	19,910
Betteraves de distillerie..............	34	14,117	9	2,481	13	3,852

3° Reconstitution de notre cheptel.

Si, l'évolution que nous avons signalée plus haut dans l'agriculture française et qui tend à la détourner partiellement de la grande culture pour l'orienter vers la transformation des terres en prés et en pacages, n'est pas très favorable à l'extension de notre production en céréales, elle devait, par contre, offrir des facilités particulières à la reconstitution de notre cheptel, que des prélèvements abondants avaient singulièrement appauvri.

L'examen des dénombrements, qui en sont effectués chaque année, marque en effet une progression continue depuis 1919. Sans doute, notre richesse n'est encore sur aucun point, rétablie, et la qualité de notre troupeau n'a pas retrouvé sa valeur d'avant guerre; des sélections rigoureuses seront encore nécessaire pour y parvenir. Mais son accroissement apporte dès maintenant le plus précieux réconfort et affirme sur ce terrain encore, le redressement rapide de notre pays.

ESPÈCES.	1913.	1919.	1920.	1921.	1922.	1923.
Chevaline	3,222	2,413	2,635	2,700	2,778	2,847
Mulassière	188	167	180	186	185	192
Asine	356	303	298	295	291	283
Bovine	14,788	12,374	13,217	13,343	13,575	13,749
Ovine	16,131	8,991	9,405	9,599	9,782	9,925
Porcine	7,036	4,080	4,941	5,166	5,195	5,405
Caprine	1,435	1,168	1,340	1,361	1,368	1,352

L'exposé qui précède, fait ressortir que les progrès accomplis depuis l'armistice, ont rendu à notre pays la plus large part de sa richesse agricole d'avant guerre, malgré la perte de sa main-d'œuvre, les dévastations qu'il a subies et les améliorations exigées par un sol qui n'avait reçu pendant cinq ans que des soins insuffisants.

L'agriculture nationale vient apporter chaque année une contribution plus étendue aux besoins du marché intérieur; elle a, en outre, dès maintenant reconquis sur les marchés étrangers la place qu'elle occupait avant les hostilités. L'examen de nos statistique douanières souligne ce double mouvement : réduction progressive des importations d'une part, développement des exportations d'autre part.

OBJETS D'ALIMENTATION.

	IMPORTATION.		EXPORTATION.	
	POIDS (quintaux métriques).	VALEUR (milliers de francs).	POIDS (quintaux métriques).	VALEUR (milliers de francs).
1913	55,092,399	1,916,544	14,569,311	833,157
1914	52,246,310	1,813,487	9,738,410	645,993
1915	62,807,250	3,314,797	8,897,760	648,953
1916	79,228,640	5,057,873	5,623,860	588,556
1917	67,078,490	6,985,375	4,012,950	498,629
1918	49,152,580	5,644,723	2,680,350	419,683
1919	69,814,144	10,704,485	5,299,020	1,190,411
1920	61,952,608	11,874,910	12,576,150	2,612,799
1921	42,684,700	5,748,316	12,222,430	2,070,850
1922	50,905,144	5,893,887	9,474,470	1,882,007
1923	57,150.988	7,472,369	13,119,207	3,189,258
Six mois de 1924	27,443,890	4,143,540	7,167,280	1,996,841

Sans doute notre balance commerciale pour les objets d'alimentation souffre, actuellement encore, d'un déficit annuel de 4 milliard de francs environ.

Mais il importe de souligner l'atténuation que présente ce chiffre par rapport à ceux de 1919 et de 1920 qui dépassaient 9 milliards. En outre, l'année 1923 peut se comparer très sensiblement à l'année 1913, soit au point de vue du tonnage des marchandises importées ou exportées, soit au point de vue de leur valeur, compte tenu de la dévalorisation de notre monnaie.

Un retour à notre prospérité d'avant-guerre dans un délai de cinq années, après les bouleversements que nous avons subis et les pertes que nous avons endurées, constitue par lui-même un résultat dont notre pays a le droit de s'enorgueillir et qui témoigne de sa vitalité et de son énergie.

II. — Industrie.

L'effort général de renaissance que démontre l'examen de notre production agricole s'est étendu à notre industrie qui a su reconquérir sa prospérité et sa puissance malgré les multiples obstacles que pouvait rencontrer son relèvement.

Notre industrie a souffert en effet des mêmes dévastations que l'agriculture : elle a connu, comme elle, les ravages et les destructions systématiques de l'ennemi ; elle a dû, comme elle, relever ses ruines avant de poursuivre son essor et la situation qu'elle avait acquise avant les hostilités reste encore, pour la plupart de ses branches, le but que se proposent ses efforts.

Mais son redressement n'était pas seulement subordonné à la réparation des dommages qu'elle avait subis. Le déséquilibre économique qui a suivi la guerre lui opposait des difficultés plus sérieuses : les rapports entre les grandes industries des différentes nations sont, en effet, trop étroits pour que les relations internationales ne jouent pas un rôle prépondérant à leur égard ; notre production industrielle était appelée à supporter, plus directement que la culture de notre sol, les répercussions qu'est susceptibles d'engendrer notre politique extérieure et l'année 1923 a marqué, en particulier les lourdes atteintes qui peuvent en découler pour elle.

L'extraction des matières premières doit d'abord retenir l'attention.

La plus large part de nos gisements houillers se trouvait située sur le territoire qui allait servir de champ de bataille ; aussi les dommages qui furent portés à nos mines en dehors de toute nécessité militaire et par simple volonté de destruction ont-ils été particulièrement rudes. De 41 millions de tonnes en 1913, notre extraction annuelle était tombée en 1919 au lendemain de l'armistice, à 22 millions de tonnes environ. La restauration de nos mines dévastées constituait donc pour notre pays la condition impérieuse de son relèvement.

Le département du Nord, dont la production mensuelle s'était élevée à 568,000 tonnes en 1913 avait vu, en 1919, ses extractions réduites à 18 p. 100 environ des chiffres qu'il avait obtenus avant la guerre. Dès 1920, cette proportion se releva à 40 p. 100 ; elle atteignit 62 p. 100 en 1921, 67 p. 100 en 1922. Au cours du quatrième trimestre de l'année 1923, la production mensuelle était de 506,000 tonnes ; le premier trimestre 1924 marqua un nouveau progrès en inscrivant les chiffres de 558,000 tonnes en janvier, 551,000 tonnes en février, 575,000 tonnes en mars. La productivité des années qui avaient précédé les hostilités pouvait être considérée désormais comme intégralement rétablie.

Tout en apparaissant moins favorable la situation du département du Pas-de-Calais présente également une amélioration croissante. De 1,715,000 tonnes en 1913, la production mensuelle n'excédait pas 1,274,000 tonnes en 1923 ; au cours du premier trimestre 1924 elle a atteint 1,525,000 tonnes en janvier, 1,473,000 tonnes en février, 1,536,000 tonnes en mars, soit 89 p. 100 environ de l'extraction normale obtenue en 1913.

Ces progrès ont permis le rétablissement progressif de notre production houillère qui, en 1923, se fixa aux chiffres suivants :

	HOUILLE ET LIGNITE.	
Houillères sinistrées du Nord et du Pas-de-Calais	11,671,950	tonnes
Houillères non sinistrées du Pas-de-Calais	9,224,035	—
Houillères de la Moselle	4,165,725	—
Autres houillères de France	13,481,960	—
Total de la production nationale	38,543,670	—

Ces résultats peuvent être comparés à ceux qui avaient été obtenus en 1913 et n'excédaient pas pour le même territoire 40,844,000 tonnes.

Si tous les travaux d'aménagement ne sont pas actuellement encore achevés, la France a, dès maintenant, à peu près rétabli la production qu'elle avait atteinte avant les hostilités et l'addition, à ces chiffres, des extractions du bassin de la Sarre, qui se sont élevées à 9,192,275 tonnes en 1923, assure le redressement complet de notre production houillère.

L'accroissement de notre production houillère a été toutefois accompagné d'un mouvement parallèle dans la progression de nos besoins. De 49 millions de tonnes en 1921, notre consommation a atteint 59 millions de tonnes en 1922 et 66 millions 1/2 de tonnes en 1923.

Ce développement concommitant des quantités dont notre consommation exigeait l'emploi ne nous permettait pas de nous affranchir des importations étrangères. De 23,844,923 tonnes en 1922, nos appels aux marchés extérieur ont dépassé 27 millions de tonnes en 1923.

La décomposition de ce chiffre présente d'ailleurs un intérêt particulier.

Les importations d'Allemagne ont, en effet, marqué depuis 1921 une rapide diminution : alors qu'en 1921, elles s'élevaient à 6,354,547 tonnes leur montant passait en 1922 à 4,230,100 tonnes et tombait même en 1923 à 1,684,088 tonnes.

Privée des ressources qu'elle pouvait escompter du chef de ces livraisons effectuées au titre des réparations, notre industrie se voyait contrainte de s'adresser au marché anglais, dont les importations réduites à 6,099,437 tonnes en 1921, s'élevaient rapidement à 12,237,371 tonnes en 1922 et à 18,116,589 tonnes en 1923.

Les deux dernières années font ainsi ressortir parallèlement la réduction des importations allemandes au quart de leur chiffre primitif et le triplement des importations anglaises. Pour l'année 1923 l'origine de cette situation doit être recherchée dans la résistance passive de l'Allemagne dans la Ruhr, et dans l'insuffisance de nos déstockages pour le remplacement des livraisons absentes. Cette conséquence de l'occupation de la Ruhr a mis à la charge du pays le lourd tribut que représente dans la situation actuelle des changes, le payement des importations anglaises; les décaissements en devises étrangères qui en sont résultés devaient exercer une action néfaste sur la valeur du franc et le renchérissement de la matière première de toute industrie devait fatalement se traduire dans la hausse du prix des objets manufacturés.

Les pertes qu'a subies de ce chef l'économie nationale ne sauraient être omises dans le bilan économique des résultats effectifs de notre action dans la Ruhr.

Au surplus la résistance passive de l'Allemagne est venue poser une question plus grave encore par le déficit qu'elle a engendré dans nos approvisionnements en coke métallurgique.

Les importations d'Allemagne qui atteignaient 4,305,324 tonnes en 1922, tombaient en effet à 2,073,460 tonnes en 1923. Une chute aussi brutale ne pouvait manquer d'exercer un contre-coup immédiat sur notre industrie métallurgique. Sur 116 hauts fourneaux qui étaient en activité au 1er janvier 1923, 39 étaient éteints et notre production mensuelle de fonte qui s'inscrivait, à la fin de 1922 aux environs de 510,000 tonnes ne dépassait pas 319,000 tonnes au mois de février 1923.

Le péril que cette situation faisait courir à notre production industrielle ne put être partiellement conjuré qu'à l'aide d'une intensification de la carbonisation en France par la mise à feu des cokeries encore disponibles, de l'enlèvement des cokes saisis sur le carreau des cokeries de la Ruhr et de la passation de contrats onéreux avec l'Angleterre et les États-Unis. Ici encore, les chiffres inscrivent dans l'illustration de ces conséquences de l'occupation de la Ruhr et de la résistance passive de l'Allemagne une page singulièrement suggestive. De 70,170 tonnes en 1922, les importations anglaises de coke s'élevaient à 384,101 tonnes en 1923 et de 766,379 tonnes les importations provenant de pays étrangers à l'Allemagne et à l'Angleterre, passaient à 1,170,642 tonnes. L'énorme accroissement de ces chiffres ne mettait cependant à la disposition de notre industrie qu'un tonnage réduit à 3,628,393 tonnes en 1923 alors qu'il avait dépassé 5 millions de tonnes en 1922.

Ces événements ont mis ainsi en lumière les liens économiques qui unissent la grande métallurgie de l'État aux cokeies allemandes. Le traité de Versailles est venu, en effet, ajouter à nos hauts fourneaux les usines de Lorraine qui étaient jusqu'à ce jour, tributaires des mines de la Ruhr et aux besoins desquelles nos cokeries sont actuellement impuissantes à satisfaire.

Ce problème apparaît d'ailleurs d'autant plus complexe que l'adjonction des usines du bassin de Metz-Thionville à notre territoire impose à notre industrie métallurgique l'obligation d'une large exportation de fonte. La France produisait en effet avant les hostilités, 5 millions de tonnes de fonte environ, correspondant sensiblement aux besoins de sa consommation. Le retour de la Lorraine et l'entrée de la Sarre dans nos frontières douanières portent à 11 millions de tonnes environ notre capacité productive laissant ainsi pour l'exportation une disponibilité de 6 millions de tonnes. Le placement d'un tonnage aussi considérable sur les marchés extérieurs constitue une opération particulièrement délicate et reste subordonné à l'utilisation de cokes dont le prix d'achat permette à notre industrie d'engager la lutte dans des conditions favorables contre la concurrence étrangère.

Les livraisons de cokes métallurgiques représentent donc pour notre pays, une nécessité vitale et commandent actuellement la prospérité même de notre industrie. La stricte exécution des accords de Londres présente une importance capitale.

Malgré les difficultés qui lui étaient ainsi opposées, notre industrie métallurgique a fait un grand effort pour recouvrer sa prospérité d'avant-guerre. Le meilleur témoignage de son relèvement peut être trouvé dans l'importance même de sa production mensuelle qui marque des progrès constants :

PÉRIODES.	FONTE. (milliers de tonnes.)	ACIER. (milliers de tonnes.)
Moyenne mensuelle 1921	280,1	258,6
— 1922	427,2	372.5
— 1923	441,6	414,7
Janvier 1924	586,0	541,0
Février 1924	590,3	554,6
Mars 1924	639,5	572,9

Sans doute la situation qui avait été obtenue en 1913 et qui, Lorraine comprise, correspondait à une production mensuelle de 750,000 tonnes de fonte et 582,000 tonnes d'acier n'est pas encore atteinte. Mais le relèvement qui peut être dès maintenant souligné, permet de concevoir de sérieuses espérances pour un prochain et définitif rétablissement.

Si le court développement que comporte cet inventaire nécessairement sommaire n'autorise pas une revue complète des diverses branches de notre industrie, on ne saurait cependant passer sous silence deux éléments particulièrement importants de notre richesse nationale, le fer et la houille blanche.

L'addition du bassin lorrain à notre ancien territoire est venue apporter un appoint puissant à notre production en minerais de fer; la France ne connaît actuellement dans le monde qu'un seul rival, les États-Unis dont la richesse à cet égard soit supérieure à la sienne et elle s'inscrit aisément au premier rang des nations européennes.

L'aménagement de nos forces hydrauliques dans les Alpes, dans les Pyrénées ou dans le Plateau central représente également pour notre pays une puissance latente dont l'emploi reste encore partiel et insuffisant. De très sérieux efforts ont été toutefois accomplis, depuis la cessation des hostilités, en vue d'en assurer le développement. Alors qu'elle ne dépassait pas 1,500,000 chevaux-vapeur à la fin de la guerre, la puissance installée atteignait au mois d'août 1922 le chiffre de 2,100,000 chevaux-vapeur marquant ainsi en trois années une majoration de 40 p. 100 environ sur son importance primitive. Un effort nouveau peut être demandé à cette branche de notre industrie et notre pays peut espérer trouver dans sa houille blanche quelque compensation à l'insuffisance de ses gisements houillers.

.   .

Nous serions heureux, si cette étude ne dépassait pas le cadre que nous nous sommes tracé, de pouvoir montrer les étapes rapides du relèvement des diverses autres branches d'industries touchées par la guerre, à l'intérieur du pays aussi bien que dans les régions libérées. Nous aurions trouvé dans cette étude une preuve de plus que les bouleversements apportés dans notre économie nationale par la terrible épreuve que nous avons subie s'atténuent progressivement. Dans les régions libérées mêmes qui ont plus directement et plus matériellement souffert, les traces de dévastation s'effacent rapidement; alors qu'à l'armistice, 22,900 usines demandaient soit une réfection totale, soit des réparations d'importance inégale, 20,175 étaient entièrement rétablies au 1ᵉʳ septembre 1924 et la tâche qui sollicitait encore les efforts de la nation à cette date se restreignait à 2,725 établissements.

Ces chiffres soulignent l'ardeur que la France a apportée dans son œuvre de restauration et l'importance des sacrifices financiers qu'elle a dû consentir pour en assurer la marche rapide. Malgré leurs imperfections inévitables, malgré les erreurs inséparables de l'exécution d'un travail aussi gigantesque, les résultats que nous avons su acquérir en un délai aussi bref justifient quelque fierté et une entière confiance dans la vitalité et l'avenir de notre pays.

III. — Commerce.

La renaissance de notre agriculture et de notre industrie devait exercer une influence corrélative sur l'activité de notre commerce. Les divers indices, susceptibles de la révéler et de la mesurer, en démontrent le développement : la situation de nos entreprises de transport, d'une part, et la statistique de notre commerce extérieur, d'autre part, présentent, à cet égard, un intérêt particulier, qui en recommande l'examen.

. .

a. — Transports.

L'industrie des transports comprend trois branches principales :

Chemins de fer ;

Navigation intérieure ;

Navigation maritime.

Nous étudierons successivement chacune d'elles.

1° *Chemins de fer.*

Les résultats financiers de l'exploitation de nos voies ferrées et leur amélioration progressive ont déjà été examinés. Mais il convient de signaler, ici, le développement croissant du trafic, auquel nos Compagnies sont appelées à faire face : déplacements de voyageurs ou transports de marchandises accusent, depuis quatre années, une hausse ininterrompue.

Nombre de voyageurs transportés :

1920	521,341,956
1921	591,632,423
1922	646,347,021
1923	691,913,000

Nombre de wagons chargés-marchandises :

1920	11,930,851
1921	13,406,626
1922	16,150,176
1923	20,770,000

La comparaison de ces chiffres avec ceux qu'ont publiés les statistiques relatives à l'année 1913 fait, au surplus, ressortir le rétablissement progressif de l'intensité normale du trafic sur nos voies ferrées. La moyenne journalière du nombre des wagons chargés s'était, en effet, fixée à 60,741 en 1913; sans doute, elle n'a pas excédé 56,900 en 1923; mais la majoration que présente la contenance actuelle de nos wagons rétablit l'équilibre entre ces deux années au point de vue du tonnage effectif des marchandises transportées.

Enfin l'accroissement de notre matériel roulant doit également retenir l'attention. Le nombre des locomotives est passé de 14,344 en 1913, à 19,828 en 1923 et l'effectif de nos wagons s'est élevé, au cours de cette période, de 425,092 à 554,414.

2° *Navigation intérieure.*

La situation de la navigation intérieure se présente sous un aspect moins favorable. Les transports fluviaux n'ont pas dépassé, en effet, en 1923, le chiffre de 33,884,000 tonnes embarquées, alors qu'ils avaient atteint, en 1913, 42,039,000 tonnes.

L'origine de cette régression doit être recherchée, pour une large part, dans la réduction de notre production houillère, qui constituait le principal aliment de l'activité de notre navigation fluviale.

Néanmoins, les résultats actuels marquent une amélioration constante depuis 1920. Le nombre des tonnes embarquées s'est, en effet, fixé à 19,472,000 en 1921 pour s'élever à 30,467,000 en 1922 et 33,884,000 en 1923. Cette progression permet d'espérer que la navigation fluviale saura surmonter les difficultés qui lui sont opposées et qui, au cours des années précédentes, ont lourdement pesé sur son développement. Il convient toutefois de constater que de grands efforts restent nécessaires pour mettre notre navigation à la hauteur des progrès modernes, notamment en ce qui concerne la batellerie et la traction électrique sur nos canaux.

3° *Navigation maritime.* — *Mouvements dans les ports.*

Les mouvements de la navigation dans nos ports révèlent une activité particulièrement intéressante, dont chaque année souligne un nouveau progrès.

Fixées en 1913 à 51,483 bateaux comportant 60,520,557 tonneaux de jauge brute, les entrées et sorties de navires dans les ports français étaient progressivement tombées, au cours des hostilités, aux niveaux suivants :

	1914.	1915.	1916.	1917.	1918.
Nombre de navires......	40,221	38,135	43,112	43,990	43,350
Nombre de tonneaux....	47,469,198	33,882,501	34,618,361	27,351,693	25,102,735

Ainsi, en 1918, le tonnage des navires qui pénétraient dans nos ports s'était affaissé à 40 p. 100 environ des chiffres qu'il avait atteints avant la guerre.

La cessation des hostilités et le retour à la liberté de circulation sur mer permirent une renaissance rapide de l'activité de la navigation maritime en France.

	1919.	1920.	1921.	1922.	1923.
Nombre de navires.....	46,012	49,139	40,801	45,803	49,557
Nombre de tonneaux....	32,223,582	45,761,944	48,925,936	62,203,562	72,391,820

Le premier semestre de l'année 1924 assure le maintien de la situation acquise en 1923, en comptant 23,760 navires et 35,550,065 tonneaux de jauge brute.

Au surplus, la décomposition du nombre des navires et de leur tonnage par nationalité souligne la part que le pavillon français s'est réservée dans le trafic général : non seulement il a retrouvé la place qu'il occupait avant la guerre, mais il a su l'accroître même par rapport aux années qui ont précédé les hostilités. Le tableau ci-dessous met en lumière cette progression :

NAVIRES FRANÇAIS.	1913.	1920.	1921.	1922.	1923.
Nombre de navires......	15,430	13,791	13,947	14,258	15,732
Nombre de tonneaux....	15,781,395	12,729,296	15.341,714	17,127,831	20,224,062

Ces résultats sont d'ailleurs en concordance avec le développement que notre marine marchande a reçu depuis 1914. Alors qu'à cette date, son tonnage n'excédait pas 2,500,000 tonneaux de jauge brute, il s'élevait à 3,408,000 tonneaux en 1923.

Sans doute l'utilisation de cette flotte présente de graves lacunes et notre marine marchande souffre actuellement d'une crise qui en entraîne le désarmement partiel. Mais l'accroissement de nos échanges améliore progressivement cette situation. Alors que le tonnage désarmé dans les ports atteignait 1,117,000 tonneaux au 15 octobre 1922, l'importance s'en réduisait à 730,000 tonneaux au 15 janvier 1923 et à 351,000 tonneaux au 15 janvier 1924.

.
. .

b. — Commerce extérieur.

L'activité de notre commerce extérieur peut se mesurer, soit d'après la valeur de nos importations et de nos exportations, soit d'après leur tonnage, ces deux éléments étant retenus dans les statistiques établies par l'Administration des Douanes.

L'énorme accroissement de la valeur totale de nos échanges apparaît, dès l'abord, manifeste. De 1913 à 1923, le montant de nos achats et de nos ventes au dehors s'est élevé de 15,301 millions à 63,039 millions, faisant ainsi ressortir une plus-value de 312 p. 100. Mais ce mouvement ne saurait être attribué exclusivement à un développement corrélatif de notre commerce; il découle, pour la plus large part, de la hausse des prix, consécutive à la dépréciation de notre devise nationale sur le marché des changes et sa constatation ne permet pas de formuler une conclusion précise sur l'extension réelle de notre activité.

Cette comparaison, trop simpliste, souligne néanmoins l'accentuation de ce mouvement de hausse pour la valeur des exportations dont la plus-value s'élève à 342 p. 100, alors qu'elle n'excède pas pour les importations, le chiffre de 287 p. 100. Cet écart démontre par lui-même l'amélioration de notre balance commerciale par rapport aux résultats obtenus avant les hostilités.

Le rapprochement des tonnages globaux, enregistrés en 1913 et en 1923, fournit un élément d'appréciation plus précis et plus certain. Les statistiques douanières établissent, en effet, que le volume de nos échanges avec l'étranger a atteint, au cours de l'année 1923, le chiffre de 79,710,900 tonnes, marquant sur les résultats de l'année 1913, une plus-value de 13,415,000 tonnes, soit 17 p. 100 environ.

Ces résultats démontrent nettement que notre commerce extérieur a dès maintenant, accru l'activité qu'il manifestait avant les hostilités.

Mais cette constatation resterait incomplète, si elle n'était accompagnée d'une étude destinée à dégager l'orientation réelle de nos échanges et à préciser si l'accroissement de leur volume provient d'un appauvrissement du pays contraint de faire de plus larges appels à l'étranger ou d'un accroissement de la richesse nationale, qui recherche des débouchés nouveaux sur les marchés extérieurs. Nous examinerons successivement, dans ce but, les divers éléments de nos importations et de nos exportations.

1° *Importations.*

Le mouvement de nos importations, soit en valeurs, soit en poids, au cours des dix dernières années se résume dans le tableau ci dessous:

IMPORTATIONS.

ANNÉES.	OBJETS D'ALIMENTATION.	MATIÈRES NÉCESSAIRES à l'industrie.	OBJETS FABRIQUÉS.	TOTAUX.
Valeurs (milliers de francs).				
1913..........................	1,817,570	4,945,732	1,658,021	8,421,332
1914..........................	1,813,487	3,508,147	1,080,535	6,402,169
1915..........................	3,314,797	4,653,404	3,067,593	11,035,794
1916..........................	5,057,873	9,753,390	5,829,156	20,640,419
1917..........................	6,985,375	11,876,449	8,692,231	27,554,055
1918..........................	5,644,723	10,065,748	6,595,906	22,306,377
1919..........................	10,704,485	14,753,215	10,341,567	35,799,267
1920..........................	11,874,910	25,156,544	12,873,443	49,904,897
1921..........................	5,748,316	11,408,956	4,910,636	22,067,908
1922..........................	5,833,887	14,044,485	4,051,956	23,930,328
1923..........................	7,472,369	20,781,890	4,353,753	32,608,012
1ᵉʳ semestre 1924.............	4,143,540	13,191,862	2,537,254	19,872,656
Poids (quintaux métriques).				
1913	55,119,320	371,607,350	15,477,100	442,203,860
1914..........................	52,246,310	272,655,060	9,444,530	334,345,900
1915.	62,807,250	257,767,620	9,917,690	330,492,560
1916..........................	79,228,640	304,560,180	17,117,310	400,906,1 0
1917..........................	67,078,490	259,680,980	21,566,610	348,326,080
1918..........................	49,152,580	228,986,620	15,377,310	293,516,510
1919..........................	69,814,144	296,377,262	18,280,249	384,471,655
1920..........................	61,952,608	418,717,772	24,648,884	505,379,264
1921..........................	42,684,700	342,223,520	16,712,800	400,621,020
1922..........................	50,905,144	446,667,223	16,609,643	514,182,010
1923..........................	57,150,988	477,065,099	14,999,279	549,215,366
1ᵉʳ semestre 1924.............	27,443,892	246,420,067	7,553,325	281,417,284

Ce tableau permet de formuler les conclusions suivantes :

Pour les objets d'alimentation, les importations ont été particulièrement importantes de 1915 à 1920; elles ont fléchi à partir de cette date et sont actuellement ramenées à leur taux d'avant-guerre.

Pour les objets fabriqués, une constatation analogue peut être faite, l'année 1923 marquant même une légère régression sur les chiffres enregistrés au cours de l'année 1913.

Les matières nécessaires à l'industrie révèlent un mouvement contraire. Après un fléchissement très net pendant la période des hostilités, leurs entrées se sont accrues depuis 1921, le taux le plus élevé ayant été atteint en 1923.

Notre pays a ainsi recouvré sa situation d'avant-guerre pour son approvisionnement en objets fabriqués et en produits alimentaires; cette constatation confirme le relèvement de son industrie et de son agriculture. Ses besoins en matières nécessaires à l'industrie motivent seuls des appels plus importants aux marchés étrangers; mais il importe de souligner à cet égard la place prépondérante qu'occupent les entrées de houille, qui, pour l'année 1923, se sont élevées à 30,673,000 tonnes, soit 64 p. 100 du tonnage total de nos importations, alors qu'elles n'avaient pas dépassé, en 1913, un montant de 22,867,000 tonnes; ce développement trouve sa justification dans la dévastation de nos mines et l'accroissement des exigences de nos industries.

2° Exportations.

Le tableau ci-dessous fait ressortir le mouvement de notre commerce d'exportation pendant les dix dernières années :

EXPORTATIONS.

ANNÉES.	OBJETS D'ALIMENTATION.	MATIÈRES NÉCESSAIRES à l'industrie.	OBJETS FABRIQUÉS.	COLIS POSTAUX.	TOTAUX.
	Valeurs (milliers de francs).				
1913	838,898	1,858,091	3,617,046	566,182	6,880,217
1914	645,993	1,299,050	2,575,740	348,051	4,868,834
1915	648,953	767,521	2,341,317	179,578	3,937,369
1916	588,536	1,084,911	4,218,442	322,685	6,214,594
1917	498,629	1,095,207	4,082,349	336,465	6,012,098
1918	419,725	997,807	2,812,849	492,355	4,722,736
1919	1,100,411	2,444,293	7,387,562	857,334	11.879,600
1920	2,612,799	6,113,814	16,962,574	1,205,751	26,894,938
1921	2,070,850	4,091,598	12,356,415	1,253,649	19,772,512
1922	1,882,007	5,807,208	12,271,586	1,418,142	21,378,943
1923	3,189,258	9,348,856	16,232,406	1,660,990	30,431,510
1er semestre 1924	1,996,841	5,658,336	12,689,191	937,921	21,282,300

EXPORTATIONS (Suite).

ANNÉES.	OBJETS D'ALIMENTATION.	MATIÈRES NÉCESSAIRES à l'industrie.	OBJETS FABRIQUÉS.	COLIS POSTAUX.	TOTAUX.
	Poids (quintaux métriques).				
1913.	14,566,760	182,991,630	22,833,241	353,499	220,745,130
1914.	9,738,410	100,814,740	15,866,182	218,908	126,638,240
1915.	8,895,560	24,389,520	7,509,989	115,681	40,910,750
1916.	5,623,860	22,884,470	8,634,091	157,729	37,300,150
1917.	4,012,950	19,445,230	6,493,395	159,665	30,111,240
1918.	2,680,350	30,352,510	3,986,118	162,542	37,181,520
1919.	5,299,020	41,563,920	8,611,456	169,204	55,643,600
1920.	12,576,150	97,090,810	18,652,153	233,267	128,552,380
1921.	12,222,430	128,924,850	18,952,460	250,470	160,350,210
1922.	9,474,470	190,834,000	25,839,862	280,238	226,428,570
1923.	13,119,267	204,030,425	30,420,369	320,136	247,890,197
1ᵉʳ semestre 1924	7,167,277	112,797,631	17,039,290	170,615	137,174,813

Notre commerce d'exportation avait, on le voit, subi, au cours de la guerre, un énorme fléchissement, son tonnage tombant de 22,074,513 tonnes en 1913 à 3,011,124 tonnes en 1917. Une regression aussi profonde pouvait apporter les obstacles les plus sérieux à son redressement ultérieur, la place que nos produits avaient su acquérir sur les marchés étrangers étant abandonnée à nos concurrents.

Néanmoins, dès la cessation des hostilités, nos sorties progressent rapidement, et en 1922, soit après une courte période de trois années, elles retrouvent leur importance primitive que l'année 1923 a même largement dépassée, atteignant 24 millions 789,000 tonnes, alors que l'année 1913 n'inscrivait que 22,074,000 tonnes.

La décomposition de ces chiffres souligne la stagnation des produits d'alimentation et reporte l'accroissement sur les matières premières et les objets fabriqués. Ces résultats sont le plus éclatant témoignage du relèvement de notre industrie, qui est, dès maintenant, parvenue à dépasser largement le chiffre des exportations d'avant guerre.

Nos importations et nos exportations ne sont pas seulement les témoins qui attestent et mesurent l'activité de notre agriculture et de notre industrie. Le commerce extérieur vient encore exercer une action profonde sur l'économie générale du pays en raison du rôle qu'il joue dans la détermination du change.

Le rapprochement des valeurs respectives de nos entrées et de nos sorties fait ressortir, en effet, soit les décaissements que le pays doit effectuer pour solder l'excédent des importations, soit le montant des devises étrangères dont le produit de ses

— 202 —

exportations autorise le rapatriement. Il apporte ainsi un élément primordial dans notre balance des comptes avec l'étranger.

Au cours de la période qui a précédé les hostilités, le solde de nos importations et de nos exportations s'inscrivait au passif de notre pays. Pour l'année 1913 nos entrées s'élevaient ainsi à 8,421,332,000 francs alors que nos sorties ne dépassaient pas 6,880,217,000 francs, laissant un déficit de 1,541,115,000 francs. L'importance de nos placements à l'étranger redressait aisément cette situation, et notre balance des comptes restait favorable au maintien et au développement de notre richesse nationale.

La guerre est venue bouleverser notre position. L'affaiblissement du rendement de notre agriculture, l'envahissement d'une partie de notre territoire, la destruction partielle de notre industrie ou l'absorption de son activité pour la satisfaction des besoins de la défense nationale, l'occupation, par l'ennemi, de la plus large part de nos gisements de matières premières — houille et fer — ont porté la plus rude atteinte à nos exportations et engendré, de ce chef, le plus grave déficit dans les opérations de notre commerce extérieur. Aussi notre balance commerciale accuse-t-elle, jusqu'en 1920, un profond déséquilibre entre les valeurs respectives de nos entrées et de nos sorties.

Balance, en millions de francs, des importations et des exportations.

	1914.	1915.	1916.	1917.	1918.	1919.	1920.
Importations	6,402.169	11,035,794	20,640,419	27,554,055	22,306.377	35,799,267	49,904,897
Exportations	4.868,834	3,937,369	6.214,594	6.012.698	4,722.736	11,879,600	26,894,938
Déficit	1,533,335	7,098.425	14,425,825	21,541,357	17,583,644	23,919,667	23,009,959

Cet écart qui représentait l'endettement annuel de notre pays vis-à-vis de l'étranger du chef de ses opérations commerciales, fut comblé, soit par la vente des valeurs étrangères détenues par nos nationaux, soit par l'ouverture de crédits de toute nature, soit même par des envois de francs. Le maintien d'un déficit aussi important pendant six années, pèse actuellement encore sur notre situation financière et sur la tenue de notre devise; non seulement l'appauvrissement de notre portefeuille national a réduit les rentrées annuelles de fonds, qui nous étaient adressées par nos débiteurs; mais encore les crédits qui nous ont été ouverts, nous imposent le service des intérêts dus à nos nouveaux créanciers; enfin, crédits à court terme ou francs envoyés à l'extérieur ont constitué cette masse flottante qui met à la disposition de la spéculation internationale les munitions qui lui permirent d'exercer au début de 1924 une violente pression sur la valeur de notre monnaie.

Cette position, défavorable pour notre change, ne peut s'atténuer que par le retour progressif des devises que nous avons exportées et l'extinction graduelle des crédits qui nous ont été consentis.

Un rôle primordial dans l'assainissement de notre monnaie est ainsi réservé, à notre commerce d'exportation; nous en avons marqué plus haut la rapide extension : son développement a permis de réduire dans un délai très bref le déficit annuel de son entrées et de nos sorties :

	1921.	1922.	1923.
		(Millions de francs.)	
Importations.	22,067,908	23,930,328	32,608,012
Exportations.	19,772,512	21,378,943	30,431,510
Déficit.	2,295,396	2,551,385	2,176,502

La situation de l'année 1923 peut être ainsi comparée avec les résultats qui avaient été obtenus avant la guerre, le déficit de notre balance commerciale ayant été ramené à 2,100 millions alors qu'il avait atteint, en 1913, 1,500 millions.

Le premier semestre de l'année 1924 marque un nouveau progrès, en inscrivant les chiffres suivants :

Importations	19,872,656,000'
Exportations	21,282,300,000
Excédent	1,409,644,000

Notre balance commerciale s'avère ainsi actuellement créditrice; cette constatation mérite une attention d'autant plus grande qu'elle s'enregistre, pour la première fois. en 1924, depuis une période de vingt années environ.

Les chiffres qui viennent d'être rappelés, placent notre commerce extérieur au premier rang des facteurs favorables à la bonne tenue de notre devise. Mais la balance commerciale d'un pays ne constitue qu'un élément de sa balance générale des comptes, qui seule règle, en dernière analyse, la valeur de sa monnaie. L'énumération et l'évaluation des différents éléments qui figurent parmi les engagements réciproques d'une nation avec ses correspondants sont particulièrement délicates; aussi. sans prétendre à une rigueur que l'absence de toute documentation précise ne permet pas d'escompter, nous efforcerons-nous seulement de dégager les principaux termes du problème, en en signalant l'importance respective, afin de formuler une conclusion générale sur la situation probable de notre compte avec les pays étrangers.

Les chiffres de notre commerce extérieur ne sauraient être incorporés sans modification dans la balance générale des comptes; ils doivent recevoir certaines corrections préalables.

D'une part, il convient de déduire du montant de nos importations la valeur des entrées de marchandises, qui nous sont livrées au titre des réparations, et n'entraînent, de ce chef, aucun décaissement de la part du pays.

D'autre part, la valeur de nos importations ne correspond pas à un achat corrélatif de devises étrangères; elle incorpore, en effet, le prix du fret pour les transports effectués par mer et notre dette vis-à-vis de l'extérieur ne saurait dès lors, comprendre les sommes qui ont été versées à ce titre aux Compagnies françaises de navigation. Cette observation présente un intérêt d'autant plus grand que nous avons signalé ci-dessus la place importante que notre marine marchande a su se réserver dans le mouvement de nos ports.

Enfin le trafic avec celles de nos colonies dans lesquelles la circulation monétaire s'effectue en francs, échappe à toute répercussion sur la cotation de notre devise. Il conviendrait, par contre, en éliminant les relations entre la métropole et ses colonies, d'ajouter à notre commerce la balance des échanges qui s'effectuent entre nos possessions et les pays étrangers.

Aux résultats de notre commerce extérieur ainsi redressés viennent s'adjoindre de multiples éléments, qui ne sauraient être enregistrés par les documents statistiques de l'Administration des Douanes.

Au premier rang, s'inscrivent les entrées ou sorties de fonds, qui assurent le service, et éventuellement le remboursement des créances réciproques entre notre pays et les nations étrangères. Les intérêts des coupons ou emprunts que l'État ou les particuliers ont contractés à l'extérieur imposent des sorties de devises, alors que le payement des coupons pour les titres étrangers de notre portefeuille national en assure la rentrée. En dehors des remboursements qui sont effectués par l'État, aucun document précis ne nous permet de mesurer actuellement ces éléments avec quelque certitude.

De même, conviendrait-il de mentionner à notre passif, soit le fret payé à des compagnies étrangères pour les marchandises exportées, soit la part de salaires renvoyée dans leur pays d'origine par les ouvriers étrangers qui travaillent sur notre territoire.

Enfin un rôle prépondérant est joué par l'exportation invisible que constituent les dépenses importantes effectuées dans notre pays par les touristes étrangers. Ici, encore, aucun chiffre ne saurait être fourni et cet élément échappe, par sa nature même, à toute détermination précise. Mais l'abondance des voyageurs de tous pays qui circulent et villégiaturent actuellement sur notre territoire permet d'attribuer une place toute spéciale à cette récupération de devises par les consommations faites, par les achats effectués et payés sur notre propre sol.

Cette revue rapide permet seulement de souligner les difficultés auxquelles se heurterait l'établissement d'une balance générale des comptes qui prétendrait à quelque rigueur. Toutefois, les deux éléments principaux — commerce extérieur et dépenses des touristes étrangers — s'inscrivant nettement à notre avantage, il n'apparaît pas que l'influence des autres facteurs puisse porter une atteinte grave aux résultats qu'il fait ressortir et il n'est pas téméraire de conclure à l'équilibre actuel de notre balance des comptes.

On ne saurait passer sous silence cependant, certains usages qui se sont dès maintenant introduits dans notre commerce d'exportation et dont le maintien exerce l'action la plus fâcheuse sur la tenue de notre change.

Il apparaît, en effet, manifeste que tous nos exportateurs n'assurent pas le rapatriement intégral des devises étrangères que leur commerce leur fournit, et n'en effectuent pas la transformation dans notre monnaie nationale. Si nos importations correspondent dès lors à des sorties de fonds corrélatives, nos exportations n'entraîneraient pas, par contre, une rentrée parallèle de numéraire.

Ces pratiques faussent entièrement les données que fournit l'examen des statistiques relatives à notre commerce extérieur; elles exercent artificiellement une action défavorable à notre pays, la balance des payements effectifs ne coïncidant pas exactement avec la situation des engagements réciproques. La gravité des dangers qu'en engendrait le maintien pourrait déterminer, de la part du Gouvernement, la recherche des mesures rigoureuses susceptibles d'y mettre un terme.

IV. — Domaine colonial.

Si les chiffres, qui viennent d'être rappelés, démontrent le redressement agricole, industriel et commercial de la France métropolitaine, une étude de la richesse générale de notre pays ne saurait passer sous silence l'apport qui peut lui être fait particulièrement dans les circonstances difficiles qu'il traverse aujourd'hui, par ses possessions d'outremer.

La place qui, dans notre commerce extérieur, est réservée à nos relations avec nos colonies, se mesure pour l'année 1923, par les chiffres suivants :

	EN MILLIONS de francs
IMPORTATIONS EN FRANCE.	
Des colonies...	3,072
Des pays étrangers...	29,536
Total...	32,608
EXPORTATIONS DE FRANCE.	
Vers les colonies...	4,070
Vers les pays étrangers...	26,362
Total...	30,432

Notre trafic avec nos possessions coloniales reste ainsi limité à 9,42 p. 100 du montant de nos importations et à 13,37 p. 100 de la valeur de nos exportations. Il n'avait pas dépassé, en 1913, les taux respectifs de 9,46 p. 100 de nos entrées et 12.01 p. 100 de nos sorties; il se présente ainsi actuellement sous un aspect analogue à celui qu'il offrait avant les hostilités.

La faiblesse de ces chiffres, l'absence de toute progression doivent particulièrement retenir l'attention. Le redressement de notre change, l'extinction de nos dettes extérieures, le rapatriement de la masse flottante de francs qui subsiste sur les places étrangères et pèse sur la valeur de notre monnaie, nous commandent une constante amélioration de notre balance commerciale, par le développement de nos exportations et le resserrement de nos importations.

L'exploitation judicieuse de nos richesses coloniales peut nous apporter, à ce double point de vue, l'appui le plus précieux. D'une part, la sortie de nos produits exotiques vers les pays étrangers exercerait sur notre change la même influence salutaire que nos exportations métropolitaines. D'autre part, leur envoi dans nos ports allègerait le lourd tribut que représentent nos achats sur les marchés extérieurs.

Si ce secours ne peut être escompté pour les objets fabriqués en raison de l'insuffisance du développement industriel de nos colonies, il conserve du moins tout son prix pour les produits d'alimentation et les matières nécessaires à l'industrie. Or nous avons fait ressortir ci-dessus la place prépondérante qui était réservée à ces deux catégories de marchandises dans le montant global de nos importations. Il suffit de rappeler à cet égard les chiffres obtenus en 1923 :

	VALEUR.	POIDS.
	Millions de francs.	Quintaux métriques.
Objets d'alimentation	7,472,369	57,150,990
Matières nécessaires à l'industrie..............	20,781,890	477,065,100
Objets fabriqués............................	4,353,753	14,999,280
Total...............	32,608,012	549,215,370

Une large utilisation de nos ressources coloniales nous permettrait de réduire sur ces deux chapitres nos appels à l'étranger et apporterait ainsi la plus précieuse contribution au redressement de notre balance commerciale.

Quelques exemples feront ressortir tout l'intérêt de ce problème et souligneront les efforts qui ont été tentés jusqu'à ce jour pour le résoudre.

Le développement de notre industrie textile exige la mise en œuvre d'approvisionnements considérables en laines : la consommation annuelle de cette matière première peut être évaluée à 3oo,ooo tonnes environ.

Or, la forte réduction qu'a subie notre cheptel ovin ne permet pas au troupeau national d'assurer des livraisons supérieures à 25,000 ou 3o,ooo tonnes et les importations de nos colonies n'excèdent pas 15,ooo tonnes par an.

Notre industrie textile doit donc demander aux marchés étrangers les approvisionnements complémentaires qui lui sont nécessaires et nos importations ont atteint, de ce chef, en 1923, 269,152 tonnes, représentant une valeur approximative de 2,489,369,000 francs.

L'élévation de ce chiffre mesure l'intérêt que présenterait le développement de troupeaux de moutons dans certaines de nos colonies, qui paraissent réunir des conditions particulièrement favorables. Des essais sont actuellement faits en vue de tenter l'acclimatation des ovins à Madagascar, en Afrique Occidentale française et au Maroc. Leur réussite ouvrirait à notre commerce et à notre industrie de la laine les perspectives les plus intéressantes.

L'approvisionnement de notre industrie textile en coton présente une situation analogue à celle qui vient d'être exposée pour la laine.

Nos importations ont, en effet, atteint, en 1923, 261,520 tonnes, correspondant à une valeur de 2,880 millions de francs; sur ces chiffres, la contribution de nos colonies n'excède pas 20,394 quintaux et une valeur de 20 millions environ.

Notre approvisionnement en coton soulève d'ailleurs un problème d'autant plus aigu, que la production des États-Unis, qui reste notre principal fournisseur, accuse quelque tendance vers un fléchissement et que le développement de l'industrie textile américaine en absorbe une part croissante; la capacité d'exportation de ce pays peut se trouver, de ce chef, lourdement atteinte.

L'extension de la production du coton dans nos colonies présente donc aujourd'hui un intérêt primordial pour l'avenir de notre industrie.

Sans doute, le développement de cette culture est une œuvre particulièrement délicate, qui exige des capitaux importants, une main-d'œuvre abondante et des transports faciles. Mais les essais qui ont été, dès maintenant tentés, ont fait ressortir que, soit en culture sèche, soit sous irrigation, le coton est susceptible de pousser dans toutes nos colonies; de vigoureux efforts doivent donc orienter notre activité vers cette branche de notre production coloniale.

L'Afrique Occidentale française doit, à cet effet, retenir spécialement notre attention. Si les quantités qu'elle produit sont actuellement minimes et si la qualité en est même médiocre, les résultats qui ont été atteints jusqu'à ce jour sont suffisants pour permettre d'escompter un avenir brillant. La culture du coton irrigué a été entreprise en 1921 par la Compagnie de culture cotonnière du Niger dans les régions de Diré et de Sama et une vaste exploitation, englobant près de 3,000 hectares défrichés s'y trouve dès maintenant installée; des avances importantes lui ont été consenties, soit par le Gouvernement de l'Afrique Occidentale, soit par le Consortium du coton et le développement de cette première entreprise de culture industrielle du coton en Afrique Occidentale apparaît rapide. Des stations d'égrenage ont été constituées sur divers points par l'association cotonnière coloniale. Des études ont été poursuivies en vue d'un projet d'irrigation de la vallée du Niger.

Des essais ont été également tentés en Afrique Équatoriale, à Madagascar et en Indo-Chine. La culture indigène y existe actuellement : elle reste rudimentaire et ne fournit qu'un faible contingent. Mais les expériences suffisent à montrer que la région du Tchad, la plaine occidentale de Madagascar et le Cambodge constituent de vastes réserves, dont la mise en œuvre est subordonnée, soit à l'exécution de travaux publics, tels que voies ferrées ou canalisations, soit à l'éducation et au développement des populations indigènes.

Une ferme-école a été créée récemment en Algérie et un important programme d'irrigation y est prévu. Au Maroc, la Résidence générale a organisé dans plusieurs fermes des expériences qui ont révélé la possibilité d'une culture de coton sous irrigation.

En Syrie, enfin, des essais nombreux entrepris dans diverses régions, ont démontré que la production du coton s'y trouvait également subordonnée à l'exécution de plans d'irrigations, dont les études définitives sont en cours.

.
. .

En attendant le résultat des expériences auxquelles il est actuellement procédé pour le développement de la production de ces matières premières essentielles et pour celles de diverses autres, comme la soie, les graines oléagineuses, etc., nos possessions d'outre-mer présentent, depuis la guerre, une expansion économique qui témoigne de leur vitalité et de leur richesse.

La production agricole de l'Algérie pour ne citer qu'un exemple a ainsi reçu une extension suffisante pour lui permettre d'accroître l'importance de ses sorties de denrées alimentaires.

	EXPORTATIONS en 1913.	EXPORTATIONS en 1923.
	quintaux.	quintaux.
Froment....................................	1,166,435	2,043,064
Orge......................................	945,302	1,153,142
Légumes secs et leurs farines.........................	57,198	222,834
Légumes frais..............................	252,672	278,325
Pommes de terre.............................	215,637	259,839
Gruaux et semoule............................	39,803	129,545
	hectolitres.	hectolitres.
Vins......................................	4,758,562	5,682,562
Alcool de vin 3/6..............................	14,805	35,070

Les exportations de fer de l'Algérie passent également de 1,363,400 tonnes en 1913 à 1,490,113 tonnes en 1923 et les sorties de phosphates s'élèvent de 438,601 tonnes en 1913 à 551,369 tonnes en 1923. Quelque fléchissement peut seulement être constaté sur le plomb et sur le zinc.

La production minérale de la Tunisie présente un développement analogue, passant de 2,045 millions de tonnes en 1913 pour les phosphates à 2,357 en 1923 et de 594,000 tonnes en 1913 pour le fer à 845,000 tonnes en 1923.

Enfin un mouvement parallèle pourrait être constaté dans nos colonies de l'Afrique occidentale, de l'Afrique équatoriale, de l'Indo-Chine et de Madagascar dont les principaux articles d'exportation ont marqué depuis 1913 une extension importante.

La prospérité actuelle de nos colonies est le meilleur gage de l'appui sans cesse croissant qu'elles pourraient apporter au redressement financier de notre pays. Sans doute, de vigoureux efforts sont encore nécessaires pour donner à cette branche de notre richesse nationale le développement qu'elle est susceptible de recevoir : organisation méthodique des études et des recherches, groupement et orientation des initiatives individuelles, exécution des travaux publics, voies de communication ou canaux d'irrigation, un vaste programme s'ouvre à notre activité.

L'indépendance que sa mise en œuvre nous conférerait vis-à-vis des nations étrangères, la sécurité qu'il apporterait pour l'approvisionnement de notre industrie, la contribution qu'il fournirait au relèvement de nos finances et de notre change, ne nous permettent de mesurer, ni notre travail ni nos sacrifices, pour l'achèvement d'une œuvre dont peuvent dépendre la prospérité et le salut même du pays.

V. — Alsace et Lorraine.

Enfin, dans l'inventaire de la richesse de notre pays et dans sa comparaison avec les résultats qu'il présentait avant les hostilités, une place spéciale doit être réservée à l'Alsace et Lorraine.

Nos provinces recouvrées ne sont pas venues seulement, en effet, apporter à la France reconnaissante l'appui de leur fidélité morale et de leur patriotisme vigilant. Elles ont encore grossi notre patrimoine national de toute la richesse d'un sol fertile et de toute l'activité d'une population laborieuse. Une revue rapide de leurs principales branches de production en soulignera la prospérité et marquera la part qui leur appartient dans l'actif général de la nation.

.
. .

La superficie cultivée, réduite au cours des hostilités, s'est constamment accrue depuis 1918 et dépasse aujourd'hui l'étendue qu'elle avait atteinte avant la guerre, s'élevant de 926,700 hectares en 1913 à 930,156 hectares en 1923.

La décomposition de ces chiffres suivant la nature des ensemencements révèle toutefois une évolution parallèle à celle que nous avons précédemment signalée pour le reste de l'agriculture française; alors que les terrains consacrés à la culture des céréales ont légèrement diminué, les prés naturels bénéficient d'un développement qu'explique la pénurie de la main-d'œuvre agricole.

Aussi, la statistique de la production agricole n'a-t-elle pu retrouver, jusqu'à ce jour, les chiffres qu'elle avait inscrits avant les hostilités.

La reconstitution du cheptel, par contre, favorisée par cette extension des herbages, se poursuit dans les conditions les plus favorables et marque chaque année des progrès nouveaux.

.
. .

La richesse minière de l'Alsace-Lorraine doit particulièrement retenir l'attention.

L'extraction des mines lorraines de houille représente environ le neuvième de la production totale de la France : elle s'est élevée, en 1923, à 4,165,725 tonnes, alors qu'en 1913, elle n'avait pas excédé 3,795,962 tonnes et ces résultats ont été acquis, malgré une grève prolongée, parallèle à celle qui s'est déroulée dans le bassin de la Sarre.

Mais la principale valeur du sous-sol lorrain réside dans ses gisements de fer : l'extraction du bassin Metz-Thionville s'est élevée, pour 1923, à 10,779,125 tonnes représentant près de la moitié de la production totale de la France, qui n'a pas excédé 23,428,000 tonnes. Malgré l'importance de ce résultat, de larges progrès doivent être encore effectués, le bassin lorrain ayant réalisé en 1913 une production de 21,136,676 tonnes de minerai, soit environ le double de l'extraction totale des autres départements français.

Cette énorme production ne peut trouver son emploi sur notre territoire et commande une active exportation. L'organisation de débouchés vers le bassin rhéno-westphalien semble présenter un intérêt qui n'échappera à personne. L'appoint des mines lorraines nous a permis, en 1923, d'inscrire à nos exportations 9,853,500 tonnes de minerai pour une valeur globale de 394 millions de francs.

*

* *

La présence de ces gisements de fer appelait la création d'une puissante industrie métallurgique, qui est venue prendre une large place dans notre activité nationale.

La production de l'Alsace et Lorraine représente, en effet, 34.9 p. 100 de la production totale de la France pour la fonte, 31.12 p. 100 pour l'acier, 36.13 p. 100 pour les demi-produits et 31.96 p. 100 pour les produits finis.

Sans doute, les chiffres actuels restent inférieurs aux taux qui avaient été atteints avant les hostilités. Mais il convient de noter que, depuis 1919, une progression constante a été enregistrée, l'année 1923 marquant seule un recul, engendré par les répercussions fâcheuses que l'occupation de la Ruhr a exercée sur toute notre industrie métallurgique.

*

* *

Le réseau de chemins de fer d'Alsace et Lorraine a été incorporé dans notre réseau national et se trouve placé, depuis le 1ᵉʳ janvier 1923, sous le même régime que les autres compagnies françaises; sa prospérité se manifeste par un coefficient d'exploitation positif et l'augmentation générale des tarifs, à laquelle il a participé en 1924, permet d'espérer qu'il pourra prochainement assumer seul les charges de son capital et des avances qu'il a reçues de l'État depuis l'armistice.

A côté des chemins de fer, une place spéciale doit être réservée en Alsace et Lorraine aux voies navigables. Malgré les difficultés qui ont été créées par la grève des bateliers allemands et la restriction des livraisons de combustibles allemands, le trafic du port de Strasbourg a atteint en 1923 1,805,449 tonnes. Ce chiffre est appelé à être très largement dépassé dans un très proche avenir.

La loi du 27 avril 1924 a prévu, en effet, un développement du port par l'entreprise de travaux importants qui sont destinés à assurer, à la fois, la construction d'un port considérable et un raccordement aisé entre les chemins de fer et les voies navigables. La souplesse du régime nécessaire au bon fonctionnement de cet organisme est obtenue par l'octroi de l'autonomie administrative, le port de Strasbourg étant érigé en établissement public dirigé par un conseil d'administration.

Ces dispositions réservent à notre grand port de l'Est une place toute spéciale dans l'économie générale du pays et ouvrent à son développement le plus brillant avenir.

* *

Enfin l'inventaire des richesses de l'Alsace et Lorraine ne peut passer sous silence le pétrole et les potasses.

La présence de gisements pétrolifères est d'autant plus intéressante que notre sol, s'il permet des espérances, n'en possède encore aucune autre source certaine et doit demander à l'importation toutes les quantités nécessaires à sa consommation. La production du bassin alsacien se développe dans les conditions les plus favorables : de 49,584 tonnes métriques en 1913, elle est passée à 80,695 tonnes en 1923 et de nouveaux travaux de sondage ont confirmé l'extension des gisements explorés jusqu'à ce jour.

L'extraction des mines de potasse a marqué un progrès analogue : 1,578,000 tonnes en 1923 s'opposent aux 350,300 tonnes qui avaient été produites en 1913. Une partie de ces mines a été rachetée par l'État, qui en assure l'exploitation. L'agriculture trouvera en elles les ressources qui lui sont nécessaires pour ses engrais et un excédent important restera disponible pour l'exportation.

* *

Cette revue rapide des principaux éléments de l'actif général de notre pays en a fait ressortir la prospérité et la richesse. Dans la plus large part de son domaine agricole, industriel et commercial, la France a retrouvé la situation qu'elle avait acquise avant les hostilités; sur certains points même, elle a su l'améliorer.

Ébranlée jusqu'en ses assises les plus profondes par une lutte de plus de quatre années, appauvrie de toutes les vies humaines fauchées sur les champs de bataille, de l'or prodigué pour la défense de son sol, des matières sacrifiées pour la destruction des hommes et des choses, de la dévastation de son territoire, de ses maisons, de ses usines et de ses mines, sans adresser aucun appel à l'appui des pays étrangers, sans l'intervention même du vaincu d'hier, qui s'est trop longtemps soustrait à la réparation des dommages qu'il a causés, la France s'est remise âprement au travail; elle a relevé ses ruines, trouvant, dans le concours de tous ses enfants, les immenses ressources nécessaires à sa tâche; elle a fermé les blessures de son sol, rebâti ses usines, rouvert ses mines; et six ans après les ravages sans précédent qu'elle a subis, elle présente à nouveau ses champs cultivés, son industrie active, son commerce prospère; elle apporte un tel témoignage de l'opiniâtreté et de l'ardeur qui animent le cœur de ses enfants; elle donne une telle preuve de sa vitalité et de son énergie que nul aujourd'hui ne saurait douter de son entier et définitif relèvement.

TROISIÈME PARTIE.

BILAN GÉNÉRAL DE L'ÉTAT.

L'inventaire détaillé des différents postes de l'actif et du passif de l'Etat, auquel nous venons de procéder, nous conduit à la confection d'un bilan, qui en résumera les conclusions et en fera ressortir la balance.

Certes, nous ne nous dissimulons pas les difficultés auxquelles se heurtera l'établissement d'un état de cette nature.

L'absence de toute statistique récente ne permettra pas la détermination exacte de la valeur de certains postes, tels que le domaine privé, bois et forêts ou immeubles divers possédés par l'État.

L'impossibilité de toute réalisation éventuelle s'opposera même à l'inscription d'un chiffre quelconque en face de certaines rubriques telles que les routes, ports, canaux, fleuves et rivières.

Enfin l'introduction dans un bilan en capital d'éléments tels que les impôts ou les dépenses militaires et civiles qui correspondent à des charges ou des ressources annuelles appellera l'adoption de méthodes de calcul qui peuvent prêter à la critique.

Aussi, ne prétendons-nous pas dresser un document comptable, dont les chiffres présentent une rigoureuse exactitude et ne puissent faire l'objet d'aucune discussion Nous avons cependant estimé nécessaire de résumer et de concrétiser dans un tableau, les conclusions de nos études, afin d'en rapprocher les divers éléments et d'en dégager une appréciation définitive sur la situation financière de notre pays; notre travail ne constitue qu'un effort loyal pour tracer, de la physionomie actuelle de nos finances publiques un croquis d'ensemble qui en respecte la structure générale.

..

Il eût paru, dès l'abord, intéressant de dresser le bilan de la Nation elle-même en balançant les charges qu'elle supporte par les ressources privées ou publiques dont elle dispose.

L'actif se fût composé de la masse des fortunes individuelles de la France métropolitaine et coloniale, de la valeur des terres, des immeubles, des usines et de leur outillage, des approvisionnements, du portefeuille national, du capital humain même, force de travail, intelligence, énergie, esprit d'économie et d'épargne de notre population. L'État y eût ajouté son domaine propre et les créances qu'il détient sur les puissances étrangères, notamment sur l'Allemagne.

Le passif eût compris la dette publique de l'État, les dettes privées de ses nationaux et les prélèvements qu'imposent sur les richesses générales du pays, soit la subsistance et les dépenses individuelles des citoyens, soit la marche des services publics.

L'établissement de ce bilan présenterait un intérêt d'autant plus grand que les conclusions nous en apparaîtraient particulièrement réconfortantes; en face d'un passif, dont l'importance nominale a parfois inquiété nos prêteurs les plus fidèles, il inscrirait l'immense fortune d'un pays riche de tout son passé, du labeur lentement accumulé, de la production et de l'épargne des nombreuses générations qui se sont succédé sur son territoire; il ferait ressortir la richesse de notre sol, la valeur de nos mines, de nos chutes d'eau, de nos fleuves et de nos rivières, de nos canaux, de nos routes et de nos voies ferrées, l'étendue et le prix d'un domaine artistique que ne peuvent connaître ni les pays neufs, ni les jeunes nations : il montrerait ainsi la valeur du gage que la France apporte en soutien de ses empruts et les réserves qu'elle peut consacrer à leur garantie.

Mais nous avons pensé que le caractère, en quelque mesure incertain, qui resterait attaché à l'évaluation de rubriques aussi vastes que la fortune générale de notre pays ou l'importance des sommes nécessaires à la subsistance et aux dépenses individuelles de ses nationaux, pourrait être invoqué contre le bilan que nous aurions ainsi dressé; l'absence de bases solides et irréfutables aux conclusions que nous serions amenés à en dégager, ne nous a pas échappé et, soucieux d'éviter le reproche d'un optimisme trop facile, nous avons limité notre étude au terrain plus délimité des finances publiques; c'est ainsi au bilan propre de l'État que nous réserverons notre examen

.
. .

PASSIF DE L'ÉTAT.

Dette publique.

Le montant de notre dette publique a été exactement défini; nous en rappellerons
seulement les éléments.

a. *Dette intérieure.*

	Millions de francs.
Dette perpétuelle et à long terme	149,395
Dette à court terme	37,174
Dette flottante... { Bons du Trésor et bons de la Défense Nationale	61,500
Dépôts de fonds au Trésor	6,781
Reliquats dus sur les avances nouvelles de la Banque de France	23,000
Total de la Dette intérieure	277,850

b. *Dette extérieure.*

Notre dette extérieure se divise en deux rubriques principales : dette commerciale d'une part, dette politique d'autre part.

La dette commerciale, dont nous avons donné la décomposition détaillée et étudié
les divers éléments se fixait à la date du 31 juillet 1924, à une somme de 5,149 millions de francs au pair des monnaies étrangères, soit, au cours moyen du change à
cette époque à 19,450 millions de francs.

La dette politique que nous avons contractée envers les États-Unis et l'Angleterre
ne nous paraît pas susceptible de faire actuellement l'objet d'une évaluation précise;
nous avons exposé, en effet, les multiples éléments qui sont appelés à influer sur la
détermination de sa valeur réelle, et nous avons fait ressortir qu'un règlement
des dettes interalliées devait intervenir pour en arrêter, après les abattements nécessaires, le montant exact. Nous ne saurions escompter, dès maintenant, les résultats
éventuels des pourparlers qui seront engagés à ce sujet, et le chiffre, que nous pour-
rions indiquer, comme valeur probable des charges qui nous seront définitivement
imputées, manquerait de toute base sérieuse; aussi entendons nous réserver à
cette branche de notre passif un chapitre pour mémoire.

En contre partie, d'ailleurs l'actif ne mentionnera aucune évaluation au regard de
nos créances sur les autres États alliés et ne comprendra pas dans le rendement
probable des versements prévus par le plan des experts, les annuités supplémentaires

qui seront calculées sur la base d'un indice de prospérité favorable ou découleront d'un renouvellement des obligations souscrites par les industries ou les chemins de fer allemands. Ces divers éléments figureront également pour mémoire au bilan.

Ces charges et ces ressources restent provisoirement réservées jusqu'à la conclusion des ententes internationales qui permettront seules d'en chiffrer la valeur définitive.

c. *Dette viagère.*

La dette viagère peut être subdivisée en deux rubriques principales : d'une part, les pensions de guerre, qui conservent un caractère temporaire et sont appelées à prendre fin lorsque leurs titulaires actuels auront progressivement disparu; d'autre part, les pensions civiles et militaires, allouées aux fonctionnaires de l'État, qui, sous la réserve de certaines rubriques peu importantes, telles que les pensions allouées aux victimes du coup d'État de 1851, restent permanentes, la masse de leurs bénéficiaires étant constamment renouvelée.

En vue d'en répartir également la charge sur toute l'étendue de la période correspondant à leur allocation, la loi du 22 mars 1924, en créant la caisse des pensions, a substitué au payement direct des pensions de guerre sur les crédits du budget de l'État, le versement d'une annuité fixe, qui, par l'escompte des sommes que la caisse est ainsi appelée à recevoir, se procure les ressources nécessaires au service de ces pensions.

La valeur actuelle du capital, que représentent les annuités prévues pour toute la durée d'existence de cette caisse, compte tenu des majorations actuellement envisagées, peut être évaluée à 34,500 millions de francs environ.

Les pensions civiles et militaires n'ont pas fait l'objet d'une organisation analogue : les payements qu'elles entraînent figurent en effet parmi les dépenses budgétaires, alors que les retenues effectuées sur les traitements des fonctionnaires pour leur service sont inscrites dans les recettes annuelles du Trésor.

Au surplus leur caractère viager ne leur attribue pas au regard de l'État, ainsi que nous l'avons exposé, la valeur d'une charge momentanée; l'admission à la retraite des fonctionnaires, qui ont atteint la limite d'âge prévue par les lois ou règlements, vient en effet substituer constamment des bénéficiaires nouveaux aux titulaires anciens, qui disparaissent, et ce renouvellement incessant transforme en fait ces pensions en une véritable dette permanente du Trésor public.

Cette dette peut être assimilée à une rente perpétuelle, dont le capital échapperait à toute faculté de remboursement, et son inscription, dans le bilan que nous dressons, doit reposer sur une capitalisation des arrérages annuels que représente son service.

La détermination du taux d'intérêt qu'il convient d'appliquer dans ce calcul pourrait seule soulever quelques difficultés; il nous a paru équitable de retenir, à cet effet, le taux moyen d'intérêt que paye le Trésor public pour le service de sa dette. Or, le rapprochement entre le montant global des crédits ouverts au budget à titre d'arrérages et le chiffre de nos engagements de toute nature fait ressortir un taux de 5 p. o/o environ.

La capitalisation des pensions civiles et militaires s'effectuerait, dès lors, sur les bases suivantes :

Montant des arrérages annuels, 1,500 millions environ.

Capitalisation au taux de 5 p. o/o, 30,000 millions environ.

Comptes créditeurs.

Les comptes créditeurs sur l'État englobent cinq rubriques, savoir :

Compte des Régions libérées ;

Compte des Compagnies de chemins de fer ;

Compte du budget des P. T. T. ;

Compte des charges militaires ;

Compte des dépenses des services civils.

Nous examinerons successivement ces divers éléments.

Compte des régions libérées.

La restauration des régions libérées constitue une charge que l'État a reconnue et dont il doit assumer la libération intégrale. Nous avons fait ressortir que les sommes payées pour la réparation des dommages aux biens dépassaient, au 30 septembre 1924, 59 milliards de francs et nous avons évalué à 81 milliards de francs environ le montant de la dépense globale nécessaire pour assurer la reconstitution totale de nos départements envahis. Nous pouvons donc considérer que le compte ouvert aux régions libérées présente aujourd'hui, à l'égard du Trésor, un solde créditeur de 22 milliards environ, que nous inscrirons au passif de l'État.

Nous rappellerons que le budget de 1925 prévoit expressément, ainsi que nous l'avons déjà exposé, la couverture du service des émissions effectuées à ce titre au cours de l'exercice à l'aide de ressources normales et gage ainsi par avance leurs annuités sur les revenus de l'État.

Toutefois, il y a lieu de faire toutes réserves sur les possibilités d'absorption par le marché de nouveaux emprunts pour les Régions libérées et de rechercher d'accord avec les représentants des sinistrés des moyens nouveaux d'émission permettant de ne faire appel au public que dans la mesure de la plus restreinte possible.

Compte des Compagnies de chemins de fer.

Les relations financières entre l'Etat et les Compagnies de chemins de fer ont mis, à la charge du Trésor, certaines dettes, dont il assure l'extinction progressive par un service régulier d'annuités. Le capital, correspondant aux engagements ainsi contractés par l'État, figure sous une rubrique spéciale dans la dette à long terme, dont nous avons déjà donné la décomposition. Aussi, n'entendons-nous inscrire sous la rubrique du compte ouvert aux Compagnies de chemins de fer que les charges nouvelles qui pourraient être, à l'avenir, par le jeu des conventions actuelles, imputées au Trésor.

Or, la convention du 18 juin 1921 a prévu que le fonds commun qu'elle instituait entre les divers réseaux et dont nous avons exposé le mécanisme, devait, à partir du 1er janvier 1927, assurer seul la couverture des déficits éventuels de certains réseaux, et prendre à sa charge le service des annuités qui resteraient à courir pour le service des obligations émises au cours de la période 1921-1926 et dont le versement incombait, jusqu'à cette date, à l'État. Le Trésor ne doit donc envisager désormais d'autre dépense que l'allocation des annuités afférentes aux années 1925 et 1926.

Pour l'année 1925, l'annuité inscrite au budget atteint 251 millions de francs. Pour l'année 1926, ce chiffre est appelé à s'accroître des sommes nécessaires pour couvrir un déficit nouveau qui semble susceptible d'être évalué entre 200 et 400 millions de francs environ; l'augmentation qui peut être prévue de ce chef dans le montant de l'annuité serait de 12 à 24 millions de francs.

Nous pouvons ainsi arrêter à 520 millions de francs environ le solde créditeur du compte, ouvert aux réseaux de chemins de fer, du chef des avances qui peuvent être encore nécessaires pour l'équilibre du fonds commun.

Compte du budget des P. T. T.

Les dépenses de premier établissement de l'exploitation des P. T. T. sont couvertes soit par émission d'obligations ou de bons, soit par avances du Trésor. La somme qui figure à ce titre dans le budget de 1925 s'élève à *500* millions de francs environ, que nous inscrirons au crédit du compte des P. T. T.

Compte des charges militaires.

La protection du territoire constitue la mission primordiale de l'État; les frais qu'elle entraîne doivent donc trouver place dans la liste des charges portées à son passif.

Leur inscription n'échappe pas toutefois à quelque difficulté : les dépenses qu'exigent l'entretien de nos armées, la confection du matériel, le service des approvisionnements en denrées, marchandises et outillages de toute nature, indispensables à la défense nationale, conservent en effet un caractère annuel et se renouvellent périodiquement, sans qu'il soit possible de les assimiler à une dette proprement dite, ni de les éteindre définitivement par le remboursement d'une somme quelconque. Il ne semble donc pas, dès l'abord, possible de leur réserver une place, dans un bilan, qui, par définition même, expose la situation en capital d'une entreprise ou d'une société.

Nous pouvons considérer, toutefois, que si la défense du territoire incombe à l'État, la Nation possède sur lui, de ce chef, une véritable créance, imprescriptible et perpétuelle dont le service est, en quelque sorte, constitué par le montant des dépenses inscrites chaque année à ce titre au budget. Le capital de cette créance de la Nation sur l'État peut être dès lors fictivement calculé par une capitalisation du chiffre de ces dépenses, en adoptant, comme taux d'intérêt, conformément à la solution que nous avons déjà admise pour les pensions civiles et militaires, le tarif moyen que paye effectivement l'État pour le service de sa dette publique.

Les données de ce calcul se résument, dès lors, comme suit :

Montant des charges militaires permanentes inscrites au budget de 1925 .   5,500 millions.
Montant du capital de la créance de la Nation sur l'État calculé au taux de 5 p. o/o.... .... 111,000 millions.

Cette somme sera inscrite parmi les comptes créditeurs au passif de l'État.

Compte des services civils.

La mission de l'État n'est pas limitée à la protection du territoire; elle s'étend à l'exécution de certains services d'intérêt général, dont les charges peuvent être comparées par leur nature, aux dépenses militaires qui viennent d'être examinées, et sont susceptibles d'être, au même titre, fictivement assimilées au service d'une rente perpétuelle, dont le capital échapperait à toute faculté de remboursement.

Le montant de cette créance se déterminerait suivant la même méthode, savoir :

Montant des dépenses des services civils inscrits au budget de 1925.....   7,300 millions.
Capital de la créance de la Nation sur l'État au titre des services civils...   146,000   —

A ces dépenses permanentes doit être ajoutée la charge temporaire, qui découle soit, au point de vue militaire, du compte spécial des troupes d'occupation sur le Rhin, soit de la réparation des dommages de guerre.

Le compte spécial des troupes d'occupation figure, au budget de 1925, pour une somme de 650 millions environ.

Les dépenses afférentes à la réparation des dommages de guerre, en dehors des annuités des emprunts qui figurent dans les chapitres de la Dette, comportent une charge de 1,200 millions environ, pour le même exercice.

Les crédits ouverts, au titre de ces divers chapitres, atteignent ainsi globalement 1,850 millions.

Le caractère temporaire de ces dépenses ne permet pas de les assimiler, comme les charges permanentes, au service d'une rente perpétuelle; la période sur laquelle elles s'étendront ne peut être, d'autre part, exactement mesurée dès maintenant. Aussi ne pouvons-nous recourir, à leur égard, qu'à une évaluation forfaitaire.

Or, la capitalisation des charges permanentes étant faite sur la base du denier 20, il nous paraît équitable, pour tenir compte, en quelque sorte, du rapide amortissement auquel est, en fait, soumise cette part du passif de l'État, d'en limiter la capitalisation au denier 10; nous évaluerons ainsi fictivement le capital de la dette correspondante à *18,500* millions de francs environ.

. . .

Actif de l'État.

DOMAINE DE L'ÉTAT.

Le domaine de l'État englobe une part importante de la richesse nationale; nous avons donné une énumération rapide des principales catégories de biens qui le composent et nous avons fait ressortir qu'elles s'étendent à tout l'outillage collectif du pays, routes, voies ferrées, réseaux télégraphique et téléphonique, canaux, ports maritimes et fluviaux, représentant la mise en commun d'un capital considérable.

Nous n'avons pas toutefois jugé opportun d'inscrire à l'actif de l'État la valeur totale des biens qui lui sont ainsi attribués; l'impossibilité, soit de mobiliser certaines richesses telles que fleuves, rivières, ports, etc., soit de les hypothéquer, soit même d'en donner quelque évaluation reposant sur des éléments certains, nous a paru s'opposer à leur inscription dans un bilan qui s'efforce de mettre des disponibilités réelles en face des exigibilités qu'il enregistre.

Aussi avons-nous limité notre évaluation aux immeubles et à l'outillage, qui correspondent à un patrimoine dont la valeur peut être déterminée et dont la plus large part est susceptible, soit de faire l'objet d'une exploitation rémunératrice, soit de servir de gage à la conclusion d'une opération de crédit.

Nous diviserons, à cet égard, le domaine en sept rubriques principales, savoir :

Propriétés affectées à des services publics ;

Propriétés non affectées à des services publics ;

Bois et forêts ;

Mines de la Sarre ;

Chemins de fer ;

Réseau télégraphique et téléphonique ;

Liquidation des stocks.

Propriétés affectées à des services publics. — Les immeubles affectés à des services publics étaient inscrits au tableau général des propriétés de l'État, mis à jour en 1879 pour une somme de *2,348* millions.

Aucune évaluation n'a été dressée depuis cette date, et ce chiffre reste la seule base que nous puissions assigner aujourd'hui à nos calculs. Or il apparaît que la valeur nominale de ces immeubles a reçu une large augmentation résultant de la dévalorisation de notre monnaie et de l'accroissement du domaine de l'État consécutif à un élargissement de ses services et au retour de l'Alsace et de la Lorraine

Nous estimons faire à ces causes d'accroissement une place modérée en fixant à *400* °/₀ le coefficient moyen de rehaussement, qu'il convient d'appliquer à cette évaluation primitive, pour lui concéder une valeur actuelle ; un calcul, fait d'après ces éléments, motivera l'inscription d'une somme de 9,400 millions sous cette rubrique.

Propriétés non affectées à des services publics. — Les immeubles non affectés à des services publics figuraient au tableau de 1879, pour une valeur de *313* millions L'application de la règle qui vient d'être admise pour la catégorie précédente justifiera la dermination d'un prix de 1,250 millions pour cette brenche du domaine de l'État.

Bois et forêts. — Les bois et forêts possédés par l'État avaient été évalués, en 1879, à *1,263* millions pour la métropole et *67* millions pour l'Algérie, soit une valeur globale de 1,330 millions. Nous avons prévu, à ce titre, une valeur actuelle d'environ *5,300* millions, déterminée suivant la méthode qui a été précédemment indiquée.

Mines de la Sarre. — L'arrangement du 11 mars 1922 a imputé au compte de la France, au titre de la valeur des mines de la Sarre, une somme de 300 millions de marks-or, à valoir sur les versements de l'Allemagne au cours de l'année 1922. Sans prétendre accorder à ce chiffre une valeur définitive, nous le retiendrons provisoirement comme base d'évaluation. Sa transformation en francs au cours moyen du change pendant le mois de juillet 1924, conduit à un chiffre de 1,400 millions de francs.

Chemins de fer. — Nous rappellerons succinctement les éléments du calcul que nous avons déjà effectué et d'après lequel peut se déterminer la valeur du capital appelé à revenir à l'État à l'expiration des concessions actuellement consenties. Les dépenses d'établissement de nos six grands réseaux de chemins de fer, défalcation faite des sommes représentant le matériel roulant et les approvisionnements que l'État rachèterait en fin de concession peuvent être évaluées au 31 décembre 1923 à 19,630 millions de francs environ.

Sur cette somme les dépenses qui avaient été effectuées au 31 décembre 1913, atteignaient environ *16,000* millions; faites avant toute dévalorisation de notre monnaie, ces dépenses peuvent être considérées comme représentant des francs-or et correspondent, dès lors, à une valeur actuelle de *60,450* millions de francs.

L'addition à ce chiffre, des dépenses effectuées de 1913 à 1923, soit 3,600 milions, porte le montant global du capital appelé à revenir à l'État, en fin de concession, à une somme de *64 milliards* environ.

A cette somme doit s'ajouter la valeur du capital, investi dans le réseau d'Alsace-Lorraine, et qui, calculé sur des bases analogues, semble se fixer aux abords de *4 milliards 1/2 à 5 milliards* de francs.

L'actif que l'État est appelé à récupérer au titre des chemins de fer, oscille ainsi aux abords de 70 milliards de francs-papier.

Quelque considérable qu'apparaisse ce chiffre, la justification s'en trouverait aisément dans un rapprochement avec les évaluations admises par les experts pour les voies ferrées de l'Allemagne. Le rapport général, présenté à ce sujet au premier Comité, chiffre, en effet, la valeur actuelle de ce réseau au delà de 26 milliards de marks-or, soit, suivant le taux de conversion que nous avons choisi, à une somme supérieure à 122 milliards de francs. Quelles que soient la supériorité de l'outillage des chemins de fer allemands et la longueur de leurs lignes, une comparaison entre ce chiffre et celui que nous avons retenu pour les réseaux français fait ressortir la modération de nos évaluations.

Réseau télégraphique et téléphonique. — Nous rappelons qu'une évaluation du capital engagé dans l'exploitation des P. T. T. a été faite à l'occasion de l'établissement du compte d'exploitation pour l'exercice 1918; les résultats, auxquels elle avait abouti, faisaient ressortir un chiffre de 1,215 millions.

A cette somme il convient d'ajouter les dépenses de premier établissement qui ont été payées depuis cette date et qui peuvent être ainsi évaluées :

		Millions.
Exercice	1919	93
—	1920	149
—	1921	155
—	1922	148
—	1923	164
—	1924	250
	Total	959

L'addition de ces divers éléments porterait la valeur du capital investi à une somme de 2,200 millions environ.

Sur ce chiffre, nous pouvons considérer qu'une somme de 1,200 millions environ a été dépensée avant toute dévalorisation de notre monnaie et représente une valeur en francs-or correspondant à 4,500 millions environ en francs au cours moyen du change pendant le mois de juillet 1924 pris comme base des évaluations du présent inventaire.

Nous inscrirons donc, sous la rubrique du réseau télégraphique et téléphonique de l'État un capital de 5 milliards et demi.

Liquidation des stocks. — Nous avons déjà fait ressortir la situation actuelle de la liquidation des stocks américains; nous en résumerons seulement les conclusions.

Notre prix d'achat s'est élevé à 400 millions de dollars, somme que nous avons inscrite au passif de l'État parmi les rubriques de sa dette commerciale. Le montant des ventes effectuées sur les stocks ainsi acquis est resté limité à 270 millions de dollars, correspondant au taux moyen du change calculé depuis 1919 à 3,317 millions de francs; mais, sur cette somme, les encaissements effectifs n'ont pas excédé 2,739 millions de francs environ. Le Trésor doit donc récupérer encore, au titre des ventes non réglées, une créance de 580 millions de francs environ, que nous porterons à son actif.

Comptes débiteurs.

Nous subdiviserons les comptes débiteurs envers l'État en trois rubriques principales :

Créance sur la Nation correspondant au capital des impôts.

Créance sur l'Allemagne.

Créance sur les autres États.

Créance sur la Nation correspondant au capital des impôts. — La catégorie la plus importante des ressources dont dispose l'État est constituée par l'encaissement des impôts qu'il prélève sur les fortunes privées de ses citoyens. Le Trésor public possède, de ce chef, contre la Nation une véritable créance, dont la valeur doit figurer dans son actif.

Cette créance présente toutefois une nature particulière, analogue à celle que nous avons déjà relevée au sujet de la dette contractée par l'État vis-à-vis de la Nation du chef des charges militaires ou des dépenses civiles; elle correspond, comme elle, à une rente perpétuelle dont le remboursement ne peut être exigé. L'évaluation que nous adopterons à son sujet sera donc calculée sur des bases identiques à celles que nous avons précédemment admises pour les dépenses militaires et civiles, soit :

Impôts permanents : montant des encaissements prévus pour 1925............ 29,800 millions.
Capitalisation à 5 p. 100...................................... 596,000 —

À cette somme doit s'ajouter le rendement éventuel de la contribution extraordinaire sur les bénéfices de guerre. Nous avons fait ressortir que les restes à recouvrer sur cet impôt s'élevaient, au 30 avril 1924, à *5,400* millions environ; les abattements pouvant découler, soit des jugements de la Commission supérieure pour les litiges pendants devant elle, soit de l'irrecouvrabilité de certaines cotes, réduiront probablement les recouvrements effectifs : sans que cette évaluation présente un caractère d'absolue certitude, l'Administration des Finances estime les recouvrements probables aux abords de 3 milliards de francs.

Par contre, la prolongation des délais d'imposition que nous avons sollicités permettra au Trésor d'asseoir de nouvelles cotes, qui viendront s'additionner aux chiffres précédents.

Nous inscrirons ainsi pour 3 milliards 1/2 la valeur globale de la créance dont le Trésor peut encore escompter, de ce chef, la rentrée.

Créance sur l'Allemagne. — L'inscription de notre créance sur l'Allemagne exigerait une évaluation du rendement probable qui découlera de l'application du plan Dawes. Or ce calcul se heurte actuellement encore à certains obstacles.

D'une part, le montant total des annuités ne peut être chiffré avec une précision rigoureuse, puisqu'il est susceptible de varier selon le taux qu'atteindra un indice de prospérité qui échappe aujourd'hui à toutes prévisions.

D'autre part, le plan des experts, précisant des modalités de payement, sans s'immiscer dans la détermination du montant même de la créance sur l'Allemagne, n'a pas prévu la durée de la période pendant laquelle son application sera assurée, et le nombre des annuités que les Alliés sont appelés à encaisser n'a pas été fixé jusqu'à ce jour.

Enfin, les versements qui seront effectués, englobent toutes les sommes que le Reich est appelé à remettre aux Alliés à quelque titre que ce soit; les bases de la répartition qui en sera faite entre les diverses parties prenantes, fait actuellement l'objet des pourparlers entre les Nations alliées.

Nous ne saurions donc établir pour le rendement effectif des annuités dont l'application du plan des experts nous assurera le versement, un chiffre qui présente une précision rigoureuse et échappe à toute discussion. Nous n'entendons pas également préjuger des décisions qui seront prises sur les questions laissées en suspens.

Mais nous avons estimé indispensable d'inscrire, dans le bilan général de l'État, une somme qui, tout en reposant sur des hypothèses que nous préciserons, et sans prétendre mesurer ni limiter les revendications de notre pays, conserve un caractère indicatif sur l'importance approximative des sommes dont nous pouvons escompter la rentrée.

Les éléments du calcul que nous nous proposons d'effectuer se résument ainsi :

D'une part, nous limitons notre évaluation aux annuités fixes prévues par le plan

Dawes et nous réservons une mention pour mémoire aux annuités supplémentaires qui découleraient d'un indice favorable de prospérité et du renouvellement des obligations industrielles ou de chemins de fer.

D'autre part, en l'absence de toute autre indication, nous appliquons à l'annuité globale ainsi fixée le pourcentage reconnu par la France lors des accords de Spa.

Sur ces bases, nous évaluerons le rendement global du plan des Experts à 42 milliards de marks-or environ en valeur actuelle et nous attribuerons à notre pays une part de 22 milliards de marks-or environ, toutes réserves étant faites sur le montant des sommes supplémentaires à récupérer du fait du prolongement de l'application du plan des Experts, que le règlement des dettes interalliées pourrait rendre nécessaire.

Créances contre les autres États. — Nous avons mentionné plus haut qu'en contre-partie du défaut de toute évaluation pour nos dettes à l'égard de l'Angleterre et de l'Amérique et dans l'attente d'un règlement des dettes interalliées, nous réserverions une indication pour mémoire au chapitre de nos créances sur les autre États.

* *

Cette revue rapide des principales rubriques de l'actif et du passif de l'État nous conduit à dresser les deux tableaux suivants qui en résument les évaluations et les conclusions.

PASSIF DE L'ÉTAT.

	FRANCS	FRANCS OR.
	Millions de francs.	Millions de francs.
DETTE PUBLIQUE.		
Dette intérieure.		
Dette perpétuelle ou à long terme.... 149,395		
Dette à court terme.... 37,174		
Dette flottante. Bons du Trésor et de la D. N.... 61,500		
— Dépôt de fonds au Trésor.... 6,781		
— Avances de la Banque de France.... 23,000		
TOTAL de la dette intérieure.... 277,850	277,850	73,550
Dette extérieure.		
Dette politique.	Mémoire.	Mémoire.
Dette commerciale.	19,450	5,149
Dette viagère.		
Pensions de guerre (1).	34,500	9,130
Pensions civiles et militaires (2).	30,000	7,940
A reporter....	361'800	95,769

(1) Valeur actuelle des annuités dues à la Caisse des pensions
(2) Capitalisation au denier 20 des pensions annuelles.

Inventaire. 15 \

	FRANCS.	FRANCS OR.
	Millions de francs.	Millions de francs.
Report........	361,800	95,769

COMPTES CRÉDITEURS :

Achèvement de la reconstitution des Régions libérées............	22,000	5,820
Compagnies de chemins de fer (1).........................	520	140
Budget des P. T. T (2)...............................	500	130
Capital correspondant aux charges militaires permanentes (3)......	111,000	29,380
Capital correspondant aux charges des services civils permanents (3).	146,000	38,640
Capital correspondant aux dépenses civiles et militaires non permanentes (4)..	18,500	4,890
TOTAL du passif.................	660,320	174,769

ACTIF DE L'ÉTAT.

	FRANCS.	FRANCS OR.
	Millions de francs.	Millions de francs.

DOMAINE DE L'ÉTAT :

Biens non susceptibles d'évaluation.........................	Mémoire	Mémoire
Propriétés affectées à des services publics.......	9,400	2,500
Propriétés non affectées à des services publics.................	1,250	330
Bois et forêts..	5,300	1,400
Mines de la Sarre.....................................	1,400	375
Chemins de fer (5)...................................	70,000	18,520
Réseaux télégraphique et téléphonique......................	5,500	1,450
Liquidation des stocks (6)...............................	580	150

COMPTES DÉBITEURS :

Créances de la Nation correspondant au capital des impôts.

Impôts permanents (7).........................	596,000		
Impôts non permanents (8).....................	3,500		
TOTAL...........................	599,500	599,500	158,680

Créance sur l'Allemagne.

Annuités fixes du plan Dawes...........................	103,900	27,500
Annuités supplémentaires du plan Dawes................. ...	Mémoire	Mémoire
Créances sur les autres États...........................	Mémoire	Mémoire
TOTAL de l'actif....................	796,830	210,905

(1) Annuités dues par l'État au titre du fonds commun pour les années 1925 et 1926.
(2) Dépenses de premier établissement pour l'exercice 1925.
(3) Capitalisation au denier 20 des dépenses annuelles.
(4) Capitalisation au denier 10 des dépenses annuelles, considérées comme le service d'une créance rapidement amortissable.
(5) Valeur du capital qui, en fin de concession, reviendra gratuitement à l'État; les obligations contractées par l'État vis-à-vis des Compagnies, figurent au passif.
(6) Montant des créances non encore encaissées au titre de la liquidation des stocks.
(7) Capitalisation au denier 20 des rentrées annuelles.
(8) Restes à recouvrer au titre de la Contribution extraordinaire sur les bénéfices de guerre.

Quelques réserves qu'appellent les chiffres auxquels notre étude nous a conduits, une comparaison entre les deux tableaux que nous venons de tracer montre l'actif considérable que notre pays peut inscrire en face de ses dettes et la valeur du gage qu'il offre à ses créanciers.

Quel que soit le poids du fardeau que la guerre nous a légué, quelle que soit la charge des hypothèques qui grèvent notre richesse nationale, la France peut trouver dans les immenses ressources de son territoire et de ses colonies, les sommes nécessaires à l'acquittement des emprunts qu'elle a contractés pour la défense de ses frontières. Une vieille nation dont la race possède, comme la nôtre, des qualités traditionnelles de labeur et d'épargne est riche de réserves, accumulées par les générations successives; ces réserves, qui n'apparaissent pas, dès l'abord, aux regards, c'est la fécondité d'un sol, amendé et amélioré par les travaux de plusieurs siècles; c'est le réseau des routes et des voies ferrées, qui ont pénétré dans ses régions les plus reculées; ce sont ses fleuves et ses rivières, régularisés et grossis de canaux qu'elle a creusés; ce sont ses lignes télégraphiques et téléphoniques, c'est tout l'outillage qu'elle a amassé dans ses ports et dans ses usines.

Si sommaire qu'elle soit, une évaluation rapide et incomplète de ces richesses a suffi non seulement à établir une contre partie de nos charges, mais encore à faire ressortir une plus-value considérable en faveur de notre pays. La guerre nous a contraints à grever lourdement notre patrimoine; mais la mise en valeur de tous nos capitaux et le libre développement de notre labeur nous apporteront les ressources nécessaires pour la libération intégrale des dettes qui pèsent encore sur notre activité nationale. De nous seuls, dépend l'achèvement de cette œuvre : énergie, opiniâtreté, confiance en nous-même, tous les facteurs de la victoire d'hier restent aujourd'hui nécessaires dans la dernière bataille que nous livrons sur le terrain économique et financier. Les vertus de notre race qui nous ont permis de surmonter les plus durs obstacles et de supporter lesplus douloureux sacrifices, nous donneront la force nécessaire pour remporter un suprême triomphe sur les difficultés avec lesquelles nous sommes aux prises et préparer, par l'assainissement définitif de nos finances, l'avènement d'une ère nouvelle de paix, de travail et de prospérité.

QUATRIÈME PARTIE.

TRÉSORERIE.

Si les difficultés de la situation financière de la France ne découlent pas de l'insuffisance de ses ressources en capital à l'égard de ses charges, nous devons en rechercher l'origine en procédant à l'examen des divers postes du bilan que nous venons de dresser.

En voici la décomposition suivant la nature de ses exigibilités et de ses disponibilités et suivant leurs échéances.

Actif.

Immobilisations. — Domaine de l'État :

Biens non susceptibles d'une évaluation précise (canaux, routes).........	Mémoire.	
Propriétés affectées à des services publics.........	9,400 millions.	
Propriétés non affectés à des services publics......................	1,250	—
Bois et forêts..	5,300	—
Mines de la Sarre...	1,400	—
Chemins de fer	70,000	—
Réseau télégraphique et téléphonique...........................	5,500	—
Total des immobilisations..................	92,850 millions.	
Rente perpétuelle (impôts permanents)...........................	596,000 millions.	
Créance payable par annuités (*Plan Dawes*).......	103,900	—

Disponibilités exigibles immédiatement ou à court terme :

Liquidation des stocks.......................	580 millions.	
Contribution extraordinaire sur les bénéfices de guerre.	3,500	—
Total....................	4,080 millions	4,080 millions.

Passif.

Capital de rente perpétuelle ou à long terme.

Dette intérieure	149,395 millions.	
Dette extérieure commerciale	3,150 —	
Dette extérieure politique	Mémoire.	
Dette viagère	64,500 millions.	
Capital des charges militaires	111,000 —	
Capital des charges civiles	146,000 —	
Capital des dépenses non permanentes	18,500 —	
Total	492,545 millions.	492,545 millions.

Dette à court terme.

Dette intérieure	37,174 millions.	
Dette extérieure commerciale	16,300 —	
Achèvement de la reconstitution des régions libérées	22,000 —	
Compagnies de chemins de fer	520 —	
Budget des P. T. T.	500 —	
Total	76,494 —	76,494 millions.
Dette flottante		91,281 —

Le rapprochement de ces deux tableaux fait ressortir des différences profondes dans les compositions respectives de l'actif et du passif de l'État.

L'actif est, en effet, constitué, soit par des immobilisations, dont la réalisation ne peut être pratiquement effectuée, soit par des rentes perpétuelles, dont le remboursement ne saurait être envisagé, soit enfin par des créances dont l'amortissement est assuré par le versement d'annuités fixes échelonnées sur une longue période, sans qu'aucune modification soit susceptible d'être apportée au rythme prévu pour leur encaissement. Les créances, exigibles à court terme, se réduisent à 4 milliards environ; déduction faite de cette somme, le Trésor ne bénéfie, en fait, que d'un service régulier d'annuités ou d'intérêts, sans qu'il lui soit possible d'escompter, à brève échéance, la rentrée d'un capital important.

Toute autre apparaît la physionomie du passif de l'État. Sans doute, la plus large part, représentant 75 p. 100 environ de son montant total, comprend des rentes perpétuelles ou des engagements à long terme. Mais des créances importantes sont exigibles à court terme ou soumises à des renouvellements fréquents, ou comportent même des dépôts à vue, dont le retrait peut être à tout instant réclamé.

Qu'il s'agisse de la reconstruction des Régions libérées, des échéances de notre dette commerciale extérieure ou de notre dette à court terme intérieure, l'État doit se procurer les sommes nécessaires pour faire face au versement des capitaux qui lui sont demandés, alors que ses caisses sont exclusivement alimentées par des annuités ou des allocations d'intérêts.

L'origine du mal dont souffre le Trésor réside ainsi dans un défaut de synchronisme entre les échéances respectives de nos créances et de nos dettes, nos exigibilités étant groupées sur une brève période, alors que nos disponibilités s'échelonnent sur une longue durée. Ce décalage nous impose l'obligation soit d'escompter nos ressources futures par l'émission d'emprunts de consolidation à plus ou moins long terme, qui procurent au Trésor les sommes dont il a un besoin immédiat et qui seront progressivement amortis par nos rentrées ultérieures, soit de faire appel à la Nation pour lui demander de consentir un grand effort pour l'assainissement de ses finances, pour l'amortissement de sa dette, en un mot, pour sa libération.

Le défaut de parallélisme entre nos créances et nos charges et la nécessité d'appels au crédit, qui en découle, ont engendré les difficultés indéniables que rencontre le fonctionnement de notre trésorerie. Nous rappellerons brièvement ces difficultés en résumant la situation du Trésor public au début du mois de juillet 1924 et les conditions dans lesquelles il a pu, au cours du second semestre, faire face à ses engagements. Nous jetterons un regard rapide sur les charges qui lui incomberont encore pour l'année prochaine et nous définirons l'orientation générale de la politique financière, qui doit nous permettre le rétablissement d'une situation délicate et le retour à un jeu plus souple de notre trésorerie.

*
* *

Aperçu de la situation de la trésorerie au cours de l'année 1924.

Il importe, dès l'abord, de définir exactement les charges qui devaient incomber à notre trésorerie au cours de l'année 1924 Nous les grouperons sous trois rubriques principales :

Déficit budgétaire;

Payement des dommages de guerre;

Remboursement des dettes venant à échéance.

a. *Déficit budgétaire.*

Nous rappellerons que l'exercice 1924 comportait fâcheusement deux budgets : d'une part, le budget général qui englobait les dépenses permanentes du budget spécial; d'autre part, les dépenses non permanentes du budget spécial.

Le budget général seul demandait son équilibre à des ressources normales; mais cet équilibre lui-même n'a pu être atteint : des crédits supplémentaires ont dû, en effet, être demandés, crédits supplémentaires que la procédure trop simpliste de la reconduction budgétaire ne pouvait manquer d'engendrer.

La situation réelle de ce budget s'établit comme suit, en tenant compte des éléments connus à la date du 1er décembre 1924 :

Recettes..	31,180 millions.
Dépenses...	34,523 —
soit un déficit de.................................	3,343 —
À cette somme viennent s'ajouter les dépenses non permanentes du budget spécial, qui, déduction faite des recettes correspondantes, s'élèvent à.................................	1,354 —
Le déficit budgétaire total, est ainsi appelé à atteindre le chiffre de...	4,697 —

Toutefois, il y a lieu de remarquer que, dans cette évaluation, les recettes ont été comptées pour leur montant réel, tandis que les dépenses ont été calculées d'après les crédits budgétaires; or, les payements, effectués jusqu'à ce jour, ont été inférieurs aux crédits prévus ce qui permet d'espérer que le déficit réel sera inférieur à son montant théorique de 1 milliard 1/2 environ.

b) Payement des dommages de guerre.

Sous cette rubrique, venaient s'inscrire les payements que le Crédit National devait effectuer sur fonds d'emprunt; le budget de 1924 prévoyait, à ce titre, une dépense de 5 milliards qui incombait à la trésorerie.

En outre, nous mentionnerons pour mémoire les différentes modalités de payement, qui n'entraînaient pas, de charges véritables pour la trésorerie, savoir :

Annuités, 1 milliard; obligations de la Défense nationale, 2 milliards; Rentes, 400 millions.

Ces chiffres furent d'ailleurs relevés ultérieurement à 2 milliards pour les annuités et 3,200 millions pour les obligations de la Défense nationale, par la loi du 30 juin 1924.

c) Remboursement de dettes venant à échéance.

Les échéances de nos dettes à court terme au cours de l'année 1924 se décomposaient comme suit :

Dette intérieure. — Crédit National, bons 1922, capital nominal : 4,710 millions.

Le remboursement devait en être assuré au choix du souscripteur, soit le 1er février 1924, au cours de 500 francs, soit le 1er février 1927 au taux de 507 fr. 50, soit enfin le 1er février 1932, à 525 francs.

La tranche, dont le payement a été effectivement réclamé, s'est élevée à *1,691* millions.

Dette extérieure.

Angleterre	5,750.700 livres sterling.
Japon	70,000,000 yens.
Uruguay	3,000,000 pesos-or.
Canada	5,500,000 dollars canadiens.
Egypte	2,000,000 livres égyptiennes.
Espagne	4,827,000 pesetas.

Ces échéances représentaient environ 417 millions de francs au pair des monnaies étrangères, soit 1.560 millions de francs au cours moyen de notre devise.

Cet état ne concerne que les amortissements de dettes extérieures, effectués sur fonds de trésorerie; il n'englobe pas les remboursements qui ont été faits sur crédits budgétaires et sont compris dans les chiffres que nous avons indiqués ci-dessus pour le budget de 1925.

Nous mentionnerons enfin pour mémoire l'obligation que nous crée la convention intervenue entre l'État et la Banque de France a effectuer un remboursement de 2 milliards sur les avances faites au Trésor.

La récapitulation de ces divers éléments permet d'évaluer aux chiffres suivants le montant total des charges que notre trésorerie devait assumer au cours de l'année 1924 :

Déficit budgétaire (calculé sur la base des crédits ouverts)	4,697	millions.
Payements du Crédit national	5,000	—
Remboursement de nos dettes à court terme :		
Dette intérieure	1,691	—
Dette extérieure	1,560	—
Avances de la Banque de France	mémoire	—
Total général	12,948	—

Mentionnons cependant que, dès le mois de février, les résultats de l'emprunt du Crédit national firent apparaître la nécessité de réduire de moitié le montant des payements à faire par cet établissement. De ce fait les charges de la trésorerie se sont trouvées ramenées à 10,500 millions environ, et même à un chiffre encore inférieur, étant donnée la différence qui a existé entre les crédits budgétaires et les dépenses effectivement payées.

L'effort qui était ainsi demandé à notre trésorerie apparaît particulièrement lourd; les circonstances allaient y ajouter des difficultés imprévues.

La marche de notre trésorerie au cours du premier semestre 1924 se trouve, en effet, résumée dans les tableaux suivants.

Recettes générales de la Trésorerie pendant le premier semestre 1924.

millions de francs.

Ressources normales.

Contributions directes 2,371
Contributions indirectes. — Douanes. — Monopoles. — Enregistrement. 9,314
Domaine de l'État. 73
Recettes d'ordre et produits divers 153

TOTAL des ressources normales. 11,911

Ressources exceptionnelles.

Contributions extraordinaires sur les bénéfices de guerre. 935
Liquidations des stocks. 28
Réparations. 836

TOTAL. 1,799
A déduire :
Rentes versées en payement de la contribution extraordinaire sur les bénéfices de
guerre. 655

TOTAL des ressources exceptionnelles 1,144

Ressources d'emprunt.

Emprunt du Crédit National 1,552
Produit net des Bons du Trésor et des Bons) Versements. . . . . . 49,940 millions)
    de la Défense Nationale. . . . .) Remboursements 48,908   —) 1,032
Augmentation des dépôts de fonds au Trésor 317

TOTAL des ressources d'emprunt. 2,901

Ressources extraordinaires.

Remises des banques de l'Afrique du Nord. 132
Frappe de jetons. 150

TOTAL des ressources diverses. 282

TOTAL GÉNÉRAL des ressources. 16,238

Dépenses générales de la Trésorerie pendant le premier semestre 1924.

millions de francs.

Dépenses des ministères et de la Dette publique	11,856
Comptes spéciaux	335
Avances aux chemins de fer	429
Payements du Crédit national	1,381
Frais de trésorerie	116
Constitution de provisions à l'étranger	844

Remboursement des dettes :

Remboursement des obligations de la Défense nationale	126	
Remboursement des Bons 1922 du Crédit national	1,691	
Versement au compte d'amortissement des avances de la Banque de France	347	
Total	2,164	2,164
Total des dépenses de la trésorerie		17,125

Si les états qui précèdent comportent, à côté d'opérations comptables matériellement réalisées, certaines évaluations sujettes à révision, les conclusions qu'ils permettent de dégager, offrent du moins des garanties suffisantes pour éclairer la situation réelle dans laquelle se trouvait le Trésor public, au jour où le Gouvernement actuel a pris la charge du pouvoir.

Le premier semestre de l'année 1924 fait en effet apparaître une somme de 16,238 millions comme recettes encaissées, et 17,125 millions comme dépenses payées, dégagent un déficit global de 887 millions.

Ce chiffre ne traduit pas d'ailleurs l'état exact du Trésor au début du mois de juillet 1924. En fait, la nécessité, soit de combler des déficits antérieurs, soit de reconstituer le fonds de roulement, rendait ce découvert plus considérable ; en fait, au 3 juillet 1924, il atteignait 1,250 millions de francs.

\ cette date, non seulement tous les recouvrements du premier semestre étaient absorbés ne laissant aucune provision pour les mois à venir, mais encore, par le jeu d'opérations d'avances ou d'escompte, les recettes du second semestre se trouvaient en quelque sorte hypothéquées jusqu'à concurrence de cette somme de 1,250 millions, par des engagements à court terme qui devaient se dénouer avant la fin de l'année.

Une double constatation mettra en lumière le caractère particulièrement fâcheux de cette situation.

D'une part les payements, que le Crédit national devait effectuer aux sinistrés, n'avaient pu suivre le rythme primitivement prévu. Leur payement restait, en effet, limité à 1,381 millions, alors que le budget avait envisagé un chiffre de 2,500 millions pour les six premiers mois de l'année.

D'autre part le Trésor avait bénéficié, entre le 1er janvier et le 3 juillet 1924 de ressources extraordinaires importantes :

Rapatriement de disponibilités existant dans l'Afrique du Nord	132 millions.
Émission de jetons	150 —
Versements et prestations de l'Allemagne	836 —
Augmentation de dépôts de fonds chez les comptables	317 —
Total	1,435 millions.

L'origine des difficultés auxquelles s'est heurtée notre trésorerie pendant cette période réside dans ce fait que, vivant de ressources d'emprunts, elle s'est vue privée subitement d'apports qu'on s'était peu à peu habitué à considérer comme normaux.

Les appels qui avaient été adressés à l'épargne et dont une large part eût été évitée par l'adoption d'une politique fiscale plus rigoureuse avaient en effet opéré dans les ressources de chacun des prélèvements qui réduisaient les disponibilités pour les emprunts futurs et saturaient en quelque sorte, de fonds d'État les portefeuilles individuels. D'autre part, le lancement d'emprunts répétés, trop souvent émis pour la couverture de déficits budgétaires, la baisse que cette pratique avait entraînée dans la cotation de nos titres de rentes avaient fait naître quelques inquiétudes parmi nos prêteurs les plus fidèles et les plus confiants.

Cette situation, latente depuis longtemps déjà, s'est brusquement aggravée à la fin de l'année 1923 et a entraîné la crise du début de l'année 1924 ; la hausse brutale des changes, l'échec du dernier emprunt du Crédit National marquèrent fortement le malaise général qui existait alors et l'amélioration de la cote de notre devise n'en a pas empêché le prolongement au cours des mois qui ont suivi.

Notre trésorerie a subi le contre coup de ces événements.

L'insuccès de l'emprunt du Crédit National qui avait réuni 1.600 millions environ alors qu'un produit de 3 milliards était escompté, prouvait que la clientèle fidèle de nos fonds d'État se détournait d'eux.

Aussi toute émission apparut-elle impossible au cours de cette période ; voici qu'elles furent les conséquences de cette abstention forcée.

D'une part, la masse des billets qui s'accumulent progressivement dans les portefeuilles individuels n'étant aspirée par aucun emprunt et la thésaurisation continuant d'être pratiquée, quelqu'absurdes qu'en soient les conséquences il en est résulté une absence de rentrée des signes monétaires qui fut la cause de la hausse que l'année 1924 a enregistrée dans le montant de notre circulation fiduciaire.

D'autre part, impuissante à se procurer par voie d'emprunt les sommes qui lui devenaient nécessaires, notre trésorerie fut à certains moments contrainte de recourir à un escompte prématuré de ses rentrées ultérieures.

Telle est la succession qui nous était échue et dont la liquidation même partielle posait un problème particulièrement délicat.

Il importait, dès l'abord, de faire face à l'arriéré.

La couverture du reliquat du déficit budgétaire et des échéances de notre dette à court terme exigeait la création de ressources nouvelles ; en outre, une avance de 720 millions avait dû être consentie par le Trésor au Crédit National pour lui permettre de continuer ses payements jusqu'à la fin du second semestre.

Enfin, les lourdes échéances qui incomberont à notre Trésorerie au cours de la prochaine année, nous imposaient de tenter de liquider — autant que faire se pourrait — l'arriéré de 1924, avant d'aborder l'exercice 1925.

Pour faire face à ces diverses obligations un seul moyen s'offrait à nous : l'émission d'un emprunt de liquidation qui permit d'assainir notre situation, avant l'adoption des mesures par lesquelles nous tâcherons de parer pour l'avenir au retour d'une position aussi critique.

Mais cette émission restait strictement subordonnée au rétablissement préalable de la confiance dans la solidité du crédit de l'État, que la tourmente du début de l'année avait violemment ébranlé. Il importait de montrer, à nos prêteurs de l'extérieur, comme à notre épargne nationale, que l'État ne reculerait pas devant l'effort qui serait nécessaire pour assurer le service de ses dettes et que la situation de nos finances était dès maintenant assez forte pour qu'aucune inquiétude ne puisse être conçue à cet égard. Telle fut l'œuvre à laquelle le Gouvernement actuel s'est attaché.

La détente des relations extérieures et le retour à une ère de paix, marqués par les accords de Londres, ont rapproché de nous nos alliés et ont intéressé plus étroitement leurs nationaux au soutien de nos finances et au maintien de notre crédit.

La conclusion récente d'un emprunt de 100 millions de dollars aux États-Unis par les soins de la Banque Morgan à laquelle le Parlement a donné son adhésion, presque unanime, a matérialisé la volonté de nos amis américains de nous prêter main-forte. L'importance des souscriptions recueillies, fournit le témoignage irréfutable de la confiance que le Nouveau-Monde conserve dans le crédit de la France.

Cette opération a permis de lever l'hypothèque virtuelle que le crédit Morgan consenti en mars dernier faisait peser sur l'or de notre Institut National d'émission et lui a rendu la liberté totale de son encaisse; elle nous facilitera par surcroît le remboursement de nos avances à la banque en fin d'année.

Nous nous sommes en même temps tournés vers le pays et lui avons demandé de nous aider dans l'œuvre particulièrement difficile de l'assainissement de nos finances.

Malgré certaines campagnes qui sont heureusement demeurées très localisées, nous avons vu se reconstituer l'union sacrée de tous les français pour la défense des finances du pays. Le succès de l'emprunt qu'on avait dit être voué à un échec complet a dépassé nos espérances. Nous avions demandé 4 milliards à l'Épargne française; elle a porté près de 5 milliards dans les Caisses du Trésor. Le pays a ainsi marqué sa confiance dans la politique financière que nous avons suivie jusqu'à ce jour. Toutefois notre devoir de sincérité nous oblige à noter que, dans les souscriptions à l'emprunt, la part provenant des bons de la Défense nationale ou du Trésor non renouvelés est encore très importante, en sorte que l'allègement du Trésor n'est pas tel que le montant total des souscriptions devait normalement permettre de l'espérer. Il en sera ainsi tant qu'un grand emprunt de consolidation n'aura pas réduit notre dette flottante Si l'échec de l'emprunt tenté au début de la présente année marque notre entrée dans une passe singulièrement difficile, les résultats que nous avons obtenus, nous montrent que la partie la plus périlleuse en sera bientôt franchie;

nous y trouverons la preuve du rétablissement de la confiance, que nous avons proposée comme but à nos efforts. Sans méconnaître les difficultés que l'année 1925 fera peser sur nous, difficultés que nous avons la ferme espérance de surmonter, nous trouverons dans l'empressement que nos prêteurs viennent de nous témoigner un précieux réconfort pour poursuivre l'œuvre d'assainissement que nous avons entreprise.

*
* *

Aperçu sur la situation de la Trésorerie pour l'année 1925.

Quelles que soient les modifications que le projet primitif pourra recevoir des assemblées parlementaires, le Gouvernement actuel est fermement décidé à n'accepter la responsabilité de la mise en œuvre du programme d'assainissement qu'il s'est proposé que s'il est appuyé sur un budget strictement équilibré par des recettes normales. Aucune charge ne doit plus peser sur la trésorerie, du chef d'un déficit budgétaire quelconque, au cours de l'année 1925. Les dépenses qui lui incomberont resteront limitées aux engagements qui, par leur nature même, doivent régulièrement lui être imputées, et dont les principales rubriques comprennent, d'une part, les dépenses de reconstitution, d'autre part, le renouvellement ou le remboursement des emprunts à court terme, arrivant à échéance.

Les dépenses de reconstitution, susceptibles de grever notre trésorerie, comprennent les payements qui seront effectués par le Crédit national; une somme de 2,400 millions est prévue, de ce chef, au budget de 1925.

Les échéances de nos dettes à court terme soulèvent un problème plus complexe et les tableaux qui suivent, résument: d'une part, pour la dette intérieure, le montant des renouvellements ou remboursements qu'il convient de prévoir pour l'année 1925, d'autre part, pour la dette extérieure, nos besoins de change pendant cette période, en distinguant les dépenses selon que la couverture en est effectuée par le budget ou par la Trésorerie.

I. — DETTE INTÉRIEURE.

DETTE A COURT TERME VENANT À ÉCHÉANCE EN 1925.

DATE DE L'ÉCHÉANCE.	NATURE.	MONTANT.	OBSERVATIONS.
		francs.	
16 février.........	Obligations de la défense nationale 1915–1925..................	333,671,000	Remboursables *en totalité.*
1ᵉʳ juillet..........	Bons du Crédit national 1922 (2ᵉ émission).....................	3,290,000,000	Remboursables *à la volonté des porteurs.*
25 septembre.......	Bons à 3 et 5 ans 1922.............	8,236,934,000	Remboursables *à la volonté des porteurs.*
8 décembre........	Bons à 3, 6 et 10 ans 1923 (1ʳᵉ série).	10,090,088,000	Remboursables *à la volonté des porteurs.*
	Total..............	22,950,693,000	

II. — DETTE EXTÉRIEURE.

MONTANT TOTAL DES PAYEMENTS À FAIRE À L'EXTÉRIEUR EN 1925, SOIT COMME INTÉRÊTS.
SOIT COMME REMBOURSEMENT DE CAPITAL.

PAYS.	MONNAIE.	NATURE DE L'EMPRUNT.	COUVERTURE BUDGÉTAIRE.		COUVERTURE PAR TRÉSORERIE.		TOTAL PAR MONNAIE.
			Intérêts.	Capital.	Intérêts.	Capital.	
États-Unis	Dollars	Emprunt 1920	6,384,866	5,500,000	"	"	Dollars : 59,663,611
		Emprunt 1921	4,830,405	9,000,000	"	"	
		Villes de Lyon, Bordeaux: Marseille	2,438,204	"	"	"	
		Obligations remises en payement des stocks	20,367,057	"	"	"	
		Reliquat de l'Angle French Loan	624	"	"	"	
		Reliquat de l'emprunt 5 1/2 p. o/o	116,195	"	"	"	
		Emprunt 1924	6,826,260	4,200,000	"	"	
Angleterre	Livres sterlings	Bons du Trésor remis à la Banque d'Angleterre	2,685,000	"	"	6,000,000	Livres sterling : 11.727.856
		Cession des stocks anglais	"	"	"	"	
		Stocks anglais O. R. I.	"	"	Annuité fixe.	750,000	
		Stocks anglais divers	66,787	"	"	2,226,069	
Hollande	Florins	Crédits en Banque	3,300,000	"	"	"	Florins : 3,300,000
Argentine	Piastres-or	Crédits en Banque	971,290	"	"	"	Piastr. or : 971,290
Uruguay	Pesos-or	Crédits en Banque	562,500	"	"	3,000,000	Pesos-or : 3,562,500
Canada	Dollars canadiens.	Crédits en Banque	12,650	"	"	"	Doll. can. : 12,650
Égypte	Livres égyptiennes.	Emprunt au Crédit foncier égyptien	86,250	"	"	1,000,000	Livr. égypt.: 1,086,250

Les échéances de notre dette intérieure apparaissent, dès l'abord, singulièrement lourdes et il est permis de regretter, qu'au cours des années antérieures, une plus grande prévoyance n'ait pas présidé à leur aménagement afin d'en assurer un échelonnement plus judicieux et d'éviter le report de renouvellements aussi importants sur une période aussi brève.

Il convient toutefois d'observer que les chiffres qui figurent dans les tableaux précédents ne représentent qu'un effort maximum qui ne sera vraisemblablement pas atteint. Le remboursement de ces sommes est, en effet, subordonné à la volonté expressément manifestée du porteur. C'est ainsi que, pour les bons 1922 du Crédit national, dont le capital nominal s'élevait à 4,710 millions, les demandes de remboursement présentées en 1924 n'ont pas excédé 1,600 millions, le surplus, soit 3 milliards environ, ayant été automatiquement reporté aux échéances suivantes.

L'échéance du début de l'année est peu importante.

Les remboursements, exigibles à partir du 1er juillet 1925, poseront au contraire un problème pour la solution duquel nous présenterons au Parlement en temps utile les propositions nécessaires : cette tâche sera plus aisée, si, comme nous l'espérons la confiance dans l'avenir de nos finances, incite les porteurs de nos fonds à nous apporter leur concours. Nous restons convaincus que le développement de la politique prudente que nous avons suivie jusqu'à ce jour, et l'effort méthodique que nous poursuivons pour l'assainissement de notre situation monétaire et financière, exerceront, à cet égard, d'heureuses répercussions.

Les charges que les échéances de notre dette extérieure imputeront à notre trésorerie, en dehors des payements effectués sur crédits budgétaires et qui peuvent être évalués à environ 1,400 millions de francs au cours du jour, atteindront environ 260 millions de francs au pair des monnaies étrangères, soit 950 millions de francs environ au cours actuel de notre devise. Nous ne méconnaissons pas les difficultés que rencontrera la sortie de cette somme: le plan Dawes a mis nettement en lumière les obstacles auxquels se heurtent les transferts de capitaux importants entre nations et les répercussions fâcheuses qu'ils peuvent exercer sur le change des pays débiteurs; mais nous restons persuadés que la stricte tenue de nos engagements extérieurs reste un facteur primordial du maintien de notre crédit et nous entendons appliquer tous nos efforts à surmonter les difficultés que pourrait nous opposer le transfert de capitaux aussi importants à l'étranger; le redressement de notre balance commerciale et le développement croissant de nos exportations nous faciliteront au surplus la solution du problème qui nous est ainsi posé.

CINQUIÈME PARTIE.

SITUATION BUDGÉTAIRE.

Le bilan que nous venons de dresser fait ressortir la balance en capital des ressources et des charges de l'État; mais il ne prévoit aucun rapprochement entre ses recettes et ses exigibilités annuelles, il ne comprend pas de comptes en revenus et en intérêts : c'est au budget qu'il appartient de le compléter, en établissant, en quelque sorte, pour une année le compte d'exploitation du Trésor public.

Nous avons dégagé, dans l'exposé des motifs du projet de budget 1925, les directives générales qui ont présidé à son élaboration : nous nous bornerons ici à les résumer brièvement.

*
* *

Les traits principaux du projet de budget 1925 se résument dans un retour à l'unité et à l'équilibre budgétaires par la présentation de toutes les dépenses dans un cadre unique et par l'inscription, en contre-partie, de recettes exclusives de toute ressource d'emprunt.

La tâche qui s'imposait au Gouvernement pour atteindre ce double but était particulièrement ardue.

Le budget de 1924 présentait, en effet, un déficit de 4,697 millions qui, d'après les renseignements connus à ce jour, se décomposait comme suit :

		DÉFICIT. Millions de francs.
Budget général.		843
Budget spécial.	Dépenses permanentes	2,500
	Dépenses non permanentes	1,354
	TOTAL	4,697

Partant de cette situation, le projet de budget de 1925 a été dressé sur les bases suivantes :

Millions de francs.

Ancien budget général :

Dépenses ordinaires..	24,583	
Dépenses extraordinaires	739	25,322

Ancien budget spécial :

Dépenses permanentes......................................	6,305	
Dépenses non permanentes..................................	1,188	7,493
Total des dépenses du budget général......................		32,815
Compte spécial des troupes d'occupation		675
Total général des dépenses................................		33,490

RECETTES.

Ancien budget général :

Recettes ordinaires.......................................	28,767	
Recettes exceptionnelles..................................	1,200	31,578
Mesures fiscales nouvelles................................	1,611	
(Produit net.)		

Ancien budget spécial :

Versements de l'Allemagne...	1,000	
Recettes diverses...	275	1,275
Total des recettes du budget général......................		32,853
Compte spécial des troupes d'occupation (versements de l'Allemagne)...		675
Total général des recettes................................		33,528
Excédent des recettes.....................................		38

L'analyse sommaire des principaux chapitres de dépenses et de recettes permettra de dégager les conditions générales dans lesquelles la préparation du budget de 1925 a été assurée et les mesures que le Gouvernement a dû adopter pour réaliser l'équilibre qu'il avait placé au premier rang de ses préoccupations.

1°. *Dépenses.*

Le tableau ci-après décompose les dépenses prévues pour l'exercice 1925, selon qu'elles se rattachent à l'ancien budget général ou qu'elles proviennent de l'ancien budget spécial, ces dernières étant elles-mêmes divisées en dépenses permanentes et dépenses non permanentes.

CRÉDITS de L'ANCIEN BUDGET GÉNÉRAL.	INCORPORATION DES DÉPENSES DE L'ANCIEN BUDGET SPÉCIAL.		TOTAL.
	Dépenses permanentes.	Dépenses non permanentes.	
Millions de francs.	Millions de francs.	Millions de francs.	Millions de francs.
25,322	6,305	1,188	32,815

Les dotations budgétaires, allouées pour l'exercice 1924, compte tenu des crédits supplémentaires déjà ouverts et de ceux qui seront incessamment demandés pour permettre le réajustement de ces dotations avec les besoins réels, s'élèvent, pour l'ancien budget général, à 24,750 millions environ. Les prévisions inscrites dans le projet de budget pour l'exercice 1925 ne présentent ainsi qu'une augmentation de 572 millions environ sur l'exercice précédent.

Or, indépendamment des causes générales, telles qu'augmentation de la dette, hausse du coût de la vie, épuisement des stocks militaires qui concouraient à la progression des dépenses, la précédente législature nous avait légué la charge de nombreuses lois, sans en avoir assuré la couverture financière : nous citerons notamment le relèvement des indemnités de résidence et de charges de famille (loi du 28 décembre 1923 : 119 millions), l'attribution de bonifications pour services militaires (lois des 1er avril 1923, 31 mars et 17 avril 1924 : 33 millions), l'application du nouveau régime des pensions civiles et militaires (loi du 14 avril 1924 et diverses lois spéciales : 325 millions), l'encouragement national aux familles nombreuses (loi du 22 juillet 1923 : 20 millions), la mise en chantier de la deuxième tranche du programme naval (loi du 12 avril 1924 : 106 millions).

D'autre part, deux lois avaient été votées enjoignant au Gouvernement d'avoir à présenter au Parlement avant le 31 octobre 1924 un projet portant révision et péréquation des soldes et des traitements des fonctionnaires de l'État sur les bases de la cherté de la vie et en tenant compte du mouvement des prix (art. 39 de la loi de finances du 30 avril 1921 et article 5 de la loi du 28 décembre 1923 : 700 millions).

Pour limiter la progression des crédits budgétaires, malgré les charges nouvelles qui lui incombaient, le Gouvernement dut recourir à une révision et à une compression énergique des demandes primitives des ministères ; celles-ci, bien qu'établies sur des bases raisonnables qui en eussent recommandé l'adoption dans des circonstances moins difficiles, ont été réduites dans leur ensemble de 1,600 millions.

Cette compression n'a été toutefois demandée ni à une insuffisance de dotation pour les besoins essentiels du pays, ni à une sous-évaluation des dépenses; une stricte sincérité a toujours été observée pour le calcul des allocations prévues : ainsi, pour les payements à l'étranger, les crédits ont été évalués sur les cours moyens du change pendant les mois d'avril, mai, juin et juillet; de même, les crédits relatifs aux arrérages de la dette tiennent compte du service des émissions qui seront faites au cours de l'exercice 1925.

Nous pouvons donc considérer comme définitives les compressions réalisées et nous nous refusons à envisager de leur chef aucune demande de crédits supplémentaires.

Les charges de l'ancien budget spécial qui ont été incorporées dans le budget unique de 1925 s'élèvent à 7,493 millions, comprenant 6,305 millions au titre des dépenses permanentes et 1,188 millions au titre des dépenses non permanentes.

L'effort de compression, que nous venons de signaler pour les dépenses de l'ancien budget général, s'est étendu au calcul des crédits correspondant à l'ancien budget spécial. Ces dépenses atteignaient en effet, pour 1924, d'après les propositions de la Commission des finances de la Chambre (Rapport n° 7,206), le chiffre de 11,582 millions; les prévisions de l'exercice 1925 marquent ainsi une réduction de 4,089 millions sur le budget précédent.

Cette diminution découle dès l'abord de l'adoption d'une méthode nouvelle dans la traduction comptable des payements d'indemnités de dommages de guerre au moyen d'obligations de la défense nationale : la valeur de ces obligations était inscrite jusqu'à ce jour pour une somme égale en recettes et en dépenses; il est apparu que ces émissions constituaient, au point de vue budgétaire, des opérations d'ordre qui surchargeaient inutilement les chapitres du budget. Aussi le budget de 1925 ne les mentionne-t-il que pour mémoire.

Les principales économies réalisées résultent, soit de la substitution d'une annuité fixe versée à la caisse des pensions au service direct qui en était précédemment effectué par l'État, soit de compressions sur les dépenses d'administration, personnel et matériel, soit d'un échelonnement des travaux relatifs à la réparation des dommages causés à l'État, soit de l'achèvement du remboursement des délégations remises par les sinistrés aux offices de reconstitution industrielle et agricole, soit enfin de la limitation des payements d'impôts par voie d'imputation sur les indemnités pour dommages de guerre.

Les crédits prévus pour l'entretien des troupes d'occupation en pays rhénan, qui s'élèvent à la somme de 675 millions, ont été enfin calculés en supposant que l'évacuation de la Ruhr serait achevée au mois d'août 1925. Nous rappellerons que ces dépenses seront couvertes par un prélèvement sur l'annuité à verser par l'Allemagne en exécution du plan Dawes.

2° *Recettes.*

Les dépenses budgétaires ayant été ainsi fixées, après toutes les compressions possibles, à 32,815 millions, il importait de les équilibrer par des recettes normales.

Le tableau suivant donne la décomposition des ressources qui ont été inscrites au projet de budget de 1925.

LES RECETTES.

CATÉGORIES DE RECETTES.	PRODUITS de L'EXERCICE 1925.	CORRECTIONS DIVERSES.	ÉVALUATION POUR 1925, sans application de nouvelles mesures fiscales.	NOUVELLES MESURES FISCALES.	ÉVALUATION POUR 1925.
	francs.	francs.	francs.	francs.	francs.
I. — *Ressources normales et permanentes.*					
1° Produits évalués d'après les chiffres de la précédente année.					
a. Impôts et revenus des monopoles :					
Produits d'impôts recouvrés par les administrations de l'Enregistrement, des Douanes et des Contributions indirectes..............	14,027,710,000	4,674,231,500	18,701,941,500	777,688,000	19.479,629,500
b. b. Monopoles.....................	2,035,239,000	671,739,000	2,706,978,000	//	2,706,978,000
	16,062,949,000	5,345,970,500	21,408,919,500	777,688,000	22,186,607,500
b. Domaine de l'État..................	304,575,000	15,009,000	319,584,000	6,000,000	325,584,000
Totaux.................	16,637,524,000	5,360,979,500	21,728,503,500	783,688,000	22,512,191,500
2° Produits évalués directement.					
Contributions directes et taxes assimilées......	//	//	5,607,039,054	534,074,000	6,141,113,054
Produits des diverses exploitations des recettes d'ordre, produits recouvrables en Algérie....	//	//	1,431,260,172	42,060,450	1,474.320,622
Totaux pour les produits évalués directement.........	//	//	7,038,299,226	577,134,450	7.615,433,676
II. — *Ressources exceptionnelles.*					
Contribution extraordinaire sur les bénéfices de guerre...........................	//	//	750,000,000	250,000,000	1,000,000,000
Liquidation des stocks.................	//	//	450,000,000	//	450,000,000
Totaux pour les ressources exceptionnelles	//	//	1.200,000,000	250,000,000	1,450,000,000
III. — *Recettes afférentes aux réparations de dommages de guerre.*					
Versements de l'Allemagne.............	//	//	1,000,000,000	//	1,000,000,000
Recettes diverses	//	//	275,470,100	//	275,470,100
Totaux pour les recettes afférentes aux réparations des dommages de guerre.......	//	//	1.275.470,100	//	1,275,470,100
Totaux généraux..............	//	//	31,212.272,826	1,610,822,450	32,853,095,276

Les ressources permanentes, découlant de l'application du régime fiscal existant, compte tenu des plus-values réalisées en 1924 et de diverses corrections destinées à chiffrer les répercussions de circonstances spéciales à l'exercice 1925 s'élèvent ainsi à 28,767 millions.

À cette somme s'ajoutent les ressources extraordinaires dont l'importance se réduit progressivement.

La contribution extraordinaire sur les bénéfices de guerre présente en effet des restes à recouvrer qui atteignent 5,500 millions environ; mais nous avons montré que, du chef des cotes irrécouvrables ou du jugement des litiges actuellement pendants, les recouvrements effectifs subiraient de fortes réductions; les encaissements prévus pour l'exercice 1925 ont été évalués à 750 millions.

Les produits de la liquidation des stocks sont également appelés à disparaître à brève échéance; la vente en est à peu près terminée actuellement et la rentrée de créances arriérées paraît seule susceptible d'apporter de nouvelles recettes. Les prévisions du projet de budget de 1925 inscrivent une somme de 450 millions, tant au titre des recouvrements en retard que pour tenir compte de l'inscription régulière en recettes budgétaires d'encaissements qui se trouvent actuellement décrits dans la comptabilité de nos agences à l'étranger.

À ces ressources propres à l'ancien budget général, il convient de joindre les recettes qui se rattachent à la réparation des dommages de guerre.

Elles comprennent d'abord les recettes d'ordre et produits divers tels que remboursement de trop-perçus sur indemnités de dommages de guerre, produits des aliénations d'objets et matériaux provenant du Ministère des Régions libérées, etc.; le montant total en est évalué à 75 millions.

Le projet de budget de 1925 fait, en outre, état d'une recette de 200 millions résultant de l'application de la loi du 2 mai 1924 sur la révision des indemnités pour dommages de guerre.

Enfin, ce projet comporte l'inscription d'une somme de 1 milliard à provenir des versements de l'Allemagne, grâce à la mise en application du plan Dawes. Sans doute, nous avons déjà fait ressortir que cette évaluation ne pouvait recevoir un caractère définitif, puisque la répartition des annuités prévues par le plan des Experts n'a pas encore été réglée entre les Gouvernements alliés; mais, en tenant compte des accords antérieurs, il nous est apparu que cette recette de 1 milliard à laquelle s'ajoute un versement de 675 millions au compte spécial d'occupation, constituait un minimum certain dont nous avions le droit d'escompter la rentrée.

Les recettes qui viennent d'être énumérées, provenant de l'ancien budget spécial et du budget général, ne dépassaient pas un rendement de 31,242 millions. Ce chiffre, placé en regard du montant des dépenses, faisait ressortir un déficit de 1,573 millions. La réalisation de l'équilibre exigeait donc la création de nouvelles ressources; les propositions que le Gouvernement a présentées à cet effet ont été basées sur les principes suivants.

Il est apparu dès l'abord nécessaire d'envisager de nouvelles mesures pour la répression des fraudes fiscales, qui échappent à notre législation trop récente et encore trop imparfaite.

Le projet de loi de finances a notamment inséré à cet égard une disposition tendant à subordonner l'octroi de la saisine héréditaire, pour les valeurs mobilières déposées à l'étranger, à un envoi en possession prononcé par le Président du Tribunal civil.

D'autres mesures visent l'impôt général sur le revenu pour lequel des présomptions de revenus imposables sont établies; l'impôt sur les bénéfices des professions non commerciales, pour lequel le contrôle est rendu plus sévère; l'institution d'un tarif progressif en matière de donation, pour supprimer les donations faites en vue d'échapper à la progressivité des droits de mutation par décès; l'imposition des tantièmes des administrateurs de sociétés, que la législation actuelle ne permet pas d'atteindre complètement; la réforme du régime de l'expertise des immeubles et des fonds de commerce pour l'assiette des droits de mutation, etc.

Aux mesures contre les évasions peuvent se rattacher les dispositions qui ont pour objet de limiter en matière d'impôt sur les revenus l'application de forfaits souvent susceptibles d'entraîner des inégalités fiscales et de lui substituer la taxation directe des revenus réels.

Enfin, le Gouvernement a envisagé soit l'application de taxes existantes à des produits qui en étaient exonérés, soit la création de taxes nouvelles dont aucune ne présente le caractère d'impôts de consommation, savoir : une taxe sur les opérations de change, une taxe sur les compagnies d'assurances et sociétés de crédit, etc.

Dans leur ensemble les mesures nouvelles proposées par le Gouvernement doivent procurer au Trésor un supplément de ressources évalué à 1,981 millions qui s'atténue, à concurrence de 370 millions environ, de la perte de recettes résultant de quelques dégrèvements conçus dans un esprit largement démocratique.

En tenant compte du produit net des modifications de législation fiscale, soit 1,611 millions, le montant des évaluations budgétaires s'établissait au projet de budget de 1925 à 32,853 millions (1).

---

(1) Ce chiffre doit être majoré de 350 millions, pour tenir compte des nouvelles recettes qui ont été proposées par le Gouvernement, postérieurement au dépôt du projet de budget, pour couvrir — compensation faite des économies qui peuvent être réalisées par ailleurs — les dépenses à résulter du relèvement de l'annuité à servir à la Caisse des pensions de guerre, en conséquence du rehaussement des taux des pensions, et le supplément de charges de 40 millions à prévoir par rapport aux chiffres inscrits au budget, pour l'augmentation des traitements.

Le budget de 1925 présente ainsi la couverture intégrale de toutes les dépenses de l'État par des recettes correspondantes : l'équilibre qu'il a réalisé est-il durable ou est-il susceptible d'être détruit par les charges nouvelles que les prochaines années imposeront?

Les augmentations de dépenses qui peuvent être prévues découleront, soit de l'achèvement de la reconstitution des Régions libérées, soit du réglement de nos dettes envers les trésoreries anglaises et américaines.

La réparation des dommages de guerre exigera encore une dépense totale qui, après l'exécution du programme prévu au budget de 1925, n'excédera pas 15 milliards et restera probablement au-dessous de ce chiffre; l'inscription de l'annuité correspondante qui n'atteindra pas un milliard, sera balancée par l'accroissement normal de nos recouvrements et le développement de l'application du plan Dawes.

Le réglement des dettes interalliées est encore en suspens et nous ne pouvons chiffrer aujourd'hui la charge que nous serons amenés à assumer, de ce chef, après une étude poursuivie, en toute loyauté, avec nos grands Alliés, qui, nous en sommes certains, voudront apporter dans ce règlement le cordial esprit de solidarité qui nous a unis sur les champs de bataille, pour la défense de la cause commune.

Au surplus, l'application des principes du plan Dawes qui subordonne les versements d'un État débiteur à sa capacité de payement et à la possibilité d'effectuer les transferts sans ébranler son change et porter atteinte à son économie nationale d'une part, d'autre part la nécessité de subordonner les payements à l'encaissement des versements de l'Allemagne, nous donnent la certitude qu'un large moratorium et de longs délais nous seront accordés pour le payement de la dette qu'il aura paru juste et légitime de laisser à notre charge.

Il n'apparaît donc pas qu'au cours de prochaines années l'équilibre que nous avons laborieusement établi soit susceptible de recevoir quelque atteinte.

Messieurs,

Le Gouvernement a tenu l'engagement qu'il avait pris, dans la déclaration ministérielle, de vous soumettre un inventaire rigoureux de notre situation financière au début de la présente législature.

Cette analyse de la succession qui nous a été léguée permettra de faire le départ entre les responsabilités de chacun et fixera d'autre part les bases solides de la politique d'assainissement et de relèvement que nous avons l'intention et le devoir de poursuivre.

Nous avons procédé à cet examen en toute sincérité et en toute impartialité : sur chacun des éléments, qui intéressent nos finances publiques, nous avons exposé de façon objective les errements qui ont été suivis au cours des années passées et nous avons, chaque fois qu'elles marquaient une divergence de vues avec celles de nos prédécesseurs, indiqué nos propres conceptions sur chacun des grands problèmes que pose la restauration de notre pays.

Nous ne résumerons pas à nouveau ce que nous considérons comme le programme général, qu'en nous appuyant sur la majorité démocratique issue des élections du 11 mai nous entendons poursuivre. Nous nous bornerons ici à rappeler et compléter nos observations sur les deux problèmes principaux qui se poseront à nous au cours des prochaines années : la consolidation et l'amortissement de notre dette publique d'une part, d'autre part notre régime monétaire.

Le service de notre dette publique exige actuellement 60 p. 100 environ de nos ressources annuelles; un pays ne pourrait longtemps supporter une hypothèque aussi lourde, hypothèque qui absorbe pour la liquidation du passé la plus large part de son activité présente; la consolidation et l'amortissement de notre dette publique deviendront une nécessité impérieuse à laquelle il importera de faire face.

Sans doute déjà un premier effort a été accompli et certains chapitres du budget prévoient une extinction partielle des emprunts que nous avons contractés. Nous avons montré que les payements en rentes de la contribution extraordinaire sur les bénéfices de guerre avaient permis de rembourser environ 7 milliards. Nos dettes envers le Crédit national, les groupements de sinistrés, les compagnies de chemins de fer donnent également lieu à un service d'annuités qui comporte le versement d'un amortissement annuel.

Mais cet effort est totalement insuffisant et nous devons le poursuivre et l'intensifier avec ténacité et énergie. C'est pourquoi nous vous proposerons d'élargir les attributions et de consolider le statut de la caisse d'amortissement à la gestion de laquelle nous appellerons les représentants autorisés de toutes les classes de la Nation et que nous placerons au-dessus de toutes les querelles, à l'abri de toutes les bourrasques politiques.

Nous vous proposerons de doter cette caisse de sérieux moyens d'action. Enfin nous vous présenterons un large programme de consolidation qui, nous l'espérons, sera efficace et mettra notre trésorerie à l'abri des remous d'opinion et des campagnes antipatriotiques contre le crédit public.

Nous comptons fermement que l'opération que nous préparons aura le succès que vient d'avoir l'emprunt de liquidation auquel nous avons procédé. Mais si le programme que nous envisageons ne se réalisait pas de manière à mettre notre trésorerie à l'abri d'aléas que la France ne saurait envisager, si notre appel à la bonne volonté n'était pas entendu, si tous les Français ne comprenaient pas qu'en l'occurrence l'intérêt de chacun est solidaire de l'intérêt national, nous sommes persuadés que le pays comprendrait la nécessité de la création de ressources spéciales, exclusivement réservées à l'assainissement financier.

L'allégement général de notre situation économique qui découlera de l'amélioration de nos finances et d'un amortissement sérieux de notre dette, apportera une large compensation aux sacrifices qui seront, nous l'espérons, volontairement et patriotiquement consentis.

Au point de vue monétaire, il paraît presque superflu de rappeler que nous repoussons comme un crime contre la patrie toute tentative d'inflation : les catastrophes qu'engendrerait le recours à un pareil expédient, le bouleversement qu'il entraînerait dans notre économie générale, ne peuvent permettre à un gouvernement soucieux de la sécurité de l'épargne française, de l'allégement du prix de la vie, de la prospérité nationale, d'accepter la responsabilité d'une mesure appelée à rendre vains tous les sacrifices déjà consentis pour l'assainissement de nos finances et à compromettre définitivement le relèvement du Pays.

Nous écarterons avec la même fermeté toute opération qui se proposerait la dévalorisation du franc. Nous estimerions manquer ainsi à la parole que nous avons engagée à l'égard des porteurs de nos fonds et nous sommes certains que le coup brutal qui serait porté à la loyale exécution des contrats, entraînerait la secousse la plus grave dans notre économie nationale.

Nous pensons, par contre, qu'une revalorisation trop brusque de notre monnaie présenterait, si même la possibilité en était aujourd'hui reconnue, des dangers aussi sérieux. Tout mouvement dans la valeur réelle de l'étalon des échanges, quel que soit le sens dans lequel il se produit exige des adaptations complexes dans les différents rouages de l'organisation économique, salaires, prix des marchandises, coût des transports et le souci d'éviter tout déséquilibre entre ces divers éléments, commande de tâcher d'éviter des variations brutales dans la valeur de notre monnaie.

Notre industrie et notre commerce sont d'ailleurs moins troublés aujourd'hui par le cours de notre devise que par les soubresauts dont elle a été l'objet au cours du printemps 1924. Aucun régime économique stable ne peut se fonder, tant que l'étalon même des échanges reste exposé à de pareilles fluctuations, à des sauts brusques et imprévisibles; les aléas encourus par le commerçant du fait de la variation éventuelle des cours, les craintes qu'il éprouve devant des engagements à long terme, alors que les conditions économiques du lendemain lui restent inconnues, limitent son effort de prévision à une brève période : absence d'approvisionnements dont le prix d'écoulement ne peut être prévu, absence de stocks qui sont l'indispensable régulateur des cours, contrats à court terme, marchés à échéances rapprochées, organisation sans vues lointaines d'avenir, telles sont les raisons profondes de la véritable nervosité que présentent les cours de toutes choses.

Enfin la crise de confiance dont nous souffrons n'a-t-elle pas sa cause principale dans les craintes qu'ont éprouvées tous les porteurs de valeurs d'État, d'obligations de toute nature, en face de la hausse de la livre et du dollar au début de la présente année. Ce sont ces inquiétudes qui poussèrent alors les porteurs de valeur à revenu fixe à se jeter sur les valeurs industrielles et spécialement les valeurs à change et les firent délaisser des placements qu'ils avaient préférés jusqu'à ce jour, ce qui rendit au cours de la présente année tout emprunt si difficile.

Aussi nous estimons que la stabilisation des changes, et partant des prix, reste le remède le plus efficace contre le malaise économique dont nous souffrons aujourd'hui. Aussi est-ce à cette œuvre si difficile soit-elle que le Gouvernement vous demande de collaborer.

Pour la lutte immédiate contre une spéculation éventuelle, nous avons constitué par la conclusion récente de l'emprunt Morgan une réserve qui nous permettra d'opposer à une manœuvre de la grande spéculation, quelle qu'en soit l'origine, une parade efficace.

A l'intérieur, le rétablissement de l'équilibre budgétaire, l'allégement de notre trésorerie, ultérieurement l'énergique amortissement de nos emprunts écarteront les craintes qu'avaient pu faire concevoir nos déficits antérieurs et l'accroissement de nos dettes.

A l'extérieur, le resserrement des relations de réciproque amitié qui nous lient à nos Alliés, l'examen cordial des problèmes internationaux qui restent encore en suspens développeront la coopération que les prêteurs de toutes les nations sont disposés à apporter à notre œuvre de relèvement.

Nous espérons que la stabilisation de notre monnaie fera progressivement place, au cours des années à venir, à une lente revalorisation qui, par le jeu de la consolidation de la dette, de son amortissement et de sa conversion à l'heure voulue, sans secousse, d'un mouvement continu, largement échelonné, lui permettra de franchir les étapes nécessaires pour retrouver un jour la valeur qu'elle a perdue.

La réduction qui, corrélativement avec la diminution de nos charges, sera apportée dans le tarif de nos contributions devra être elle-même judicieusement conduite suivant un programme mûrement étudié. Cette atténuation devra porter d'abord sur le taux des impôts de consommation, afin de hâter la baisse du coût de la vie; l'adoucissement préalable des conditions générales de l'existence facilitera la réduction des traitements et salaires, en maintenant, en fait, la même faculté de consommation à leurs bénéficiaires, malgré la restriction apparente de leur rémunération et en évitant ainsi toute atteinte à la situation acquise par les travailleurs dans notre démocratie.

Telle est l'esquisse du programme de politique financière que nous soumettons au Parlement.

Politique de sagesse et de prudence, qui rejette loin d'elle tout expédient financier, indigne d'un grand pays victorieux; politique d'énergie, qui ne recule devant aucun sacrifice pour assurer le respect de la signature de la France et maintenir intact le prestige d'honnêteté qui lui reste attaché; politique de confiance enfin dans les destinées de notre pays qui, sorti profondément meurtri de la plus rude tourmente, a trouvé en lui-même, dans les qualités de labeur et d'épargne de sa population, les inépuisables ressources nécessaires à son relèvement, ainsi peut se caractériser la politique que nous entendons suivre.

Nous avons conscience, en la servant, de rester fidèles aux grandes traditions, aux glorieuses destinées de notre pays.

CLÉMENTEL,
Ministre des Finances.

TABLEAU COMPARATIF DE LA DETTE PUBLIQUE.

AU 31 MARS 1922 ET AU 30 JUIN 1924.

A. — DETTE INTÉRIEURE.

TABLEAU COMPARATIF DE

AU 31 MARS 1922 ET

A. — DETTE

I. — DETTE PERPÉTUELLE

DÉSIGNATION DES NATURES DE DETTE.	CHARGE ANNUELLE.		DIFFÉRENCES.	
	AU 31 MARS 1922.	AU 30 JUIN 1924.	AUGMENTATIONS.	DIMINUTIONS.
	francs.	francs.	francs.	francs.
1° MINISTÈRE DES FINANCES.				
Rentes 3 p. o/o	(1) 592,255,268	592.212,972	"	42,296
Rentes 5 p. o/o 1915-1916	1,003,064,610	942,688,150	"	60,376,460
Rentes 4 p. o/o 1917	376,427,560	360,186,090	"	16,241,470
Rentes 4 p. o/o 1918	888,469,078	824,384,851	"	64,084,227
Rentes 6 p. o/o 1920	1,659,227,165	1,587,115,050	"	72,112,115
Rentes 6 p. o/o. Dommages de guerre	"	51,983,572	51,983,572	"
Rentes 3 p. o/o amortissables	88,196,520	83,712,360	"	4,484,160
Rentes 3 1/2 p. o/o amortissables	460,208	450,674	"	9,534
Rentes 5 p. o/o amortissables	788,165,780	566,910,825	"	221,254,955
Dette publique d'Alsace et de Lorraine	2,210,870	2,204,257	"	6,613
Emprunts autorisés par les lois du 10 octobre 1919 (Obligations du Crédit national)	679,832,765	973,254,475	293,421,710	"
Titres d'annuités remis aux sinistrés	302,940,000	592,668,064	289,728,064	"
Annuité versée à la Caisse des Dépôts et Consignations pour amortir une somme de rentes équivalente à celle émise en 1901	5,473,700	4,932,178	"	541,522
Annuités aux compagnies de chemins de fer pour garanties d'intérêts de 1871 et 1872	2,088,739	2,055,724	"	33,015
Annuité à la Compagnie des Chemins de fer de l'Est (loi du 17 juin 1873).	17,608,117	17,228,375	"	379,742
Annuité à la Compagnie des Chemins de fer de Paris-Lyon-Méditerranée (loi du 18 février 1898)	1,740,963	1,688,560	"	52,403
Annuité à la Compagnie des Chemins de fer d'Orléans pour les lignes échangées entre elle et l'État	1,700,687	1,651,228	"	49,459
Remboursement de la Dette du Trésor vis-à-vis de la Caisse des Dépôts et Consignations au 1" janvier 1902	2,490,000	"	"	2,490,000
Prêts aux victimes du tremblement de terre (Bouches-du-Rhône, Vaucluse) [loi du 23 juillet 1909]. Annuité au Crédit foncier	186,800	177,854	"	8,946
Prêts aux victimes des inondations de 1910 (loi du 18 mars 1910). Annuité au Crédit foncier	21,700	20,860	"	840
Annuités aux compagnies de chemins de fer	30,048,164	30,289,500	241,336	"
Rachat de concessions de canaux	172,317	168,865	"	3,452
Indemnités allouées aux petits propriétaires en vertu de l'article 29 de la loi du 9 mars 1918 relative aux modifications apportées aux baux à loyer par l'état de guerre	"	14,196,050	14,196,050	"
A reporter	6,442,781,011	6,650,180,534	649,570,732	442,171,209

(1) Y compris les rentes mises au compte des portions non réclamées, par suite de la prescription et à rétablir s'il y a lieu.

A DETTE PUBLIQUE

U 30 JUIN 1924.

NTÉRIEURE.

T À LONG TERME.

DÉSIGNATION DES NATURES DE DETTE.	CHARGE ANNUELLE.		DIFFÉRENCES.	
	AU 31 MARS 1922.	AU 30 JUIN 1924.	AUGMENTATIONS.	DIMINUTIONS.
	francs.	francs.	francs.	francs.
2° AUTRES MINISTÈRES.				
Report...............................	6,442,781,011	6,650,180,534	649,570,732	442,171,209
Annuité de rachat à la Compagnie des Chemins de fer de l'Ouest........	73,616,902	71,191,505	"	2,425,397
Obligations amortissables des Chemins de fer de l'État................	60,597,850	59,725,940	"	871,910
Annuités dues ou garanties par l'État pour le remboursement des sommes versées aux communes par le Crédit foncier de France en exécution de la loi du 4 octobre 1919.......................................	6,225,018	8,766,469	2,541,451	"
Annuités dues aux départements ou communes destinées à subvenir en partie aux charges des emprunts contractés pour constructions scolaires. (Loi du 20 juin 1885.)...........	101,726	60,026	"	41,700
Annuités de remboursement des avances faites par la Caisse nationale des retraites pour la vieillesse aux sociétés de crédit immobilier en vertu de la loi du 10 avril 1908.......................................	2,407,885	6,397,194	3,989,309	"
Annuités de remboursement des avances faites à l'État par la Caisse des Dépôts et Consignations, par application de la loi du 26 février 1921 sur les habitations à bon marché...............................	462,551	9,446,937	8,984,386	"
Annuités pour le service du remboursement des avances consenties à l'État par les Chambres de commerce et autres collectivités intéressées, en vue des travaux d'amélioration et d'extension des ports maritimes (art. 87 de la loi de finances du 30 avril 1921)...............................	"	1,474,577	1,474,577	"
Annuités aux Compagnies de chemins de fer (conventions autres que celles approuvées par les lois du 20 novembre 1883 et du 20 octobre 1921)...	3,374,000	4,378,200	1,004,200	"
Annuités aux Compagnies de chemins de fer (conventions approuvées par les lois du 20 novembre 1883)...................................	67,454,000	76,011,100	8,557,100	"
Annuités aux Compagnies de chemins de fer (convention approuvée par la loi du 29 octobre 1921)...................................	"	1,073,140	1,073,140	"
Annuités aux Compagnies du Nord et du P.-L.-M. pour le remboursement des sommes imputées par ces compagnies au compte de premier établissement en vertu de la loi du 26 décembre 1914...................	162,465,787	161,350,787	"	1,115,000
Annuités des obligations émises par les réseaux de chemins de fer en couverture des avances au fond commun...........................	175,200,946	228,351,500	53,150,554	"
Annuités afférentes aux subventions accordées aux départements, aux communes et établissements publics pour la construction ou l'agrandissement des établissements publics d'enseignement primaire, secondaire et supérieur (art. 41 de la loi du 31 décembre 1920)...................	"	2,950,847	2,950,847	"
TOTAL................	6,994,687,676	7,281,358,756	733,296,296	446,625,216
			En plus : 286,671,080	

Inventaire.

17 A

TABLEAU COMPARATIF

AU 31 MARS 1922

A. — DETTE

II. — DETTE

DÉSIGNATION DES NATURES DE DETTE.	CAPITAL AU 31 MARS 1922.	CAPITAL AU 30 JUIN 1924.
	francs.	francs.
Obligations de la Défense nationale. / Quinquennales	104,861,000	(1) 200,000
Sexennales	1,335,053,000	929,000,000
Décennales.... { 1915-1925 / 1919-1929	290,024,000	451,000,000
Décennales remises en payement de dommages de guerre	"	4,180,000,000
Décennales remises aux banques d'Alsace-Lorraine	"	234,000,000
Bons du Trésor à 2 ans	5,665,342,000	3,000,000
Bons du Trésor à 3 et 5 ans	"	8,237,000,000
Bons du Trésor à 3, 6 et 10 ans (1re série)	"	10,090,000,000
Bons du Trésor à 3, 6 et 10 ans (2e série)	"	6,189,000,000
Émissions du Crédit National (1re et 2e émissions, bons 1922)	3,018,769,000	6,308,769,000
Total	10.414,049,000	36,621,969,000

(1) Obligations sexennales et décennales et Bons du Trésor : chiffres arrondis en millions de francs.

DE LA DETTE PUBLIQUE.

ET AU 30 JUIN 1924. (Suite.)

INTÉRIEURE. (Suite.)

À COURT TERME.

DIFFÉRENCES		CHARGE ANNUELLE		DIFFÉRENCES	
AUGMENTATIONS.	DIMINUTIONS,	AU 31 MARS 1922.	AU 30 JUIN 1924.	AUGMENTATIONS.	DIMINUTIONS.
francs.	francs.	francs.	francs.	francs.	francs.
"	104,661,000	5,243,050	"	"	5,243,050
"	406,053,000	66.500,650	46,455,000	"	20,045,650
160,976,000	"	14,483,900	22,577,000	8,093,100	"
4,180,000,000	"	"	209,007,000	209,007.000	"
234,000.000	"	•	11,677,000	11,677,000	"
"	5,662,342,000	339,920,500	"	"	339,920,500
8,237.000,000	"	"	494,216,000	494.216,000	"
10,090,000,000	"	"	605,405,000	605,405,000	"
6,189,000,000	"	"	371,367,000	371,367,000	"
3.290,000,000	"	181,126,140	378.526,140	197,400,000	"
32,380.970,000	6.173,056,000	607,274,240	2,139,230,140	1,897.165,100	365.209,200
26.207,920.000				1.531.955,900	

TABLEAU COMPARATIF

AU 31 MARS 1922

A. — DETTE

III. — DETTE

DÉSIGNATION DES NATURES DE DETTE.	DETTE NE PORTANT PAS INTÉRÊT.		DIFFÉRENCES.	
	Capital au 31 mars 1922.	Capital au 30 juin 1924.	AUGMENTATIONS.	DIMINUTIONS.
	francs.	francs.	francs.	francs.
Bons ordinaires du Trésor	#	#	#	#
Bons de la Défense nationale	#	#	#	#
Avances de la Banque de France	#	#	#	#
Dépôts de fonds dans les trésoreries générales	#	#	#	#
Fonds de la Ville de Paris, des communes et établissements publics	#	#	#	#
Monts de piété L/c de fonds placés au Trésor	#	#	#	#
Groupements de sinistrés L/c de fonds placés au Trésor	#	#	#	#
Caisse des dépôts et consignations s/c c¹	#	#	#	#
Caisse des dépôts s/c de fonds non employés des caisses d'épargne	#	#	#	#
Caisse des dépôts s/c de fonds non employés de la Caisse d'épargne postale	#	#	#	#
Caisse des dépôts s/c de fonds non employés de la Caisse nationale des retraites pour la vieillesse	#	#	#	#
Caisse des dépôts s/c de fonds non employés des Retraites ouvrières et paysannes	#	#	#	#
Caisse des dépôts et consignations d'Alsace-Lorraine	#	#	#	#
Crédit foncier de France s/c courant	#	#	#	#
Crédit national s/c de fonds déposés avec intérêts	#	#	#	#
Divers particuliers L/c courants au Trésor	#	#	1	#
Ministère de l'Instruction publique s/c de fondations anglaises, écossaises, irlandaises	#	#	#	#
Compagnie des câbles sud-américains s/c courants	#	#	#	#
Administration des mines de la Sarre s/c en garantie d'émission de billets	#	#	#	#
Banque de Syrie et du Grand Liban (compte A)	#	#	#	#
Banque de Syrie et du Grand Liban s/c en garantie d'émissions de billets	#	#	#	#
Banque nationale de Grèce s/c de fonds avancés au Trésor en drachmes	#	#	#	#
Banque d'État du Maroc s/c provisionnel	#	#	#	#
Chambres de commerce L/c en garantie d'émission de billets	#	#	#	#
Fonds libres du service départemental	579,498,000	916,583,000	337,085,000	#
Office des pupilles de la Nation	18,390,800	#	#	18,390,800
Offices, comités et agent comptable des mutilés et réformés de la guerre	2,396,700	15,156,400	12,759,700	#
Offices agricoles départementaux	3,958,400	12,735,000	8,776,600	#
Offices agricoles régionaux	1,329,800	4,045,300	2,715,500	#
Divers établissements publics des départements	20,590,400	20,431,900	#	158,500
Divers corps de troupe de terre et de mer	23,727,300	15,986,500	#	7,740,800
Divers comptables de fait	6,559,900	428,957.200	422,397,300	#
Correspondants du Trésor	(5)-815,275,000	(5)-468,496.800	#	— 346,778,200
Divers agents comptables L/c de fonds déposés	87,090,000	470,149.500	383,059,500	#
Divers L/c de fonds placés au Trésor	3,736,000	82,693,200	78,957,200	#
Crédit national s/c de fonds d'emprunt	2,736,850,600	207,656.600	#	2,529,194.000
Fonds de contre-valeur des émissions de jetons métalliques	113,461,800	667,920,900	554,459.100	#
Banques coloniales L/c de fonds déposés	60,969,100	150,663,900	89,694,800	#
Indo-Chine s/c courant	(6) — 3,934,800	4,348,100	8,282,900	#
Services locaux des colonies L/c courant	(6) — 3,340,500	6,288,400	9,628,900	#
Ville de Nouméa s/c courant	21,200	500	#	20,700
Traites du caissier-payeur central du Trésor public	331,410.900	454,838,200	123,427,300	#
Traites du Ministère des Affaires étrangères sur le caissier-payeur central	1,410,600	1,409,400	#	1,200
Mandats du Trésor sur les trésoriers-payeurs généraux	456,100	1,548,900	1,092,800	#
Soldes des comptes de chèques postaux ouverts à des particuliers	#	626,804,200	626,804,200	#
TOTAUX	3,169,307,300	3,619,720.300	2,659,140,800	2,208,727,800
			En plus : 450,413,000	

1 Situation au 1ᵉʳ janvier 1923, date à laquelle le montant des bons en circulation a été déterminé d'une façon certaine.

(2) Moyenne annuelle présumée des avances : 23 milliards. Intérêt à 3 p. o/o : 690 millions. A déduire : 2,50 p. o/o sur 21 milliards et 2,625 p. o/o sur 2 milliards pour inscription au compte d'amortissement. Total à déduire : 577 millions et demi. Reste : 112 millions et demi.

(3 Compte tenu des reversements effectués par les trésoriers généraux.

(4 Charge pour cinq mois. Intérêts supprimés à compter du 1ᵉʳ juin 1924.

(5) Les sommes portées ci-dessus en déduction correspondent à l'excédent des soldes débiteurs sur les soldes créditeurs des comptes de correspondants du Trésor et représentent des avances récupérables sur des tiers.

(6 Les deux comptes : Indo-Chine s/c courant et Services locaux des colonies L/c courant, présentaient au 31 mars 1922 des soldes débiteurs venant en atténuation des charges de la Dette flottante.

NTÉRIEURE. (Suite.)

LOTTANTE.

DETTE PORTANT INTÉRÊT.		DIFFÉRENCES.		CHARGE ANNUELLE		DIFFÉRENCES.	
Capital au 31 mars 1922.	Capital au 30 juin 1924.	AUGMENTATIONS.	DIMINUTIONS.	au 31 mars 1922.	au 30 juin 1924.	AUGMENTATIONS.	DIMINUTIONS.
francs.	francs.	francs.	francs.	francs.	francs.	francs.	francs.
1,261,715,000	3,876,000,000	2,614,285,000	//	60,352,400	179,071,000	118,718,600	//
(1) 56,431,000,000	56,342,000,000	//	89,000,000	2,652,257,000	2,648,074,000	//	4,183,000
21,500,000,000	23,000,000,000	1,500,000,000	//	106,875,000	(2) 112,500,000	5,625,000	//
280,725,000	366,703,200	85,978,200	//	7,273,200	(3) 11,010,000	3,736,800	//
1,015,729,800	1,287,309,100	271,579,300	//	10,157,200	12,873,100	2,715,900	//
7,130,300	6,270,600	//	859,700	213,900	188,100	//	25,800
//	21,911,000	21,911,000	//	//	547,800	547,800	//
117,748,900	230,441,600	112,692,700	//	1,177,400	2,304,400	1,127,000	//
36,076,800	73,482,000	37,405,200	//	360,700	734,800	374,100	//
54,203,800	70,909,700	16,705,900	//	542,000	709,100	167,100	//
29,560,400	41,708,800	12,148,400	//	1,330,200	2,085,400	755,200	//
13,219,400	10,567,300	//	2,652,100	132,100	105,700	//	26,400
674,500	82,300	//	592,200	6,700	800	//	5,900
149,700	152,700	3,000	//	1,500	1,500	//	//
617,626,300	1,945,900	//	615,680,400	15,440,700	48,600	//	15,392,100
623,122,000	886,628,000	263,506,000	//	15,367,000	22,175,000	6,808,000	//
382,000	362,700	//	19,300	3,800	3,600	//	200
//	1,390,500	1,390,500	//	//	13,900	13,900	//
2,895,800	3,900,000	1,004,200	//	57,900	78,000	20,100	//
140,029,200	54,833,300	//	85,195,900	7,001,400	822,500	//	6,178,900
//	132,300	132,300	//	//	3,300	3,300	//
294,731,500	341,188,500	46,457,000	//	14,736,500	17,059,400	2,322,900	//
8,000,000	35,000,000	27,000,000	//	40,000	175,000	135,000	//
192,537,200	84,529,600	//	108,007,600	3,850,700	704,400	//	3,146,300
//	//	//	//	//	//	//	//
//	//	//	//	//	//	//	//
//	//	//	//	//	//	//	//
//	//	//	//	//	//	//	//
//	//	//	//	//	//	//	//
//	//	//	//	//	//	//	//
//	//	//	//	//	//	//	//
//	//	//	//	//	//	//	//
//	//	//	//	//	//	//	//
//	//	//	//	//	//	//	//
//	//	//	//	//	//	//	//
//	//	//	//	//	//	//	//
//	//	//	//	//	//	//	//
//	//	//	//	//	//	//	//
//	//	//	//	//	//	//	//
//	//	//	//	//	//	//	//
//	//	//	//	//	//	//	//
82,627,257,600	86,737,449,100	5,012,198,700	902,007,200	2,897,177,300	3,011,289,400	143,070,700	28,958,600
		En plus : 4.110.191,500				En plus : 114.112,100	

Nota. — La situation au 31 mars 1922, telle qu'elle ressort du tableau ci-dessus, est différente de celle qui a été publiée en annexe au projet de loi de finances de 1923 ; certains comptes, qui ne figuraient pas dans ce dernier tableau, ont, en effet, paru, depuis lors, devoir être classés parmi les éléments de la dette flottante ; d'autres, au contraire, correspondant à des opérations d'ordre, ont semblé ne pas devoir être maintenus au nombre de ces éléments. La situation au 30 juin 1924 étant dressée sur ces nouvelles bases, il était indispensable, pour permettre une comparaison utile, de mettre en regard une situation au 31 mars 1922 remaniée en s'inspirant des mêmes conceptions.

Les éléments supprimés sont les mandats tirés sur le Trésor par les trésoriers-payeurs généraux et par divers comptables, ces mandats ne correspondant pas à de véritables dettes du Trésor et ayant seulement pour objet de régler des opérations entre comptables.

Les éléments ajoutés sont : les dépôts de fonds placés au Trésor, le compte de fonds d'emprunt du crédit national, les fonds de contrevaleur des émissions de jetons métalliques, les dépôts de fonds des banques coloniales, les comptes-courants de l'Indo-Chine, des services locaux des colonies, de la ville de Nouméa.

TABLEAU RÉCAPITULATIF DES CHARGES ANNUELLES
DE LA DETTE PUBLIQUE INTÉRIEURE.

DÉSIGNATION DES NATURES DE DETTE.	CHARGE ANNUELLE au 31 mars 1922.	CHARGE ANNUELLE au 30 juin 1924.	DIFFÉRENCES.	
			AUGMENTATIONS.	DIMINUTIONS.
I. — Dette perpétuelle et à long terme.........................	6,994,687,676	7,281,358,756	286,671,080	"
II. — Dette à court terme...................................	607,274,240	2,139,230,140	1,531,955,900	"
III. — Dette flottante....................................	3,426,302,300	3,011,289,400	"	415,012,900
	11,028,264,216	12,431,878,296	1,818,626,980	415,012,900
			+ 1,403,614,080	

TABLEAU COMPARATIF DE LA DETTE PUBLIQUE.

AU 31 MARS 1922 ET AU 30 JUIN 1924. (*Suite et fin.*)

B. — DETTE EXTÉRIEURE.

TABLEAU COMPARATIF DE

AU 31 MARS 1922 ET

B. — DETTE

DÉSIGNATION DES NATURES DE DETTE.		NATURE de la MONNAIE.	SITUATION EN CAPITAL DANS LA MONNAIE DU PAYS CRÉANCIER		DIFFÉRENCES	
			au 31 mars 1922.	au 30 juin 1924.	Augmentations.	Diminutions.
1		2	3	4	5	6
1° DETTE ENVERS LES GOUVERNEMENTS ALLIÉS.						
Avances de la Trésorerie américaine		$	2,950,762,938	2,933,265,232	"	17,497,706
Bons du Trésor remis à la Trésorerie britannique, y compris les intérêts capitalisés		£	572,524,500	619,602.900	47,078,400	"
2° DETTE COMMERCIALE.						
États-Unis.	Emprunt 1920	$	94,605,400	84,775,600	"	9,820,800
	Emprunt 1921	$	93,832,300	75,896,000	"	17,936,300
	Emprunts des villes de Lyon, Bordeaux et Marseille	$	40,586,000	40,586,000	"	"
	Obligations remises en prix des stocks	$	407,341,145	407,341,145	"	"
	Reliquat de l'Anglo-French	$	"	13,850	13,850 (1)	"
	Reliquat de l'emprunt 5 1/2 p. 100	$	"	2,110,000	2,110,000 (1)	"
Angleterre..	Bons du Trésor remis à la Banque d'Angleterre	£	65,000,000	52,500,000	"	12,500,000
	Cession des stocks anglais	£	"	7,476,069	7,476,069 (1)	"
Japon.....	Emprunt émis au Japon	Yens.	100,000,000	50,000,000	"	50,000,000
	Bons du Trésor émis au Japon	Yens.	33,161,000	20,000,000	"	13,161.000
Crédits en banque	Angleterre	£	2.950,000	"	"	2,950,000
	Espagne	Pesetas.	370,000,000	339,500	"	369,660,500
	Hollande	Florins.	55,000,000	54,300,000	"	700,000
	Argentine	Pesos or.	18,824,117	19,425,795	601,678 (2)	"
	Uruguay	Piastres urug.	15,000,000	15,000,000	"	"
	Canada	$ canadiens.	"	5,730,000	5,730,000 (1)	"
	Égypte	£ égyptiennes.	"	2,000,000	2,000.000 (1)	"

(1) Différence provenant du fait que l'opération n'a pas été comprise dans la situation au 31 mars 1922 en raison de régularisation à intervenir.
(2) Rectification d'écritures postérieure au 31 mars 1922
(3) Y compris l'amortissement.

LA DETTE PUBLIQUE.

AU 30 JUIN 1924. (*Suite et fin.*)

EXTÉRIEURE.

CHARGE ANNUELLE DANS LA MONNAIE DU PAYS CRÉANCIER		CHARGE ANNUELLE EN FRANCS		DIFFÉRENCES.		COURS MOYEN DU CHANGE UTILISÉ POUR LE CALCUL de la charge annuelle.	
évaluée au budget de 1923.	évaluée au 30 juin 1924 pour 1925.	évaluée au budget de 1923.	évaluée au 30 juin 1924 pour 1925.	Augmentations.	Diminutions.	au budget de 1923.	au 30 juin 1924 pour 1925.
7	8	9	10	11	12	13	14
						fr. c.	fr. c.
//	//	//	//	//	//	//	//
//	//	//	//	//	//	//	//
11,723,807	(3) 11,884,866	(3) 194,263,482	(3) 213,927,588	(3) 19,664,106	//	16 57	18 00
15,543,150 (3)	13,830,405	(3) 257,549,996	(3) 248,947,290	(3) //	8,602,706	Idem.	Idem.
2,435,160	2,438,204	40,350,601	43,887,672	3,537,071	//	Idem.	Idem.
20,367,057	20,367,057	337,482,134	366,607,026	29,124,892	//	Idem.	Idem.
//	624	//	11,232	11,232	//	//	Idem.
//	116,195	//	2,091,510	2,091,510	//	//	Idem.
1,650,000	2,685,000	82,500,000	212,115,000	129,615,000	//	50 00	79 00
//	66,800	//	5,277,200	5,277,200	//	//	Idem.
6,000,000	//	44,640,000	//	//	44,640,000	7 44	//
2,640,000	//	19,641,600	//	//	19,641,600	Idem.	//
//	//	//	//	//	//	//	//
17,028,000	//	40,526,640	//	//	40,526,640	2 38	//
3,050,000	3,300,000	19,764,000	23,100,000	3,336,000	//	6 48	7 00
978,000	971,290	11,957,590	13,598,060	1,640,470	//	12 225	14 00
750,000	562,500	9,817,500	7,875,000	//	1,942,500	13 09	14 00
//	12,650	//	227,700	227,700	//	//	18 00
//	86,250	//	7,072,500	7,072,500	//	//	82 00
		1,058,493,543	1,144,737,778	201,597,681	115,353,446		
				En plus 86,244,235			

SITUATION EN CAPITAL DE LA DETTE

DETTE PERPÉTUELLE. —

DETTE À LONG TERME. — SOMME

DÉSIGNATION DES NATURES DE DETTE.	CAPITAL NOMINAL au 31 mars 1922.	CAPITAL NOMINAL au 30 juin 1924.	DIFFÉRENCES.		OBSERVATIONS.
			AUGMENTATIONS.	DIMINUTIONS.	
	francs.	francs.	francs.	francs.	
1° MINISTÈRE DES FINANCES.					
Rentes 3 p. o/o.	19,741,842,267	19,740,432,400	//	1,409,867	
Rentes 5 p. o/o 1915-1916	20,061,292,200	18,853,763,000	//	1,207,529,200	
Rentes 4 p. 100 1917	9,410,689,000	9,004,652,250	//	406,036,750	
Rentes 4 p. o/o 1918	22,211,726,950	20,609,621,275	//	1,602,105,675	
Rentes 6 p. 100 1920	27,653,786,083	26,451,917,500	//	1,201,868,583	
Rentes 6 p. 100 Dommages de guerre	//	866,392,860	866,392,860	//	
Rentes 3 p. o/o amortissables	2,939,884,000	2,790,412,000	//	149,472,000	
Rentes 3 1/2 p. o/o amortissables	13,148,800	12,876,400	//	272,400	
Rentes 5 p. o/o amortissables { Capital	15,763,315,600	11,338,216,500	//	4,425,099,100	
Prime d'amortissement	7,881,657,800	5,669,108,250	//	2,212,549,550	
Dette publique d'Alsace et de Lorraine	73,629,000	73,475,250	//	153,750	
Emprunts autorisés par les lois du 10 octobre 1919 (obligations du Crédit national)	12,669,181,000	17,557,392,500	4,888,211,500	//	
Capital correspondant aux titres d'annuités remis aux sinistrés	4,188,600,000	8,294,441,218	4,105,841,218	//	
Annuité versée à la Caisse des dépôts et consignations pour amortir une somme de rentes équivalente à celle émise en 1901	180,269,400	162,081,421	//	18,187,979	
Annuités aux Compagnies de chemins de fer pour garanties d'intérêts de 1871 et 1872	(1) 34,181,667	(1) 33,366,841	//	814,826	
Annuité à la Compagnie des chemins de fer de l'Est. (Loi du 17 juin 1873.)	(1) 281,764,611	(1) 275,796,828	//	5,967,783	
Annuité à la Compagnie des chemins de fer de Paris-Lyon-Méditerranée. (Loi du 18 février 1898.	(1) 53,568,090	(1) 51,955,047	//	1,613,043	
Annuité à la Compagnie des chemins de fer d'Orléans pour les lignes échangées entre elle et l'État	(1) 45,351,651	(1) 44,032,749	//	1,318,902	
Remboursement de la Dette du Trésor vis-a-vis de la Caisse des dépôts et consignations au 1er janvier 1902	94,550,000	//	//	94,550,000	
Prêts aux victimes du tremblement de terre (Bouches-du-Rhône, Vaucluse). (Loi du 20 juillet 1909). Annuité au Crédit Foncier.	4,810,000	4,619,598	//	190,402	
Prêts aux victimes des inondations de 1910. (Loi du 18 mars 1910. Annuité au Crédit Foncier	602,460	579,434	//	23,026	
Annuités aux Compagnies de chemins de fer	(1) 660,894,806	(1) 670,156,638	9,261,832	//	
Rachat de concessions de canaux	430,613	396,287	//	34,326	
Indemnités allouées aux petits propriétaires en vertu de l'article 29 de la loi du 9 mars 1918 relative aux modifications apportées aux baux à loyer par l'état de guerre	//	283,921,002	283,921,002	//	
A reporter	143,965,175,998	142,789,607,248	10,153,628,412	10,329,197,162	

(1) Les tableaux d'amortissement ne permettant d'arrêter la situation qu'en fin d'année, il est donné pour ces annuités le capital restant à amortir au 31 décembre 1922 et au 31 décembre 1924.

PERPÉTUELLE ET À LONG TERME.

VALEUR NOMINALE.

RESTANT À AMORTIR EN CAPITAL.

DÉSIGNATION DES NATURES DE DETTE.	CAPITAL NOMINAL au 31 mars 1922.	CAPITAL NOMINAL au 30 juin 1924.	DIFFÉRENCES.		OBSERVATIONS.
			AUGMENTATIONS.	DIMINUTIONS.	
Report..........	143,965,175,998	142,789,607,248	10,153,628,412	10,329,197,162	
2° AUTRES MINISTÈRES.					
Annuité de rachat à la Compagnie des chemins de fer de l'Ouest....................	2,311,482,000	2,261,719,000	"	49,763,000	
Obligations amortissables des chemins de fer de l'État....................	1,289,350,000	1,264,950,000	"	24,400,000	
Annuités dues ou garanties par l'État pour le remboursement des sommes versées aux communes par le Crédit Foncier de France en exécution de la loi du 4 octobre 1919...	88,825,869	121,845,245	33,019,376	"	
Annuités dues aux départements ou communes destinées à subvenir en parties aux charges des emprunts contractés pour constructions scolaires. (Loi du 20 juin 1885.)........	2,717,845	1,448,242	"	1,269,603	
Annuités de remboursement des avances faites par la Caisse nationale des retraites pour la vieillesse aux sociétés de crédit immobilier en vertu de la loi du 10 avril 1908........	47,729,600	113,726,200	65,996,600	"	
Annuités de remboursement des avances faites à l'État par la Caisse des dépôts et consignations par application de la loi du 26 février 1921 sur les habitations à bon marché.	7,753,200	143,590,600	135,837,400	"	
Annuités pour le service du remboursement des avances consenties à l'État par les Chambres de commerce et autres collectivités intéressées, en vue des travaux d'amélioration et d'extension des ports maritimes. (Art. 87 de la loi de finances du 30 avril 1921.)......	"	19,776,810	19,776,810	"	
Annuités aux Compagnies de chemins de fer. (Conventions autres que celles approuvées par les lois du 20 novembre 1883 et du 20 octobre 1921.	71,838,000	84,056,000	12,218,000	"	
Annuités aux Compagnies de chemins de fer. (Conventions approuvées par les lois du 20 novembre 1883.)....................	1,485,401,014	1,596,270,642	110,869,628	"	
Annuités aux Compagnies de chemins de fer. (Convention approuvée par la loi du 29 octobre 1921.)............	"	16,824,773	16,824,773	"	
Annuités aux Compagnies du Nord et du P.-L.-M. pour le remboursement des sommes imputées par ces Compagnies au compte de premier établissement en vertu de la loi du 26 décembre 1914.....................	2,282,736,059	2,266,907,337	"	15,828,722	
Annuités des obligations émises par les réseaux de chemins de fer en couverture des avances au fonds commun....................	2,188,122,021	2,909,473,639	721,351,618	"	
Annuités afférentes aux subventions accordées aux départements, aux communes et établissements publics pour la construction ou l'agrandissement des établissements publics d'enseignement primaire secondaire et supérieur. (Art. 41 de la loi du 31 décembre 1920.)..	"	33,175,504	33,175,504	"	
	153,741,131,606	153,623,371,240	11,302,698,121	11,420,458,487	
				117,760,366	

ANNEXE.

SITUATION COMPARATIVE DE LA DETTE VIAGÈRE AU 31 MARS 1922 ET AU 30 JUIN 1924.

	SITUATION au 31 mars 1922.	SITUATION présumée au 30 juin 1924.	DIFFÉRENCES.	
			AUGMENTATIONS.	DIMINUTIONS.
	francs.	francs.	francs.	francs.
Rentes viagères d'ancienne origine.....................	790	790	//	//
Dotation sur les canaux d'Orléans et du Loing..............	149,141	147,997	//	1,144
Pensions civiles (loi du 22 août 1790).....................	497,125	464,520	//	32,605
Pensions de donataires dépossédés (loi du 26 juillet 1821).....	32,173	27,173	//	5,000
Pensions militaires de la Guerre......................	185,511,221	194,989,732	9,478,511	//
Pensions militaires de la Marine......................	57,476,817	64,512,326	7,035,509	//
Pensions militaires des Colonies......................	4,182,815	4,699,474	516,659	//
Suppléments de majoration pour enfants...................	//	112,000,000	112,000,000	//
Pensions aux employés de l'ancienne liste civile.............	667	667	//	//
Pensions à titre de récompense nationale..................	800	500	//	300
Pensions civiles (loi du 9 juin 1853)....................	171,626,406	203,841,009	32,214,603	//
Pensions des grands fonctionnaires	33,000	31,000	//	2,000
Pensions ecclésiastiques sardes......................	532	532	//	//
Indemnités viagères aux victimes du Coup d'État du 2 décembre 1851.................	1,166,326	1,097,335	//	68,991
Pensions et indemnités de réforme de la magistrature........	153,988	134,813	//	19,175
Indemnités aux anciens professeurs des facultés de théologie....	35,071	29,571	//	5,500
Pensions viagères aux survivants des blessés de 1848...........	19,526	15,251	//	4,275
Pensions aux ministres des cultes......................	5,156,935	4,520,466	//	636,469
Pensions provenant de la Caisse des retraites ecclésiastiques....	81,000	64,500	//	16,500
Suppléments de pensions aux anciens militaires ou marins et à leurs veuves..................	733,449	651,094	//	82,355
Allocations supplémentaires........................	1,231,684	1,018,409	//	213,275
Compléments de pensions aux officiers mariniers et assimilés....	593,663	700,000	106,337	//
Parts contributives de l'État dans diverses pensions	129,027	166,968	37,941	//
Majorations de pensions et compléments de majorations (Loi du 25 mars 1920).................	274,000,000	339,735,790	65,735,790	//
Allocations temporaires aux petits retraités de l'État..........	45,000,000	45,000,000	//	//
Indemnité temporaire de cherté de vie aux petits retraités de l'État.	//	225,000,000	225,000,000	//
Allocations supplémentaires aux grands invalides...........	98,000,000	98,000,000	//	//
Retraites ouvrières et paysannes et diverses retraites	116,670,000	121,470,000	4,800,000	//
Supplément à la dotation de l'Ordre de la Légion d'Honneur....	38,663,100	51,296,350	12,633,250	//
Pensions militaires de la guerre (loi du 31 mars 1919)........	3,476,200,000	2,049,000,000	//	1,427,200,000
Pensions militaires de la marine (loi du 31 mars 1919)........	55,500,000	50,000,000	//	5,500,000
Pensions militaires des colonies (loi du 31 mars 1919)........	100,000	71,000	//	29,000
Versement aux veuves de guerre remariées de trois années d'arrérages..................	600,000	600,000	//	//
Pensions aux victimes civiles de la guerre...............	20,420,000	32,500,000	12,080,000	//
Pensions en Alsace et Lorraine......................	8,455,000	8,786,086	331,086	//
Allocations aux victimes civiles en Alsace et Lorraine..........	1,200,000	399,600	//	800,400
TOTAUX......................	4,563,620,256	3,610,972,953	481,969,686	1,434,616,989
DIMINUTION.....................	....	....	....	952,647,303

ANNEXE.

TABLEAU DES CRÉANCES DE L'ÉTAT FRANÇAIS SUR LES NATIONS ÉTRANGÈRES AU 30 JUIN 1924.

(Application de l'article 79 de la loi de finances du 31 juillet 1920.)

Créances correspondant à des avances en numéraire, en remises de titres ou en crédits ouverts en écritures et à des cessions de matériel :

Russie (Ancien régime)	6,023,300,000f (1)
Russie (Divers gouvernements)	490,000,000
Belgique	3,067,295,000
Yougo-Slavie	1,738,566,000 (2)
Roumanie	1,132,000,000
Grèce	537,514,000 (3)
Pologne	895,400,000
Tchéco-Slovaquie	542,200,000
Italie	350,273,000
Portugal	9,000,000
Estonie	3,500,000
Lettonie	9,000,000
Lithuanie	2,300,000
Hongrie	800,000
Autriche	331,926,000
Total	15,133,074,000 (4)

(1) Y compris 1,474,000,000 de francs d'escomptes de bons à la Banque de France.
(2) Y compris :
    1° 200,380,000 francs de crédits en écritures.
    2° 13,300,000 francs d'avance au Monténégro.
(3) Y compris 330,000,000 de francs de crédits en écritures.
(4) Sur ce total, une somme de 1,518,000,000 de francs est couverte par les crédits budgétaires.
Les créances en monnaies étrangères ont été converties en francs au cours du 30 juin 1924.

SITUATION DES RECETTES ET DES DÉPENSES DU TRÉSO[R]

(EN MILLIO[NS]

ENTRÉES DE CAISSE.	ANNÉE 1922.		ANNÉE 1923.		1er SEMESTRE 192[4]	
Recettes de l'exercice précédent... { Budget ordinaire	2,802		2,695		3,364	
Budget des dépenses recouvrables	"		1		"	
Recettes de l'exercice courant... { Budget ordinaire	22,830		21,934		11,957	
Produit de la liquidation des stocks	275		"		"	
Budget des dépenses recouvrables	32	(1)(2)	140	1)	206	
Total des recettes budgétaires (A)		25,939		24,770		15,52
Comptes spéciaux	22,591		12,581		2,961	
Comptes courants des Agents comptables	15,837		7,654		2,992	
Recettes à classer	55,934		23,067		15,836	
Avances remboursées par des tiers	3,604		2,429		1,695	
	97,966		45,731		23,484	
À déduire les opérations à classer qui ont reçu au cours de l'année une imputation définitive (3)	61,599		28,333		13,850	
Total net des recettes extrabudgétaires (B)		36,367		17,398		9,63
Total (A + B)		62,306		42,168		25,16
Opérations d'ordre. — Excédent des crédits sur les débits correspondants à des opérations non encore passées en écritures au 31 décembre (C) [4]	"	"	"	"	"	3,73
Total (A + B + C)						28,89
Excédent du montant net des placements de bons de la Défense nationale sur le montant des remboursements (5)	669		"		242	
Émission des bons ordinaires du Trésor	54		"		439	
Émission des bons de 3 et 5 ans (produit net)	7,926		"		"	
Émission des bons à 3, 6 et 10 ans (produit net)	"		15,902		"	
Émission d'obligations décennales pour le payement des dommages de guerre	"		2,781		1,305	
Opérations diverses de Trésorerie (excédent)	"		59		"	
Total des encaissements de la Trésorerie (D)		8,649		18,742		1,98
Total (A + B + C + D)		70,955		60,910		30,87
En caisse au 1er janvier de l'année considérée		3,760		4,269		4,06
Total des entrées de caisse		74,715		65,179		34,94

(1) Les recettes budgétaires ne correspondent pas en totalité à des encaissements réels : elles comprennent également le montant de l'opération d'ordre constatée à la clôture de l'exercice dans le but [de] porter au montant des rôles les recettes provenant des contributions directes, taxes assimilées, impôts cédulaires et sur le revenu. Cette recette d'ordre est compensée par une dépense d'égale somme a[u] compte classe parmi les «avances à régulariser par des tiers».

	ANNÉE 1923.	1er SEMES[TRE] de 192[4].
	(Millions).	(Millions)
Pour comparer, par exemple, les résultats de l'année 1923 et du 1er semestre de 1924 avec ceux des situations mensuelles de recouvrement, il convient de déduire tout d'abord du total général des recettes budgétaires, soit	24,770	15,52
le montant des restes à recouvrer	486	74
Reste net correspondant à des recettes réelles	24,284	14,78
La comparaison avec les situations mensuelles de recouvrement s'établit comme suit :		
Aux résultats suivants inscrits aux situations de recouvrement :		
Contributions directes, exercice précédent	128	8
exercice courant	139	
Impôt général sur le revenu, exercice précédent	1,631	1,80
exercice courant	1,765	9
Impôts et revenus indirects monopoles	15,829	9,3
Produits du Domaine	230	7
Liquidation des stocks	200	2
Produit de l'exploitation des P. T. T.	1,319	69
Recettes d'ordre et produits divers	441	15
Fraction des recouvrements au titre de la contribution extraordinaire de guerre se rapportant à des rôles émis dans l'année	232	5
Totaux	21,914	12,31
Il convient d'ajouter les produits n'ayant pas figuré aux situations mensuelles :		
Versement de fonds en atténuation de dépenses des ministères	1,333	1,06
Opérations des comptables de l'Algérie, de la Tunisie, du Maroc et du Trésor et postes aux armées	195	12
Produits divers se rapportant aux exercices antérieurs, recettes non permanentes et opérations inscrites pour ordre en comptabilité	701	1,07
Recettes du budget des dépenses recouvrables	141	20
Totaux égaux à ceux des recettes réelles	24,284	14,78

On remarquera que les restes à recouvrer au 30 juin 1924 sur l'exercice 1923 tels qu'ils ressortent au cadre ci-dessus (740 millions) sont sensiblement plus élevés que ceux portés dans la colonne [de] l'année 1923 et concernant l'exercice 1922 (486 millions). Cette situation provient de ce que, dans le premier cas, le montant des restes a été arrêté au 30 juin de la deuxième année de l'exercice, tan[dis] que dans le second ils ont été déterminés au 31 décembre de ladite année, c'est-à-dire après écoulement d'un délai qui avait permis d'en apurer une fraction beaucoup plus importante.

ENDANT LES ANNÉES 1922, 1923 ET LE 1ᵉʳ SEMESTRE 1924.

E FRANCS.)

SORTIES DE CAISSE.	ANNÉE 1922.		ANNÉE 1923.		1ᵉʳ SEMESTRE 1924.	
Dépenses de l'exercice précédent... Budget ordinaire	3,477		3,486		5,041	
Budget extraordinaire	495		"		"	
Budget spécial des dépenses recouvrables	1,307		980		2,479	
Recettes de l'exercice courant.... Budget ordinaire	20,913		15,263		6,796	
Budget spécial des dépenses recouvrables	7,689	(1)	8,778		2,601	
Total des dépenses budgétaires (A)		33,881		28,507		16,917
Comptes spéciaux	11,601		4,053		922	
Comptes courants des agents comptables	12,653		7,048		2,851	
Dépenses à régulariser	18,383		68,625		44,073	
Avances à régulariser par des tiers	5,058		3,025		3,512	
	47,695		82,751		51,358	
A *déduire* les opérations à régulariser qui ont reçu au cours de l'année une imputation définitive (3)	27,375		63,638		39,120	
Total net des dépenses extrabudgétaires (B)		20,320		19,113		12,238
Opérations d'ordre. — Excédent des débits sur les crédits correspondant à des opérations non encore passées en écritures au 31 décembre (c) (4)	"	14,656	"	2,681	"	"
Total (A + B + C)		68,857		50,301		29,155
Excédent des remboursements de bons de la Défense nationale sur les placements nets (5)	"		4,348		"	
Remboursements des bons à 2 ans	"		5,648		"	
Remboursement d'obligations de la Défense nationale	"		417		"	
Remboursement des avances de la Banque de France	1,007		403		300	
Opérations diverses de trésorerie (diminution de l'actif des comptes courants, etc.)	582		"		1,150	
Total des décaissements de la Trésorerie (D)		1,589		10,816		1,450
Total (A + B + C + D)		70,446		61,117		30,605
Encaisse au 31 décembre de l'année considérée		4,269	(6)	4,062	(6)	4,336
Total égal à celui des entrées de caisse		74,715		65,179		34,941

(2) Pour la clarté de la présente situation et pour faciliter la comparaison entre les résultats des diverses années considérées il n'a pas été fait état dans les colonnes afférentes à l'année 1922 d'une recette et d'une dépense d'ordre de 9,403,526,738 fr. 87 constatées en écritures au budget spécial des dépenses recouvrables (exercice 1922) et représentant jusqu'à concurrence de 2,463,586,118 fr. 12 pour l'exercice 1920 et de 6,939,140,620 fr. 75 pour l'exercice 1921 des payements d'indemnités de dommages de guerre effectués sur les fonds d'emprunt du Crédit national.

(3) Les déductions opérées ont pour objet de faire disparaître certaines opérations ayant trait à l'imputation définitive de recettes ou de dépenses portées à des comptes provisoires et qui dans ces conditions se trouveraient comptées deux fois.

(4) La somme indiquée forme la différence entre les recettes et les dépenses d'ordre. Elle comprend des opérations constatées à la date du 31 décembre dans les écritures de certains comptables sans que leur contrepartie en recettes ou en dépenses ait encore joué dans les écritures de leurs correspondants. Son inscription en dépense au présent tableau constitue un correctif qui s'applique à l'ensemble des résultats figurant en regard des rubriques : comptes spéciaux, comptes courants des agents comptables, recettes à classer et dépenses à régulariser, avances à régulariser par des tiers et avances remboursées, pour restituer à ces résultats leur physionomie véritable.

L'importance de la somme inscrite sous cette rubrique pour l'année 1922 s'explique en majeure partie par l'inscription en dépense en 1922 par le service des émissions, après vérification, de bons remboursés pendant les quatre derniers mois de 1921 qui n'avaient pu faire l'objet d'un émargement avant l'expiration de cette dernière année. Le retard qui existait en 1921 a disparu, mais il se traduit dans les écritures de centralisation par inscription en dépenses d'une somme très sensiblement supérieure au montant des remboursements, alors qu'en réalité les émissions ont été supérieures aux remboursements en 1922.

(5) Les intérêts des bons de la Défense nationale émis font dans les écritures, au titre des opérations de trésorerie, au moment de l'émission de ces valeurs, l'objet d'une recette qui est compensée par une dépense budgétaire d'égal montant. Cette opération permet d'inscrire en dépense aux opérations de trésorerie la valeur nominale des titres lors de leur remboursement. Toutefois, en vue de faire apparaître d'une façon plus nette les résultats, au point de vue de la trésorerie, des émissions et des remboursements de bons, il n'est pas fait état sur la présente situation de la dépense budgétaire correspondant au montant des intérêts et les remboursements de bons (*valeur nominale*) sont comparés avec le produit net des placements.

(6) L'encaisse de 4,062,000,000 francs, détenue au 31 décembre 1923 par les diverses catégories de comptables, comprend 1,187 millions seulement de numéraire ; le surplus, soit 2,875 millions, représente des valeurs de portefeuille (bons de la Défense nationale, obligations souscrites par des redevables des régies, et des vignettes : timbres poste, timbres de quittance, timbre de dimension). Celle de 4,336,000,000 au 30 juin 1924 comprend pour 1,267 millions de numéraire et 3,069 millions en valeurs de portefeuille.

Nota. — Les résultats figurant au présent tableau sont obtenus en totalisant les sommes portées sur les documents périodiques fournis par les diverses catégories de comptables. Ils représentent de très sérieuses garanties d'exactitude. Toutefois, ils ne sauraient être considérés comme absolument définitifs, certaines rectifications étant susceptibles d'y être apportées, au vu des pièces justificatives des opérations et après rapprochement des écritures des divers services ordonnateurs ou comptables jusqu'à l'époque où les comptes généraux des finances afférents aux exercices intéressés auront pu être établis.